海岸带生态农牧场创新发展战略研究

杨红生 王 德 李富超 张立斌 等 著

北 京

内 容 简 介

本书针对典型海岸带区域资源和环境现状与问题、产业发展现状与需求，创新性地提出了海岸带生态农牧场的概念与发展思路，以及生态农牧场建设亟待解决的科学问题与关键技术。本书在系统分析辽河口、黄河口和苏北滩涂生态农牧场发展模式与综合效益的基础上，阐述了海岸带生态农牧场未来发展途径与政策保障。

本书可供科研院所和高等院校从事海洋与海岸带相关专业的科研人员，以及企业和事业单位工作人员参考。

图书在版编目 (CIP) 数据

海岸带生态农牧场创新发展战略研究/杨红生等著. —北京：科学出版社，2020.3
　ISBN 978-7-03-064493-0

　Ⅰ.①海… Ⅱ.①杨… Ⅲ.①海岸带–生态农业–农场–农业发展战略–研究–中国 ②海岸带–生态农业–牧场–农业发展战略–研究–中国 Ⅳ.①F324.1

中国版本图书馆 CIP 数据核字(2020)第 031689 号

责任编辑：王　静　付　聪 / 责任校对：郑金红
责任印制：肖　兴 / 封面设计：刘新新

科 学 出 版 社 出版
北京东黄城根北街 16 号
邮政编码：100717
http://www.sciencep.com
北京通州皇家印刷厂 印刷
科学出版社发行　各地新华书店经销

*

2020 年 3 月第 一 版　　开本：720×1000 1/16
2020 年 3 月第一次印刷　　印张：14 1/4
字数：287 000
定价：128.00 元
(如有印装质量问题，我社负责调换)

《海岸带生态农牧场创新发展战略研究》
著者名单

（按姓氏笔画排序）

马得友	王　清	王　德	王天明	邢　坤
刘　进	刘广斌	刘兆普	许家磊	孙　伟
孙永坤	孙丽娜	孙景春	李富超	杨心愿
杨红生	邱天龙	张立斌	张宏晔	张晓梅
林承刚	周　兴	郑青松	房　燕	赵　业
赵　欢	赵建民	赵耕毛	柏雨岑	袁秀堂
夏苏东	徐冬雪	徐勤增	董庆珍	韩广轩
谢　玺	潘　诚	潘　洋		

前　　言

　　海岸带是海洋与陆地相互作用的地带，物质体系、能量体系、结构体系、功能体系之间所形成的界面交互作用导致生态环境的多样性和变异性，从而形成海岸带丰富的生物资源和高生物生产力，成为人类生存和经济社会发展的重要物质基础。海岸带占全球陆地面积的 18%，支撑全球 60% 的人口，占海洋面积的 8%，提供约 90% 的世界渔获量，是重要的农业生产基地。与此同时，海岸带作为海陆物质能量交互区和人类经济、社会活动高度密集区，局部区域已经演变成生态环境脆弱带。在全球气候变化和海平面上升日趋明显、沿海城市化进一步加速、海岸带在我国经济社会发展和对外开放的重要地位更加突出的形势下，建立海岸带生态系统与经济社会发展的良性循环体系，实现海岸带人与自然和谐发展，对我国乃至世界经济社会的持续健康发展至关重要。

　　海岸带作为盐碱地农业、滩涂养殖和海洋牧场建设的主要区域，由于受陆海区域相对独立、连通性受阻等影响，生态岸线保护和经济岸线开发的综合效益难以进一步提升。因此，当前相对独立发展的盐碱地农业、滩涂养殖和海洋牧场建设已无法满足现代农业的发展要求。同时，我国近海渔业资源和滩涂农业开发利用呈不平衡态势，部分地区开发过度，地方或部门利益冲突，沿海区域生态环境恶化的趋势尚未得到缓和，海岸带生态系统整体上仍处于脆弱状态。

　　"绿水青山就是金山银山"。在资源环境约束趋紧、环境污染严重、生态系统退化的严峻形势下，提高海岸带资源的开发能力必须从根本上改变资源保护和利用方式。因此，科学合理地开发利用我国丰富的海岸带农渔业资源，同时保护好脆弱的海岸带生态环境，成为我国海岸带可持续发展课题中两个相辅相成的重要命题。正是在这个背景和命题下，海岸带生态农牧场建设应运而生。

　　海岸带生态农牧场是基于生态学原理，利用现代工程技术，陆海统筹构建盐碱地生态农牧场、滩涂生态农牧场和浅海生态牧场，营造健康的海岸带生态系统，形成"三场连通"和"三产融合"的海岸带保护与利用新模式。

　　必须构建海岸带保护与利用理论和技术体系，发展海岸带农牧渔结合新范式，提高农作物和耐盐植物种植、畜禽水产养殖、贝藻复合增殖、生境修复和资源养护、精深加工技术水平；发展资源与环境实时监测装备和预警预报平台，推进海岸带生态农牧场的全过程管理与创新发展；构建海岸带生态农牧场发展新模式。

　　必须构建海岸带生态农牧场建设标准规范体系，推动海岸带生态农牧场向规范化、科学化方向发展。制定盐碱地生态农牧场、滩涂生态农牧场和浅海生态牧场融合发展的技术规程和标准，规范生态农牧场承载力评估、布局规划、设计建设、监测评价、预警预报，陆海联动完善海岸带生态农牧场建设标准体系，严格指导和规范行业建设。

必须构建产业链完整的海岸带生态农牧场产业体系，推进"政产学研用"一体化，实施基于生态系统的海岸带管理，发挥政府引导和扶持作用；打破科研机构行业壁垒；强化企业技术创新主体地位；提高农（渔）民参与热情。推动形成科研院所与企业、农（渔）民密切合作的产业技术创新联盟，促进成果转化应用和管理方式方法转变。

必须构建海岸带生态农牧场经营管理体系，丰富拓展投融资渠道和主体，逐渐实现政府管理向社会管理和企业管理的过渡。海岸带生态农牧场建设投资大、周期长，先期应争取国家财政性资金和政策性金融支持，建立国家生态农牧场发展基金，启动海岸带生态农牧场示范建设。拓展海岸带生态农牧场使用权融资渠道，广泛吸纳社会资本、民间资本、外来资本参与生态农牧场的运营、维护、管理和技术研发。

三场朦胧触心热，各领风骚凭所学。大河东流沉金沙，红滩静卧映飞雪。聚焦纵览布横斜，连通融合求尚解。六畜兴旺和谐处，五谷丰登谢恩泽。衷心感谢山东省智库高端人才海洋产业团队专家的热心指导。本书具体分工如下。前言：杨红生；第一章 典型海岸带区域资源环境现状与面临的问题：王德、王清、孙伟；第二章 典型海岸带区域农牧业发展现状与发展需求：林承刚、孙丽娜、徐冬雪、潘洋、杨心愿、孙景春；第三章 海岸带生态农牧场的概念与发展原则和思路：杨红生、赵建民、韩广轩、张宏晔、徐勤增；第四章 海岸带生态农牧场建设的科学问题与关键技术：房燕、邱天龙、刘进、赵业；第五章 海岸带生态农牧场建设内容与规划布局：张立斌、夏苏东、柏雨岑、许家磊、董庆珍；第六章 辽河口海岸带生态农牧场模式预测与效益分析：袁秀堂、马得友、邢坤、赵欢、谢玺；第七章 黄河口海岸带生态农牧场模式预测与效益分析：刘广斌、王天明、张晓梅；第八章 苏北海岸带生态农牧场模式预测与效益分析：刘兆普、李富超、赵耕毛、周兴、郑青松；第九章 海岸带生态农牧场发展建议与政策保障：潘诚、周兴、孙伟、孙永坤；后记：杨红生。杨红生负责全书的总体策划，杨红生、王德、李富超和张立斌负责全书统稿。

书中若有不妥，敬请批评指正。

2019 年冬月于青岛汇泉湾畔

目　录

第一章 典型海岸带区域资源环境现状与面临的问题

摘 要：海岸带是陆地与海洋相互作用的地带，是具有独特的陆、海属性的动态而复杂的自然体系，既是地球表面最为活跃的自然区域，也是资源与环境条件最为优越的区域，为社会经济发展提供物质资源（生物资源等）、动力资源（潮汐能、波浪能、风能、太阳能等）和空间资源（湿地、滩涂、港口等），是社会经济发展的黄金地带。由于我国海岸带地区的发展缺乏系统、全面的科学指导，使得资源开发与需求、经济发展与环境保护之间的冲突日益加剧；在创造巨大经济效益的同时，不合理的开发也给海岸带环境、生态带来了极大的威胁。海岸带地区成为地质灾害、气象灾害、生态灾害与环境污染问题的多发区。在新的历史时期，需要贯彻"生态优先、陆海统筹"的管理理念，调整产业结构，建立海岸带资源环境的有偿使用制度，完善法律制度，控制陆源污染，进而改善海岸带生态环境，保障海岸带资源的可持续利用。

关键词：海岸带资源，生态环境问题，绿色发展，陆海统筹，制度保障

第一节 我国典型海岸带资源利用现状与存在的问题

一、海岸带的概念与类型

（一）海岸带的概念

海岸带指陆地向海洋延伸的地带，广义上是以海岸线为基准向海、陆两个方向辐射扩散的广阔地带，包括海滨湿地、沿海平原、河口三角洲、潮间带、水下岸坡、浅海大陆架。可见，海岸带是陆地与海洋相互作用的地带，是具有独特的陆、海属性的动态而复杂的自然体系（骆永明，2016）。

海岸带是陆地系统与海洋系统相互连接且互相复合与交叉的地理单元，是具有陆海过渡特点的独立环境体系，是沿岸陆地与离岸动力相互作用的体系。它既

是地球表面最为活跃的自然区域，也是资源与环境条件最为优越的区域。海岸带与人类生存和发展的关系最为密切，是社会经济发展的黄金地带。但近年来，由于世界人口地不断增长，以及不断加快的城市化进程，海岸带正面临着全球气候变化、海平面上升、区域生态环境破坏、生物多样性减少、污染加重、渔业资源退化等巨大压力，这些严重制约了海岸带的可持续发展。

（二）海岸带的类型

海岸带可根据不同的属性进行分类，如根据海岸动态可分为堆积海岸和侵蚀性海岸；根据地质构造可分为上升海岸、下降海岸和中性海岸（没有变动的海岸）；根据板块运动理论可分为板块前缘碰撞海岸、板块后缘拖曳海岸和陆缘海海岸；根据近代作用于海岸的地质过程可分为原生海岸和次生海岸（海洋营力和海洋生物塑造的）；根据海岸组成物质的性质可分为基岩海岸、沙砾质海岸、平原海岸、红树林海岸和珊瑚礁海岸；根据海岸线的使用功能可分为渔业岸线、港口岸线、临海工业岸线、旅游娱乐岸线、矿产能源岸线、城镇岸线、保护岸线、特殊用途岸线、未利用岸线 9 类。

二、海岸带资源的概念与类型

（一）海岸带资源的概念

海岸带资源是指在海岸带范围内现在和可预见的将来能被人类利用，并在一定条件下能产生经济价值的一切物质和能量。海岸带资源是自然资源的重要组成部分，是我国国民经济和社会发展的重要物质财富。

（二）海岸带资源的类型

我国的海洋资源按区域可分为海岸带资源、近海资源和大洋资源三大部分。通常所说的海岸带资源主要包括土地资源、生物资源、矿产资源、港口资源、水动力风力资源、旅游资源等。根据海岸带资源的属性还可以作如下划分：

（1）依据所有权是否明确，可分为商品资源和公共物品资源；

（2）根据开发利用类型可分为空间型资源（港口、旅游区、种植区、苇田、畜牧草场、养殖区、盐田、围海造陆区、防护工程用地、居住和工业区）、复合型资源（石油和天然气、固体矿产、渔场、地下卤水、海洋能源）和海岸线；

（3）根据资源治理类型可分为增殖区、禁渔区、林木和植被繁殖区、防护林带、污染防治、地下水禁采和限采区、海岸防侵蚀和防海水倒灌区、防风暴潮区和防海冰区；

（4）根据资源保护类型可分为生态自然保护区、珍稀和濒危动植物自然保护区、地质剖面和遗迹自然保护区、历史遗迹自然保护区、自然景观自然保护区和人与生物圈自然保护区等；

（5）根据资源特殊开发利用类型可分为军事禁区、倾废区、排污区和泄洪专用区等。

三、典型海岸带资源利用现状

海岸带区域在我国国民经济与社会发展中占有举足轻重的地位。海岸带地区是我国人口密度最大、劳动力效率最高的经济发达地区。海岸带是地球上四大自然圈层（岩石圈、水圈、大气圈和生物圈）汇聚交接的地带，比其他任何地域的资源都更为丰富，包括物质资源（鱼类、藻类等）、动力资源（潮汐能、波浪能、风能、太阳能等）和空间资源（湿地、滩涂、港口等）。20 世纪 80 年代起，我国有关部门对海岸带资源进行了多学科、多层次的综合性调查研究，结果证实，我国近海海域有丰富的土地资源、生物资源、港口资源、矿产资源、风电资源和旅游资源等。随着经济社会的高速发展，海岸带是沿海社会与经济发展的重要支撑地带，其服务功能对沿海地区经济的发展起着决定性作用。

（一）土地资源

海岸带往往拥有丰富的滩涂资源。一些海岸带由于河流挟带泥沙入海，滩涂每年都有自然增长。我国沿海滩涂可划分为泥滩、沙滩、岩滩和生物滩 4 个基本类型。泥滩占我国滩涂总面积的 80% 以上，主要分布于江苏沿海，环渤海内的辽东湾、渤海湾，杭州湾等大河入海平原沿岸。许多沿海国家还围海造地，扩充海岸带土地资源。荷兰从 13 世纪开始围垦滩涂，至今滩涂总面积达 7100km^2，占荷兰陆地面积的五分之一。我国从唐代（公元 618—907 年）已开始较大规模的围垦，1949 年至今共围垦了 800 余万亩[①]。滩涂是我国重要的土地资源和空间资源，极具拓展生存空间的巨大潜力。据预测，未来 40 年，我国有可能再造 10 000～15 000km^2 滩涂，可为潮上带的土地资源开发利用、潮间带综合利用、潮下带水产养殖提供土地空间。

（二）生物资源

海岸带生物资源的可持续发展利用对促进生态文明建设有着非常重要的意义。入海江河携带的泥沙不仅给滩涂提供了广阔的土地资源，也为沿海水产生物资源创造了多种繁殖和生长的环境，使我国浅海滩涂地带蕴含了丰富的鱼、虾、贝、藻类资源。应充分利用滩涂资源发展农、渔、林、牧、苇、盐等，使进入潮滩的肥

---

① 1 亩≈666.7m^2，下同。

分重新进入海滨生态系统的物质循环中，以利于我国农业基础资源的开发。潮滩动物种类繁多，沿海潮滩具有经济利用、采捕价值的主要有高潮区的沙蚕，中潮区的泥螺、青蛤等，以及低潮区的文蛤、竹蛏等贝类资源。除可直接利用的动物资源外，潮滩上的植物资源对于岸滩稳定、净化环境等有着不容忽视的作用。天然生长的红树林能抵抗强风巨浪，形成保护海岸的天然屏障，十分有利于水产的繁育及生长。曹明兰等通过计算浙南西门岛红树林的净能产出率、能值投资率、环境产出率、环境负载率等指标得出，该区域红树林生态系统的净能值产出率接近全国平均水平的 10 倍，说明红树林的生态系统有很高的生产效率及服务价值。滨海河流及其沉积物由于同时受到陆地和海洋及其相互作用的影响，反复经历淹没—泄水过程，同时具备好氧和厌氧及好氧-厌氧交替区域有规律的环境，因而发生微生物参与的氧化还原过程极为频繁。在此系统中的功能菌群（如氧呼吸菌、硝酸盐还原菌、硫酸盐还原菌、产甲烷古菌、氨氧化菌、铁还原菌等）利用多种电子受体进行呼吸作用，并在污染物的降解过程中起到重要作用，而且其发生的元素循环在全球气候变化过程中起着举足轻重的作用，使滨海河流具有较好的自净和承受污染的能力。由于微生物资源在海岸带地区生物地球化学物质循环、土壤或地下水污染原位修复、生物能源与环境污染修复及海洋石油污染降解、探究海洋生物地球化学过程有着重要的生态作用，因此它作为一种独特的海岸带战略生物资源具有广阔的应用前景。

（三）港口资源

　　海岸带开发利用的一个重要方面是建造港口，发展海运事业。现如今，世界各国共有 2300 多个海港，可完成国际贸易货运量的 99%，其中，年吞吐量在 100 万 t 以上的约有 200 个。随着各国经济的发展，海港数量和吞吐量迅速增加。2018 年 1 月，交通运输部公布 2017 年规模以上港口货物、旅客吞吐量快报数据，数据显示，2017 年中国规模以上港口预计完成货物吞吐量 126.44 亿 t，同比增长 6.4%。上海、宁波、广州位列沿海港口前三，其中，沿海港口和内河港口同比增速基本持平，分别为 6.4% 和 6.3%，完成货物吞吐量分别为 86.25 亿 t 和 40.19 亿 t；完成外贸货物吞吐量 40.02 亿 t，同比增长 5.7%；集装箱吞吐量同比增长 8.3%，至 2.27 亿标准箱，且增速明显快于货物吞吐量（6.4%）。以上相关数据与 2016 年同期增速相比，明显加快。根据规划，广东将在"十三五"期间统筹推进海域、海岸线和港口腹地陆域资源综合利用，推动港口优化功能布局和资源配置，形成以珠三角港口群为主体、以粤东和粤西港口群为两翼，主次分明、分工合理的集群化港口发展格局，打造 21 世纪海上丝绸之路重要门户。加强港口运输能力建设，继续完善珠三角高等级航道网。优化功能布局，加快建设铁路集疏运网络。科学规划，加快高等级公路与重要港区衔接，构建与港口运输水平相匹配的疏港公路网络。

（四）矿产资源

进入 21 世纪，我国经济的持续快速增长，导致能源供需矛盾日益突出。根据中国工程院《中国可持续发展油气资源战略研究》，到 2020 年我国石油需求量将达 $4.3×10^8$～$4.5×10^8$t，对外依存度将进一步提高。石油供应安全被提高到非常重要的高度，已经成为国家三大经济安全问题之一。目前我国海洋能源开发特别是油气开发主要集中在陆上和近海。经过近 50 年的勘探开发，我国近海石油已经具备了坚实的物质基础、技术保障和管理体系，已经具备 300m 水深的海洋油气田勘探开发能力，初步建成以半潜式钻井平台"海洋石油 981"为核心的深水重大工程装备。截至 2013 年底，已投入开发的海上油气田有 90 个（油田 82 个，气田 8 个），累计产油 $5.3×10^8$t，累计产气 $1.3658×10^{11}$m^3，2010 年建成"海上大庆"。自 2010 年开始，国内近海油气当量一直稳定在 $5×10^7$t 以上。当前我国近海油气田主要产量来自渤海，渤海油田现有在生产油气田 42 个，于 2010 年成功生产油气 $3×10^7$t，成为国家重要的能源基地，并为建设"海上大庆"奠定了坚实的基础。2014 年 4 月，我国南海第一个深水气田——荔湾 3-1 气田（水深 1480m）成功投产。

（五）风电资源

在风电资源的利用方面，中国海岸带风能资源丰富，5～25m 水深、50m 高度海上风电开发潜力约 2 亿 kW；5～50m 水深、70m 高度海上风电开发潜力约 5 亿 kW；另外，还有部分潮间带及潮下带滩涂资源，较为丰富的深海风能资源。海上风电装机规模逐步增大，到 2017 年 4 月，中国海上风电核准项目容量 8170MW，并网容量 1480MW，位列全球第三，仅次于英国与德国。随着海上风电的发展，各地也都相应地调整了海上风电布局。风电发展"十三五"规划表明，将重点推动江苏、浙江、福建、广东等省的海上风电建设。江苏预计到 2020 年将开工建设海上风电装机容量 1600 万 kW，主要区域包括南通的如东县，东台，盐城的大丰区、射阳县、滨海县等；广东预计到 2020 年开工建设海上风电装机容量 1200 万 kW，投产 200 万 kW，到 2030 年投产 3000 万 kW，主要规划区域包括汕头、揭阳、汕尾、惠州、珠海（其中桂山岛、金湾南部海域为粤港澳大湾区）、江门、阳江、湛江等；根据《广东省海上风电发展规划（2017—2030 年）（修编）》，到 2020 年底前广东要开工建设海上风电装机容量 1200 万 kW 以上，其中建成投产 200 万 kW 以上；到 2030 年底前建成海上风电装机容量约 3000 万 kW，发电量约占到广东年用电量的 15%，替代相应规模的燃煤发电量，相当于节约标煤 2600 万 t，相当于每年减少二氧化碳排放约 6900 万 t，对促进节能减排具有重要作用。将大大提升广东电力自给率，且全部为清洁能源，可有力促进广东从传统能源消费大省向清洁能源产业强省转型。通过发展海上风电，带动海上风电产业发展，可以培育新的优势产业，推动科技创新，形成基于高科技含量和规模经济的新型产业竞争优势。而单单建成 3000 万 kW 海上风电要消耗钢结构产品约 900 万 t，按 1 万元/t 计算，将带动钢结构产值约 900 亿元，对于广东钢铁产业升级有明显的促进作用。

（六）旅游资源

我国有着漫长的海岸线（总长度达 1.8 万 km，位居世界第四），以及 1.4 万 km 的岛屿海岸线。我国海岸带同时跨越 3 个气候带，海岸带旅游资源极其丰富。据《2016 年中国滨海旅游业市场前瞻与投资战略规划分析报告》显示，2016 年滨海旅游业产值达到 12 047 亿元，同比增长 10.8%，占海洋产业比重的 35.3%，创下历年之最，且发展前景广阔。《2017 年中国海洋经济统计公报》①显示，2017 年全国海洋生产总值 77 611 亿元，比上年增长 6.9%，海洋生产总值占国内生产总值的 9.4%；滨海旅游发展规模持续扩大，海洋旅游新业态潜能进一步释放。目前大多数沿海地区已经将滨海旅游业作为经济先导产业，并且在保留传统旅游项目的同时，还推出了富有特色的现代滨海旅游产品，如冲浪、海钓、邮轮等。地方政府的积极推动将有助于滨海旅游业进一步扩大规模。滨海旅游产品形式多样，娱乐性、参与性较强，对当地经济、环境、社会都有积极影响。在经济方面，滨海旅游除了本身潜力巨大外，还能带动起其他海洋经济产业；在环境方面，滨海旅游业能够刺激滨海旅游开发保护政策的落实；在社会方面，滨海旅游是渔民转业转产的重要方向，具有广泛的社会影响力。未来沿海及海岛地区接待游客人数有望保持 20%～30%的增速，前景值得期待。而根据《广东省海岸带综合保护与利用总体规划》分工实施方案，广东规划在 2020 年建成广东滨海生态公路主线，串联起沿海城市 14 个和各旅游景区等各类节点 182 个。到 2025 年全面实现广东滨海生态公路交通运输、生态保护、景观欣赏和休闲游憩的复合性功能。切实推进"交通+旅游"融合发展，形成"南海镶带，岭南丝路"，打造广东最有魅力的滨海休闲带，推动柘林湾区、汕头湾区、神泉湾区、红海湾区、粤港澳大湾区、海陵湾区、水东湾区、湛江湾区等八大海岸带地区大力发展滨海旅游业，努力建设成为具有国际影响力的休闲度假旅游目的地。

四、典型海岸带资源利用存在的问题

由于海岸带具有各方面开发利用的价值，经济的高速发展伴随着资源的迅速消耗，我国目前的陆海统筹、"多规合一"处于试点阶段，以往的惯性尚未明显改

---

① 该公报统计数据未包括港澳台数据。

变，给海岸带资源的利用带来很大的压力，如海岸带地区的淡水资源紧缺与水环境恶化、海平面上升与海岸侵蚀、渔业资源退化、生态灾害频发、生物资源衰退、后备土地资源不足等，这些问题已经严重制约了海岸带地区社会经济的可持续发展。例如，海岸工程建成后，海岸动力因素的变化可能引起新的工程技术问题；水流、滩涂的演变也会对鱼类洄游和贝类生长发育产生影响；采油和排污工程有污染环境的危险，并对稀有动植物、珍贵文物、名胜古迹和游览胜地产生影响等。各国在这方面均有不少经验教训。例如，19世纪末开始修建的埃及阿斯旺水坝使入海口海岸迅速蚀退，溯河性鱼虾洄游通道被沙丘体阻塞，每年仅沙丁鱼减产即损失几百万美元。但直到20世纪60年代，埃及才明确提出海岸带的综合利用问题。

（一）环境质量仍不乐观

我国大约20%的供水来自地下水，而在降水量较少的华北和西北地区，该比例更是高达50%～80%。但我国地下水水质状况又十分令人担忧。根据2011年国土资源部门对200多个城市和行政区进行的地下水采样结果，采集的4700多个地下水水样中55%显示为Ⅳ类或Ⅴ类水。而全国范围内地下水污染的严重程度目前仍没有准确的统计数据。我国东部海岸带人口高度密集，经济发展快速，城市化进程不断加速。而海岸带水资源分布不均衡（表现为资源性缺水或水质性缺水）、地下水严重超采、水污染加重等海岸带水环境问题，已成为滨海城市率先实现现代化的重要制约因素。辽河、海河和山东沿海的主要河流有50%以上河段水已不符合农业灌溉标准，而山东滨州部分地区地下水已检出有机氯农药及"三致"（致癌、致畸、致突变）物质30余种。海岸带水源污染已造成农作物减产、水产养殖受损、工业效益降低、居民饮水困难、粮食和蔬菜中重金属含量增高、居民癌症和肠胃病等发病率逐年上升、自来水制水成本逐年增高等。沿海地区近40年来的改革发展表明，社会经济快速发展的海岸城市往往也是水污染最为严重的地区。工业污染和生活污染已从点状向面状、从城市向乡村蔓延，地区经济发展水平与环境污染程度呈现同步增加趋势。环渤海城市密集、产业性结构布局重型化特点突出，区域地下水资源供需矛盾加剧，水资源合理配置问题成为制约区域整体发展的矛盾焦点。珠江三角洲、长江三角洲等南方海岸带地区尽管降水充沛，井网、河网密布，但由于近年来工业污染和生活污染的加剧，也普遍出现了水质性缺水现象。

（二）滨海湿地破坏严重

我国是水产养殖大国，自1992年以来，海水产品总产量一直稳居世界首位。1992年海水产品934万t，其中海水养殖产量242万t；据预测，2020年我国水产养殖产量将达 4000 万 t 以上，产量的增加主要依赖海水养殖。快速发展的海水养殖业对我国滨海湿地、近岸海域等海岸带环境均造成巨大冲击，海水养殖正成为近岸海域重要的污染源。滨海湿地是海岸带区域截留污染物最为重要的生态屏障。然而，我国滨海湿地的保护通常让位于经济开发和区域发展。在过去 50 年中，我国已损失了 53% 的温带滨海湿地、73% 的红树林和 80% 的珊瑚礁。滨海湿地的丧失造成海岸带自净能力的急剧下降。

（三）资源开发不合理

改革开放以来，我国沿海各行各业争相以海岸带为依托，经济发展迅速，而各部门多是从本部门和本行业发展需要进行开发，有的只顾局部，不顾整体，只求近利，不顾远利，有的甚至进行掠夺性的开发，这种多部门、多行业、多层次的交叉开发利用造成不合理的开发利用和开发中的各种矛盾，导致资源浪费、环境破坏和生态失调。与此同时，超大规模的人口要素加速向沿海地区聚集也加剧了开发与保护之间的矛盾。进入新世纪以来，沿海社会经济的高速发展，海岸带生态环境质量的退化，已成为海岸带经济进一步发展的瓶颈，必将直接影响到我国经济的健康发展。

第二节　我国典型海岸带面临的环境与灾害问题

由于我国海岸带地区的发展缺乏系统、全面的科学指导，使得资源开发与需求、经济发展与环境保护之间的冲突日益加剧；部分地区过度开发，部门利益冲突加剧，在创造巨大经济效益的同时，给海岸带生态环境带来了极大的威胁。

一、地质灾害

（一）海岸侵蚀

海岸侵蚀是一个在全球沿海国家广泛存在的问题。基岩海岸、粉砂淤泥质海岸、沙砾质海岸等常见海岸，以及珊瑚礁海岸、红树林海岸等生物海岸均受到海岸侵蚀的威胁（林峰竹等，2015）。造成海岸侵蚀加剧的主要原因有：入海河流泥沙输入量减少，近海砂矿的过量开采，不合理的海洋工程建设，风暴潮灾害，红树林和珊瑚礁的破坏等（陈吉余，2010）。20 世纪 70 年代，海底砂矿的大量开采和大量的水库截留等活动，使我国近海各种类型的海岸侵蚀逐渐加剧（夏东兴等，1993）。近几十年来，海岸侵蚀的范围和程度均急剧增加，给我国海岸带居民的生产活动和日常生活带来了严重影响。目前，海岸侵蚀已成为我国沿岸最为常见的一种地质灾害类型，在我国沿海各个省（自治区、直辖市）普遍存在（于德海等，2010）。

根据 2010 年国家海洋局海洋综合调查与评价成果①（国家海洋局第三海洋研究所，2010），我国沿海从南至北海岸线均受到海岸侵蚀影响，受侵蚀的海岸总长度超过 3000km，约占我国软质海岸线的 20.6%。其中，上海和广东海岸侵蚀岸线长度占其软质海岸的比例约为 35%，河北、山东、江苏海岸侵蚀岸线长度占其软质海岸的比例约为 30%，福建海岸侵蚀岸线长度占其软质海岸的比例约为 21%。我国海岸侵蚀的现象主要发生在沙砾质海岸和粉砂淤泥质海岸，其中约 50% 的沙砾质海岸和约 7% 的粉砂淤泥质海岸受到海岸侵蚀的影响。沙砾质海岸受侵蚀的范围相对较大，其中，江苏沙砾质海岸全部受到侵蚀，河北、山东、福建、广东、广西和海南等地砂质岸线的侵蚀比例也高达 57%～70%；上海、江苏和山东的粉砂淤泥质海岸受侵蚀比例较大，分别达到各自省（直辖市）软质海岸线的 35%、26% 和 16%。虽然粉砂淤泥质海岸的侵蚀长度低于沙砾质海岸的侵蚀长度，但粉砂淤泥质海岸的侵蚀速率远大于沙砾质海岸的侵蚀速率。通常来讲，沙砾质海岸的侵蚀速率小于 10m/a，粉砂淤泥质海岸的侵蚀速率高于 10m/a。在我国，山东和江苏的粉砂淤泥质海岸线最长，海岸侵蚀的速率亦较大。例如，我国黄河三角洲区域自 20 世纪末海岸侵蚀现象开始出现，至 2011 年，黄河三角洲部分海岸的最大侵蚀速率高达 477m/a（林峰竹等，2015）。

总体来讲，我国长江口以北海岸线的侵蚀现象较为严重，受侵蚀海岸的侵蚀速率多数达到强侵蚀（2～3m/a）甚至以上级别。其中，辽宁整体海岸侵蚀程度相对较轻，强侵蚀岸段出现在营口和葫芦岛，侵蚀速率通常大于 2m/a，最大侵蚀速率达到 6m/a；河北海岸侵蚀速率通常大于 2m/a，其中滦河口海岸侵蚀速率达 10～25m/a（邱若峰等，2009）；山东侵蚀岸段的侵蚀速率通常为 1～3m/a，而黄河口、莱州湾海岸侵蚀速率通常为 10m/a，黄河口区域最大可达 150m/a；江苏大多数岸段的侵蚀速率通常大于 3m/a，而废黄河口岸段的侵蚀速率达 14～88m/a；上海粉砂淤泥质海岸的平均侵蚀速率通常超过 10m/a。我国长江口以南，海岸线的侵蚀速率相对较小，但受侵蚀影响的范围较大。广东海岸线的侵蚀长度位居全国第一，但侵蚀速率相对较小，广东与广西的多数海岸侵蚀速率均小于 1m/a；福建海岸线的侵蚀长度位居全国第三，中部和南部岸段侵蚀速率通常为 1～2m/a，南部某些海岸侵蚀速率达 2～3m/a；海南的海岸侵蚀绝大多数发生于沙砾质海岸，受侵蚀岸段占沙砾质海岸总长的 1/3，占全省软质海岸的 16%，另外，海南岸线侵蚀速率较大，半数以上的受侵蚀岸段侵蚀速率达到 3～10m/a，另有 20% 的受侵蚀岸段侵蚀速率为 2～3m/a（林峰竹等，2015）。

（二）地面沉降

地面沉降是土体受到压缩所形成的地面标高降低的现象，由地下流体矿藏开

---

① 该成果未包含港澳台数据。

采及建筑物负载等引起,其中主要是由地下水过量开采所引起。厚层松散细粒土层是地面沉降的物质基础,而长期过量抽取地下水则是地面沉降的动力条件。在滨海平原及河口三角洲分布着大量厚层松散沉积物,含水量可达 60%以上,具有孔隙比大和压塑性强等特点。当地下水被大量抽取时,沉积物含水层压力降低,淤泥质黏土隔水层孔隙中的弱结合水压力差加大,从而使孔隙水流入含水层,有效压力加大,导致黏性土层的压缩变形(刘锡清,2005)。

我国从丹东到海口已有 96 个城市和地区发生不同程度的地面沉降,累计沉降量 460~2780mm,沉降速率达到 10~56mm/a,其中约有 80%分布在沿海地区。长期监测表明,地面沉降主要由不合理开采地下水所致,而地壳下沉、工程建设等其他因素所占比例仅为 5%~20%(刘锡清,2005)。我国沿海地面沉降灾害主要出现在滨海平原和大河三角洲地区,其中上海和天津的地面沉降最为严重,另外营口、沧州、滨州、东营、潍坊、宁波、温州、湛江等沿海城市地面沉降现象也比较严重(郑铣鑫等,2002)。据报道,2000 年天津地面沉降量超过 1000mm 的面积高达 4080.5km^2,并形成多个地面沉降中心。2001 年沧州市中心累计沉降量达到 2236mm,沉降速率达到 100.45mm/a,而且地面沉降范围扩展到任丘、河间和黄骅等地区,其中约有 9716km^2 的地面累计沉降量大于 500mm,3041.65km^2 的地面累计沉降量大于 800mm。1921~2000 年的 80 年内,上海中心城区平均累计下沉约 1.829m,最严重的沉降区域最大沉降量达 2.63m,平均沉降速率为 23.65mm/a,上海中心城区沉降面积约为 400km^2。浙江地面沉降区域主要分布在杭嘉湖平原、宁波平原、温黄平原和温瑞平原。2003 年,杭嘉湖平原地面累计沉降量超过 100mm 的区域高达 2500km^2 以上,约占整个平原区面积的 40%。宁波市沉降面积超过 190km^2,沉降中心累计沉降量为 489mm。温黄平原累计沉降量大于 100mm 的区域达到 435km^2。温瑞平原亦有小部分区域发生地面沉降迹象,沉降中心累计沉降量大于 200mm,中心沉降速率约为 30mm/a(刘锡清,2005)。

(三)海水入侵

海水入侵是滨海区域地下水动力条件发生改变,引起海水或高矿化咸水向陆地淡水含水层转运而发生的水体侵入现象。海水入侵亦被称为海水侵染、盐水入侵、咸水入侵等。近年来,我国黄渤海沿岸区域出现了不同程度的海水入侵加剧现象。我国海水入侵累计面积高达 1000km^2,最大入侵速率和最大入侵距离分别达到 400m/a 和 10km,已成为一种影响范围广、危害严重的海岸带地质灾害(刘杜娟,2004)。

20 世纪 70 年代以来,我国海水入侵现象开始有所记录。相关记录显示,海水入侵呈现逐年加重的趋势,主要分布在辽宁、河北、天津和山东等沿海地区,其中辽宁东部、山东北部海岸带最为严重（马凤山等，1997）。80 年代，山东北部区域地下水开采力度和范围均有所增大，海水入侵速率加快，在莱州湾南岸形成一条连续的海水入侵带（薛禹群等，1997）。莱州湾已经是我国北方海岸带区域海水入侵危害最严重的地区之一（孙晓明等，2006）。莱州湾沿岸海水入侵主要为 80～100m 及以上的沉积层，该沉积层含多层河流冲积、洪积砂层，具有颗粒粗、分布广和连续性好等特点，是海水入侵的主要通道（庄振业等，1999）。1991～2004 年，莱州湾区域地下水开采量显著增加，大量地下卤水资源也被抽取，使该区域的咸水区面积达到最大值。据 2002 年统计，莱州湾南岸平原中部形成一条横贯东西、宽度为 1.5～12.0km 的连续入侵带，总面积达 696.8km^2；其中地下水位低于海平面的漏斗面积高达 2561km^2，造成 400km^2 耕地无法灌溉，8000 余眼农田机井报废，粮食每年减产 30×10^{4}t 以上（刘锡清，2005）。2005～2014 年，莱州湾地区的降水量相对较为稳定，且调入了大量的黄河水，地下水位负值漏斗面积出现了持续缩小的趋势，部分区域海水入侵速率明显减缓（高茂生和骆永明，2016）。

根据《2015 年中国海洋灾害公报》[①]，2011～2015 年，辽宁盘锦和葫芦岛部分监测区海水入侵距离稍有增加；江苏连云港监测区海水入侵范围呈逐渐扩大趋势；福建长乐漳港近岸监测站位地下水氯离子含量升高，海水入侵距离增加明显；广东茂名龙山监测区海水入侵距离则呈现缓慢上升的趋势。截至 2015 年，我国海水入侵严重地区主要分布于渤海滨海平原的河北和山东沿岸，其中 46%以上监测区海水入侵距离为 10～43km；黄海、东海滨海地区海水入侵范围总体较小，约 86%监测区海水入侵距离在 5km 以内；南海滨海地区海水入侵呈现范围小和程度低的特点，约 90%监测区海水入侵距离在 0.5km 以内（高茂生和骆永明，2016）。

二、气象灾害

（一）台风

台风是指发生在热带洋面上、中心附近最大风力达 8 级及以上的强烈气旋性大气涡旋，包括从热带风暴至超强台风等多个强度等级。我国沿海紧邻西北太平洋的地区全年都有台风生成，是受台风危害最为严重的国家之一。台风可造成交通中断、住宅损毁、作物减产、财产损失和人员伤亡等严重后果，从而给国家经济建设、人民生命财产安全和社会稳定运行带来巨大影响（薛建军等，2012）。

据黄昌兴等（2014）统计，1949～2013 年共有 455 个台风登陆我国，平均每年约有 7 个台风在我国沿海地区登陆，登陆我国的台风主要出现在 7～9 月，约占我国全年登陆台风总数的 80%。除天津和河北外，我国广西至辽宁的沿海各地均

---

① 该公报涉及的全国性统计数据均未包括港澳台数据。

有台风登陆记录。我国台风登陆区域主要集中在广东、台湾、福建、海南、浙江 5 个省份，登陆次数高达 526 次，约占我国台风登陆总次数的 90%，5 个省份的台风登陆次数分别为 177 次、122 次、97 次、91 次和 39 次。广西的台风登陆次数为 21 次，直接登陆仅 1 次，其余则是由先登陆广东或海南后形成的二次登陆。山东由于半岛向东明显突出的特殊地理位置，其台风登陆次数高达 11 次。上海和江苏台风登陆次数分别为 4 次。

台风灾害包括风灾、洪涝、城市内涝、农田渍涝等雨灾，以及滑坡、泥石流、风暴潮等次生灾害。台风引起的大风主要出现在我国东部及东南部沿海区域（山东半岛以南），其中广东、福建、浙江、台湾和海南等沿海地区大风频次较高。台风导致我国出现大暴雨的频次从东南沿海地区向内陆地区递减，其中台湾、广东、福建、海南、广西、浙江和山东半岛都是暴雨的主要影响区域（薛建军等，2012）。台风引起的灾害性海浪还能冲毁海堤和码头，给海岸带种植业、水产养殖业及人民的生命财产带来重大损失（高建华等，1999）。

（二）风暴潮

我国是受风暴潮影响最为严重的国家之一，既受台风风暴潮灾害影响，又受温带风暴潮灾害影响。我国从南到北沿海地区几乎都出现过风暴潮，南方沿海主要受台风风暴潮灾害影响，每年有 7～8 个台风在南方沿海登陆；北部沿海特别是渤海湾和莱州湾沿岸受温带风暴潮的影响较为严重（王喜年，2001）。

1989～2008 年，我国沿海地区风暴潮灾害发生次数达到 114 次，造成的经济损失高达 2000 多亿元。台风风暴潮灾害是最主要的风暴潮灾害形式，次数占风暴潮灾害总次数的 88.6%，而温带风暴潮灾害次数仅占风暴潮灾害总次数的 11.4%。我国风暴潮灾害主要出现在夏季和秋季（6～10 月），沿海风暴潮灾害在空间分布上差异较为明显。特大风暴潮灾害主要分布在浙江（温州沿海）、福建（福州和厦门之间）和广东（阳江与湛江一带）。轻度风暴潮灾害相对集中分布在渤海湾（天津沿海）、海南（东南部和东北部）和广东（阳江至雷州半岛之间）（谢丽和张振克，2010）。

（三）海冰

我国渤海和黄海北部，由于受冬季寒潮影响，每年都有不同程度的海面结冰现象。渤海和黄海北部一般冰期长 2～3 个月，其中辽东湾可达 3～4 个月，单个流冰冰块面积最大可达 60～70km^2。我国北方海域每次冰封或严重冰情都会造成不同程度的物质和经济损失，如船只被冻在海上、船只受损、港湾及航道被封冻、海上建筑物遭到破坏等。据记载，我国北方海域在 1936 年、1947 年、1957 年、1969 年和 1977 年均出现了严重冰情。由于全球气候日益变暖，近 20 年来，渤海和黄海北部一直未出现严重的冰情，仅在 1999～2000 年渤海出现过较为严重的海面结冰情况，在冰情严重期，秦皇岛港出现冰封现象，辽东湾北部沿岸港口基本处于封港状态（李志军，2010）。2010 年，我国渤海和黄海北部出现近 30 年来最为严重的海冰冰情，该次海冰受灾人口 6.1 万人，船只损毁 7157 艘，港口及码头封冻 296 个，海水养殖受损面积达 20.8 万 hm^2，造成经济损失 63.18 亿元，占全年海洋灾害总经济损失的 47.6%（孙劭等，2011）。

三、生态破坏

（一）栖息地破坏

河口、海湾、滨海湿地、红树林、珊瑚礁等都是海洋生物重要的栖息地。近几十年来，我国海岸带区域大规模的围填海活动导致生物栖息地破坏严重。大规模的围填海工程改变了近岸海域的水文特征，破坏了海洋生物的栖息环境和产卵场，影响了鱼类等经济动物的洄游规律，很多经济动物赖以生存的生态环境遭到破坏，渔业资源量锐减，生态系统严重退化。大规模的围填海工程使海岸线发生变化，近岸水动力条件和污染物的环境容量发生急剧变化，海洋的环境承载力大幅下降，导致近岸海洋环境污染日益加剧（刘伟和刘百桥，2008）。

据高志强等（2014）报道，我国 1990～2000 年沿海地区围填海的增加面积最少，而 2000～2010 年最多。1980～2010 年，浙江和广东围填海面积增加较多，福建、广西和海南围填海面积增加较少。我国待利用水面、养殖池、港口、建设用地、农业用地和其他用地等 6 种围填海利用类型累计增加面积分别为 1119.40km²、935.26km²、474.52km²、550.01km²、544.10km² 和 134.63km²。可见，待利用水面是我国围填海面积增加最多的利用类型。虽然港口的增加面积较少，但是港口增加面积占总增加面积的比例有所增加，从 4.98% 增加到 16.76%。我国沿海农业用地所占比例逐渐下降，从 30.87% 下降到 7.84%。

（二）生物多样性降低

海岸带因自然资源丰富、环境条件特殊和地理位置优良等特点，是区位优势明显、人类社会与经济活动最活跃的地带。同时，海岸带区域也是大量鱼类、无脊椎动物及鸟类等动物的栖息地，为大量生物的生存、繁衍提供了必需的物质和能量。我国沿海具有潮间带、海草床、盐沼、河口、红树林、珊瑚礁、上升流等诸多典型生态系统，海岸带海洋生物多样性具有资源丰富、物种多样、生态类型齐全等特点（郭境和朱小明，2010）。

然而，由于人们对海岸带环境和资源的保护认知不够，大量不合理的人为活动导致我国海岸带生态系统结构和功能受到严重破坏，生态系统服务价值迅速衰退。截至 2002 年，我国芦苇、沼泽、潟湖等滨海湿地丧失约 50%（陈吉余和陈沈良，2002）。红树林面积从 20 世纪 80 年代初期的 40 000km^2 减少为 90 年代的 15 000km^2，且红树林多变为低矮的次生群落，经济和生态价值损失严重。由于人为开采、电厂温排水、海洋倾废、海水透明度下降等原因，我国近岸 80% 的珊瑚礁遭到不同程度的破坏（李志刚和谭乐和，2009）。此外，我国近岸水母、海星、蛇尾等生态服务价值较低的物种繁盛，而具有较高生态系统服务价值的物种消减明显。

（三）生物入侵

我国海岸线长，主权管辖海域面积大，近岸生态系统类型较多，因而容易遭受外来入侵种的侵害。近年来，随着我国海洋航运的发展，以及海水养殖品种的引入，外来海洋生物种类和数量日渐增多。已有研究表明，外来入侵生物将会对入侵海域生态系统的结构、功能及生物多样性产生严重影响（万方浩等，2002；刘芳明等，2007）。

大米草（*Spartina anglica*）是我国引入海洋生物入侵种中的典型代表，已列入 2003 年我国首批 16 种外来入侵物种名单。大米草原产于美国东海岸，于 20 世纪 60 年代作为滩涂改良物种引入我国，但大米草会严重排挤其他本土物种，对当地生态系统造成严重干扰。近 40 年来，大米草对我国环境更加适应，分布面积大幅增加，目前已遍布辽宁锦州西南部到广西北海的整个沿海滩涂区域（吴敏兰和方志亮，2005）。

20 世纪 90 年代，研究人员在福建东山岛发现一种原产于中美洲的海洋贝类——沙筛贝。沙筛贝占据了福建东山岛海域的海岸基石和养殖设施表面，占据了当地藤壶、牡蛎等潮间带生物的栖息地。目前，沙筛贝在福建部分海湾大量繁殖，已造成本土底栖生物的减少，给当地生态系统造成了严重影响（王建军等，1999）。

近年来，大幅引进外来物种进行养殖加大了外来海洋物种对本地生态系统的影响。据统计，2001 年前我国从国外引进的海水养殖物种包括：海洋鱼类 10 种、甲壳动物 2 种、软体动物 9 种、棘皮动物 1 种和藻类 4 种。这些养殖物种的引入也带入了几百种外来海洋生物，这些外来海洋生物能够与当地物种杂交或竞争，进而影响或改变原生态系统的遗传多样性，从而给本地生态系统造成巨大危害（梁玉波和王斌，2001）。

由于外来物种可能携带病原生物，而本地动植物对外来病原生物几乎没有抗性，因此很容易引发外来病害在本地物种中流行。2000 年，我国北方滩涂养殖菲律宾蛤仔暴发性大规模死亡现象，主要是由一种外来的海洋原生动物——帕金虫引起（刘芳明等，2007；梁玉波和王斌，2001）。

（四）赤潮、绿潮

近年来，由于人类活动的影响，富营养物质等陆源污染物排放增加，我国近岸海域环境日益恶化，赤潮、绿潮灾害频发。1933～2011 年，我国海域观测到的赤潮事件总计 1047 起，受赤潮影响累计面积高达 22 万 km^2。20 世纪 60 年代以前，我国仅有 2 次赤潮记录，受影响面积约为 $1400km^2$。70 年代，我国赤潮记录 8 次，受影响面积约为 $5700km^2$。80 年代，我国赤潮发生事件迅速增至 74 次，受影响面积约为 34 000km^2。90 年代，我国赤潮记录次数已达 151 次，受影响面积高达 22 500km^2。可见，我国近岸海域受赤潮灾害影响日趋严重，表现在赤潮发现次数和影响面积不断增大。2000 年以后，我国进入赤潮高发期，赤潮发现频率和影响范围明显增加。我国沿海从南到北均有赤潮分布，时空分布差异显著。东海区赤潮年发现频率最高，高发期集中于每年 4～9 月水温较高的季节；南海区赤潮一年四季均有发现；黄海区赤潮发现频率最小。20 世纪 90 年代，赤潮多发区主要分布在近岸河口和海湾区域，包括渤海沿岸、长江口外海域、胶州湾和东南沿海等。进入 21 世纪，赤潮在我国沿海暴发频率和面积日益增大，其中长江口、珠江口及环渤海地区均成为赤潮高发区（洛昊等，2013）。自 2007 年以来，绿潮呈现出与赤潮类似的暴发趋势。浒苔绿潮已肆虐黄海近岸海域达 10 年之久，造成巨大的经济损失和严重的社会影响，近年来已成为我国近海最主要的生态灾害之一。

截至 2009 年，我国由赤潮优势种引发的赤潮次数为 417 次，约占我国赤潮总数的 45%，主要分布于辽东湾、渤海湾、莱州湾、长江口等海域，而且有毒赤潮发生频率明显增加。其中，由夜光藻引发赤潮的次数最多，高达 125 次，累计影响面积达到 2.5 万 km^2，主要分布在长江口、莱州湾、渤海湾、辽东湾等海域；由具齿原甲藻引起的赤潮共记录 120 次，累计影响面积达到 4.3 万 km^2，主要分布在长江口及浙江近岸海域（洛昊等，2013）。

（五）海底缺氧

近年来，全球范围内海洋低氧区的面积逐渐增大，低氧暴发的频率和持续时间逐渐增高，已对全球海洋生态健康造成了重大威胁。我国近海也出现了大面积的海底缺氧区，其中长江口外东海区出现了面积高达 10 000km^2 以上的缺氧区，并且夏季底层低氧的程度和范围呈现出明显加重的趋势。研究表明，长江口外缺氧区主要由两个主控因素导致：长江带来的营养盐和有机质的大量输入导致的富营养化，以及长江冲淡水和台湾暖流上涌形成的强烈温盐跃层（李道季等，2002）。

在我国珠江口邻近海域也存在季节性底层缺氧现象。珠江口底层缺氧也发生于海水层化季节，低氧区面积比长江口低氧区面积小，并且水体最低溶解氧（DO）

浓度也比长江口高。珠江口缺氧区的缺氧程度虽然比长江口弱，但仍对珠江口邻近海域的生态与环境产生了较大影响。研究发现，珠江口夏季水体 DO 含量随水深的增加逐渐降低，表现出明显的浓度层化现象。珠江口表层水体受潮流运动影响较大，底层水体受潮流运动的影响较小，DO 含量较为稳定（蔡树群等，2013）。

近年来，在渤海海域也发现了大规模的底层低氧。张华等（2016）根据 2014 年夏季（8 月）和春秋两季的调查数据发现，夏季渤海海域已经形成总面积约为 $4.2 \times 10^3 km^2$ 的低氧区（DO<3mg/L），低氧区主要分布在渤海中央浅滩两侧的洼地，北部洼地面积约为 $2.9 \times 10^3 km^2$，南部洼地面积约为 $1.3 \times 10^3 km^2$，底部水体 DO 最低值达到 2.3mg/L。

四、环境污染

（一）重金属污染

重金属主要来源于工业污水及矿山废水排放、含有重金属农药的使用及化石燃料释放等。这些含有重金属的污染源通过大气、水体及固体垃圾倾倒等方式进入海洋，从而对近海环境造成污染。由于重金属具有不可降解的特性，因此近岸海域的沉积物成为大部分重金属的最终归宿地。

根据《2013 年中国海洋环境状况公报》①，2013 年我国管辖海域沉积物质量状况总体良好，辽东湾和珠江口海域沉积物质量一般。其中，辽东湾海域沉积物中汞和镉超标，锦州湾海域沉积物中汞含量超过《海洋沉积物质量》（GB 18668—2002）第三类标准，大连湾海域沉积物中铬和锌超标；珠江口沉积物中铜、铅和锌超标，个别站位铜含量超过《海洋沉积物质量》（GB 18668—2002）第三类标准。2015 年，辽东湾和珠江口近岸海域沉积物质量状况一般，其余重点海域沉积物质量状况良好。其中，珠江口海域沉积物的主要超标元素为铜、锌、铅等，铜、锌、铅含量超过《海洋沉积物质量》（GB 18668—2002）第一类标准的站位比例分别为 48%、18% 和 15%。

2015 年监测的我国 77 条主要河流入海的污染物中有重金属 2.1 万 t，其中锌 16243t、铜 3318t、铅 858t、镉 83t、汞 49t。2016 年监测的我国 68 条主要河流入海的污染物中有重金属 1.4 万 t，其中锌 10535t、铜 2413t、铅 575t、镉 83t、汞 39t。可见，我国通过河流入海的重金属量有减少的趋势。2016 年，我国对沿海 81 个入海排污口邻近海域的沉积物质量进行了监测，其中 25 个排污口邻近海域沉积物质量较差，无法满足所在海洋功能区的沉积物质量要求，主要污染元素为铜和汞等。

---

① 该公报中涉及的全国性统计数据均未包括港澳台数据。

（二）石油污染

随着人类开发地球资源的加剧和海上交通运输业的发展，海洋环境污染形势日趋严峻。在众多的海洋污染物中，石油是近海常见的主要污染物之一。海洋石油污染按石油输入类型，可分为突发性输入和慢性长期输入两种类型。其中，突发性输入主要包括油轮事故及海上石油开采的泄漏与井喷事故；慢性长期输入包括港口和船舶的作业含油污水排放、工业民用废水排放、含油废气沉降、天然海底渗漏、含油沉积岩遭侵蚀后渗出等。据统计，近年来我国每年排入大海的石油污染物约为 12 万 t，并且由于我国对原油需求量的增大及海上航运事业的发展，我国近海石油污染的现象逐渐加剧。近 20 年来，我国近岸海域发生50t 以上船舶溢油事故高达 50 余起。随着海上油气资源的大规模开发，采油平台溢油、漏油及采油平台操作中的排油污已成为重要的海上石油污染源（郭志平，2004）。例如，2011 年发生的蓬莱 19-3 油田溢油事故共造成劣四类海水面积 840km^2，溢油单日最大分布面积达 158km^2，蓬莱 19-3 油田附近海域海水中石油类污染物的平均浓度超过历史背景值 40.5 倍，最高浓度达到历史背景值的86.4 倍。

根据 2014～2016 年中国海洋环境状况公报[①]，2014 年春季、夏季和秋季石油类含量超过第一类和第二类海水水质标准的海域面积分别为 13 090km^2、18 760km^2 和 10 780km^2，主要分布在辽东湾、莱州湾、台州湾、粤西沿岸、雷州半岛西岸局部海域。2015 年冬季、春季、夏季和秋季石油类含量超过第一类和第二类海水水质标准的海域面积分别为 14 930km^2、9410km^2、19 560km^2 和15 580km^2，主要分布在辽东湾、广东沿岸等近岸海域。2016 年春季和夏季我国沿海石油类含量超过第一类和第二类海水水质标准的海域面积分别为 13 520km^{2}和 10 840km^2，主要分布在雷州半岛等近岸区域。

（三）固体废弃物污染

海岸带固体废弃物污染主要包括各种海洋类型的垃圾污染。根据 2014～2016年中国海洋环境状况公报，我国海洋垃圾污染较为严重的区域主要包括旅游休闲娱乐区、农渔业区、港口航运区及其邻近海域，其中，旅游休闲娱乐区海洋垃圾多为塑料袋、塑料瓶等生活垃圾；农渔业区内以塑料类、聚苯乙烯泡沫类等生产生活垃圾为主。海面漂浮垃圾主要为聚苯乙烯泡沫塑料碎片、塑料袋、塑料瓶和木制品类等。大块和特大块漂浮垃圾丰度为 20～38 个/km^2；中块和小块漂浮垃圾丰度为 2206～2281 个/km^2，质量为 18～20kg/km^2。聚苯乙烯泡沫塑料类垃圾数量

---

① 该公报中涉及的全国性统计数据均未包括港澳台数据。

最多（所占比例为 43%~46%），其次为塑料类（除泡沫塑料类）和木制品类（所占比例分别为 31%~36% 和 11%~16%）。分析表明，海面漂浮垃圾 67%~91% 来源于陆地，9%~33% 来源于海上活动。海滩垃圾主要为塑料袋、聚苯乙烯泡沫塑料碎片、塑料瓶和木制品类等，丰度为 50 142~70 348 个/km²，质量为 1105~3119kg/km²。塑料类垃圾数量最多（所占比例为 68%~75%），其次为木制品类。海滩垃圾 86%~96% 来源于陆地，4%~14% 来源于海上活动。海底垃圾主要为塑料袋、塑料瓶和木制品类等，丰度为 720~1325 个/km²，质量为 34~671kg/km²。其中塑料类垃圾数量最多（所占比例为 64%~87%），其次为木制品类。

五、全球变化

（一）海洋变暖

工业革命以来，由于人类向大气中排入了大量的 CO_2 等温室气体，从而引起全球范围内气候变暖。海洋在维持地球生态系统和调节气候上起着重要作用。但由于海洋吸收了大量热量，导致海水温度逐渐升高。联合国政府间气候变化专门委员会（Intergovernmental Panel on Climate Change，IPCC）最近一次（第五次）的评估报告指出，1971~2010 年海洋上层（75m 水深以上）升温幅度为每 10 年 0.11℃。海洋上层（0~700m）已经变暖，全球海表到 21 世纪末将升温 1~3℃。海水升温除了导致海平面上升外，还会影响海洋生物的行为、生理和分布，以及对复杂多变的海洋环境的适应能力，从而对整个海洋体系产生广泛而复杂的影响（董芳等，2018）。

（二）海平面上升

近几个世纪以来，化石燃料的大量使用产生了大量温室气体，对大气和海洋系统的影响逐渐增大，由全球变暖导致的海平面上升问题已成为全球海洋研究关注的焦点。我国作为海洋大国，东部沿岸是我国城市和人口密集区，也是受海平面上升影响最严重的地区。

据统计，1993~2012 年我国沿海海平面、我国领海基点海平面平均上升速率分别为 3.2mm/a 和 4.6mm/a，而且我国沿海平均海平面上升速率与同一时期全球海平面的上升速率相当，约为我国领海基点平均海平面上升速率的 70%，表明我国沿海海平面上升是在全球海平面变化大背景下的被动升高。我国沿海海平面变化总体呈波动上升趋势，上升速率为 4.3mm/a，并且呈现出一定的区域差异性。其中，渤海、黄海、东海和南海沿海平均海平面上升速率分别为 3.1mm/a、2.9mm/a、3.0mm/a 和 4.6mm/a；前 3 个海区沿海平均海平面上升速率为 3.0mm/a，与同期全球平均水平相当（张静和方明强，2015）。

根据《2016 年中国海平面公报》[①]，我国沿海海平面变化总体上呈现波动上升的趋势。1980～2016 年，我国沿海平均海平面上升速率为 3.2mm/a，高于同期全球平均水平。2016 年，我国沿海海平面较常年（1993～2011 年）高 82mm，较 2015 年高 38mm，为 1980 年以来的最高位。且 2012～2016 年我国沿海海平面均处于 30 多年来的高位。我国各海区沿海海平面上升明显，与常年（1993～2011年）相比，渤海、黄海、东海和南海沿海海平面分别高了 74mm、66mm、115mm和 72mm；与 2015 年相比，渤海、黄海、东海和南海沿海海平面分别高了 24mm、28mm、52mm 和 48mm。其中，东海沿海海平面上升幅度最大，升幅高于其他海区。我国沿海海平面变化时间特征明显，其中 4 月、9 月、11 月和 12 月海平面达到历史同期最高。与 2015 年同期相比，3～6 月、9～11 月海平面上升幅度均超过50mm，其中 10 月上升最为明显，升幅超过 120mm。

（三）海水酸化

海洋作为重要碳库吸收了至少 1/3 人为活动排放的 CO_2。然而自工业革命以来，由于化石燃料燃烧等人为活动的影响，大气中的 CO_2 浓度从 280ppm[②]增加到了400ppm，导致全球表层海水 pH 降低了大约 0.1，从而产生海洋酸化现象。海洋酸化能够引起海洋系统的一系列化学变化，从而对海洋生物的生长、繁殖甚至生存等产生一系列不同程度的影响，最终可能会导致海洋生态系统的结构和功能发生变化，进而影响海洋生态系统的平衡及其生态系统服务价值功能（徐雪梅等，2016）。

2011 年夏季，在长江冲淡水海域观测到底层海水酸化现象，该海域 pH 由 4 月的 8.08 降至 8 月的 7.68，推测是由于生物呼吸作用所致（刘进文和戴民汉，2012）。同年夏季，在我国渤海西北部、北部近岸海域也出现了底层海水酸化的现象，pH 最低达到 7.64～7.68（翟惟东等，2012）。2014 年，观测到我国渤海海域低氧区底层海水出现了较为严重的酸化现象，pH 达到 7.8 左右，这与 2011年夏季观测的结果基本一致（张华等，2016；翟惟东等，2012）。据《2011 年中国海洋环境状况公报》[③]，2011～2012 年，在我国黄海海域也观测到底层海水酸化现象，底层水体 pH 低至 7.79～7.90，文石饱和度<2.0，其中秋季最为严重；而在我国黄海中部海域，底层海水文石饱和度最低值达到了 1.0，已达到生物钙质骨骼和外壳溶解的临界点；在我国黄海北部西侧海域，表层水体甚至也出现文石饱和度<2.0 的现象。研究表明，生物呼吸作用和有机物矿化是导致近岸海水酸化的重要原因（徐雪梅等，2016）。

---

① 该公报涉及的我国沿海统计数据均未包括港澳台数据。
② 1ppm=1×10^{-6} 单位，下同。
③ 该公报中涉及的全国性统计数字均未包括港澳台数据。

第三节　海岸带资源与环境可持续发展的对策和途径

一、贯彻"生态优先、陆海统筹"的管理理念

(一)生态优先

多年不合理开发的发展模式带来了一系列的生态环境问题,如环境污染、生态退化、资源衰退等,据《2016 年中国海洋环境状况公报》[①],接近一半以上的海湾出现劣四类水质,86%的海洋生态系统处于亚健康和不健康状态,近海渔业资源小型化和低质化,渔业资源呈现持续衰退的趋势。历史经验告诉我们"先开发后治理"的路子不可取。在新的历史时期,物质积累到达一定层次后,将更加注重生态文明建设,更应贯彻"生态优先"的理念。因此必须坚持绿色发展,高度重视生态空间的保护工作,将自然岸线、湿地、近海海域、山林、水系等视为珍贵的自然资源,在保护生态安全的前提下,积极探索绿色发展模式和路径,实现海岸带科学开发。

(二)陆海统筹

在陆海关系越来越密切的背景下,海洋的开发必须依托陆地,而沿海陆地的发展也要依靠海洋的区位优势和资源优势。因为,一方面,海洋资源的深度和广度开发,需要有强大的陆域经济作为基础和支撑;另一方面,陆域经济未来发展战略优势的提升和战略空间的拓展,必须依托海洋优势的发挥和开发。二者应统筹发展。人类充分利用海洋资源,发展海洋经济,加强陆域经济和海域经济的联动发展,实现陆海之间资源互补、产业互动、布局互联、协调发展,使海洋产业发展更好地与沿海、海岛的优势资源开发、特色经济发展和工业化、城市化结合起来(任东明等,2000)。目前,陆海一体的综合管控机制尚未真正建立。涉海管理与开发类规划日益增多,国土空间管控、海洋资源开发等方面统筹度不高,陆海割裂,缺乏陆海统筹的管理机制。规划之间缺乏有效衔接,陆海分治,陆海脱节,多头管理和管理缺位并存,区域间统筹不足,陆海一体的综合管控机制尚未真正建立("基于环境承载力的环渤海经济活动影响监测与调控技术研究"项目组,2016)。已有规划的实施效果并不理想,区域内资源配置不够合理,海岸带开发利用中出现了许多不协调问题,如局部岸线开发利用布局不合理、部分港口码头重复建设、毗邻海域开发利用功能相互冲突等,海岸和海域资源浪费严重。同时,海岸带出现的生态环境问题很多都是流域与海湾的管理脱节,特别是环境污染的

---

① 该公报中涉及的全国性统计数据均未包括港澳台数据。

问题，入海河流很多都是跨几个县甚至市，因此，海岸带的综合开发不仅需要陆海统筹，还需要建立在跨地区的部门联动基础上。

（三）具体措施

1. 坚持陆海统筹，协同一体

坚持主体功能区制度，正确处理陆地与海洋、人与自然、开发与保护等关系，强调陆海一体、城乡协调、全域统筹、综合管控，统筹谋划陆海空间，推进陆海开发对接，拓展经济发展空间，统筹陆海资源配置、产业布局、生态保护、灾害防治协调发展。坚持以海定陆的原则，摸清近海生态、环境、资源承载力，根据海域承载力、环境容量情况确定陆域开发强度、排放阈值。

2. 做好陆海生态红线规划

基本采取以海定陆的原则，对海洋优化开发区域，调整优化相邻陆域的产业布局；对海洋重点开发区域，确保相接陆域的临港工业、物流和城镇等的开发空间；对海洋限制开发区域，相应陆域禁止开展对海洋生物、环境及生态系统有较大影响的开发活动；对海洋禁止开发区域，协同建立海陆自然保护区，禁止相近陆域发展第一、第二产业，统筹谋划海岸带生态保护与资源开发。

二、调整产业结构，适度合理开发海岸带资源

新的经济形势下，产业结构调整是保证经济平稳、持续、快速发展的必要条件，而供给侧结构性改革和新旧动能转换是振兴经济的重要举措。

（一）供给侧结构性改革

供给侧结构性改革，就是用增量改革促存量调整，在增加投资过程中优化投资结构和产业结构，在经济可持续高速增长的基础上实现经济可持续发展与人民生活水平的不断提高；就是优化产权结构，"国进民进"、政府宏观调控与民间活力相互促进；就是优化投融资结构，促进资源整合，实现资源优化配置与优化再生；就是优化产业结构、提高产业质量，优化产品结构、提升产品质量；就是优化分配结构，实现公平分配，使消费成为生产力；就是优化流通结构，节省交易成本，提高有效经济总量；就是优化消费结构，实现消费品不断升级，人民生活品质不断提高，实现创新-协调-绿色-开放-共享的发展（闫坤和刘陈杰，2016）。

（二）新旧动能转换

新旧动能转换是社会生产力发展到一定阶段的必然产物，概括地说，即培育发展新动能，改造提升旧动能。所谓新动能，是指新一轮科技革命和产业变革中形成的经济社会发展新动力，新技术、新产业、新业态、新模式都属于新动能。所谓旧动能，是指传统动能，它不仅涉及高耗能、高污染的制造业，还更宽泛地覆盖了利用传统经营模式经营的第一、第二、第三产业。经济社会发展需要持续不断地寻找新动力、释放新动能、实现新跨越，具体有三层含义：一是通过新动能的增量来实现对冲传统动能的减弱，加快培育新技术、新产业，找到新的经济增长点；二是通过大众创业万众创新、"互联网+"等创造出新业态、新模式来改造传统动能；三是通过新动能创造的"战略纵深"为传统动能升级赢得空间。新、旧动能的区别显著表现在以下几个方面：①从能源利用上讲，旧动能是以煤炭、石油、天然气等矿物能源粗放利用为主导，新动能是以矿物能源的精细化利用或风能、太阳能、核能等物理能源为主导；②从原材料上讲，旧动能是以对矿物原材料一次性利用为主导，新动能是以原子设计、分子制造的新材料及对其深层循环利用为主导；③从生产工艺上讲，旧动能是以机械化为主导，新动能是以高度网络化、人工智能化为主导（张远兮，2018）。

（三）具体措施

1. 盘活存量，拓展增量

在全球经济下行的大背景下，需要科技创新驱动社会经济发展，并在短期内进行海洋经济供给侧结构性改革。在传统领域精耕细作，调整、盘活存量，合理配置海域资源倒逼供给侧结构性改革，一些产业由近海向深水转移。

2. 严格控制过剩产能项目的用海/用地供给

限制落后的用海/用地方式，对高耗能、高污染、低水平重复建设的项目及产业淘汰类项目，一律不批准用海/用地。强化围填海计划管理，科学规范围填海造地活动，合理开发利用海域资源，整顿和规范围填海秩序。

3. 强化科技成果转化，推动海洋产业创新发展

科学技术是第一生产力，20世纪80年代石化产品聚氯乙烯（尼龙）的产生和大规模应用给原本以稻秸为附着基、以玻璃球为浮漂的海带养殖带来了革命性的发展。目前，海洋产业相关的机械化程度普遍偏低，在海洋强国、蓝色经济、海上粮仓建设等发展的背景下，亟须加大科技投入，突破机械化等科技支撑的瓶颈。

三、建立海岸带资源环境的有偿使用制度，实施生态补偿

（一）公共物品资源有偿使用

海岸带资源是分布在海岸带区域内的，在现在和可以预见的将来可供人类开发利用并产生经济价值，以提高人类当前和未来福利的物质、能量和空间。依据所有权是否明确，将海岸带资源分为商品资源和公共物品资源（鹿守本，2001）。商品资源是指所有权明确，所有者拥有资源带来的全部效益，并承担相应的成本。公共物品资源是指不为任何特定的个人所有，却能为任何人享用的资源。它的消费具有非竞争性和非排他性，即某一用户对某种资源的利用不能阻止其他任何用户免费使用该种资源。公共物品资源的特性决定了不可能像对一般商品资源那样对其进行管理。海岸带地区有大量的公共物品资源存在，如河口及沿海的水域、珊瑚礁、红树林、滩涂湿地、迁徙的鸟类、洄游的鱼类等。公共物品资源极容易成为海岸带生态系统中最先受损的资源，所有权不明确是导致这种状况的重要原因之一。在法律上，公共物品资源通常也没有明确的权利主体，所以开发者不会主动承担责任。上述问题在我国海岸带资源的开发利用过程中表现得非常突出（王峥等，2007）。所以，在生态环境价值评估的基础上，进一步推动海岸带资源环境的有偿使用制度，实施生态补偿势在必行。

（二）具体措施

1. 依法保护

自然资源司法是国家环境治理体系的重要环节，在生态文明建设与绿色发展中发挥着重要作用。纵观中央环保督察的相关案例可以看出，依法保护是首要原则，很多案件都是没有按照法律的规定执行导致的。所以各级人民法院应当牢固树立依法治国的理念和精神，依照法律和行政法规的规定，认真履行环境资源司法保护职责，切实维护人民群众的生态环境权益（叶知年，2016）。同时，做好检察机关、公安机关和环境资源保护行政执法机关的职责分工，各司其职，协调联动，共同扭转我国生态环境的恶化趋势。

2. 保护优先

在生态文明作为"五位一体"总体布局组成之一的背景下，生态环境保护贯穿在社会经济发展的全过程。"保护优先"这一原则的确立取决于利益衡量的两项基本准则：其一，利益损失最小化，生态利益的易受损性决定了其必须优先；其二，紧缺利益优先，生态利益的稀缺性决定了其必须优先。各级人民法院应当积极创新自然资源审判机制和执行措施，按照自然资源保护优先的要求，加大对污染环境和破坏自然资源行为的惩处力度，牢固树立环境保护优先的理念，严格依法办案，维护生态正义。当前，在自然资源司法中应坚持公共利益为重，处理好民事、行政和刑事三大审判的关系。由于民事、行政和刑事三大审判调整的法律关系不同，相关法律规定既有衔接又有明显差异，时有造成自然资源案件不同的审判领域裁判结果不协调的现象，特别容易忽视对公共利益损害的评价和补偿

（叶知年，2016）。因此，各级人民法院必须坚持从公共利益出发，了解立法背景，把握法律精神，加强民事、行政和刑事三大审判的相互衔接，协调一致，处理好各类案件。私人利益与公共利益产生冲突时，公共利益应当得到优先保护，但有两个限制：一是应对私人为公共利益而遭受的合法利益损失进行补偿；二是应将公共利益限定在有关社会公众整体利益的范围内。只有这样，才能依法保护个人的环境权益，协调环境公共利益和个体利益，保障个人在健康、舒适、优美环境中生存和发展的权利（叶知年，2016）。

3. 注重预防

各级人民法院在审理涉及自然资源保护、开发和利用案件的过程中，应当积极采取司法措施预防、减少环境损害和自然资源破坏，通过事前预防措施降低生态环境风险发生的可能性及损害程度。在自然资源司法裁判中，应坚持修复培元为要，处理好处罚与预防的关系，积极建立环境保护禁止令制度，努力形成民事赔偿、生态补偿、行政处罚和刑事制裁的环境修复责任方式的有机衔接，充分运用司法手段修复受损的生态环境。必须在环境权与发展权之间建立平衡机制，不能顾此失彼。因为在经济社会运行过程中，过分强调发展权，将可能导致自然资源耗竭和生态系统崩溃，使发展权实现的物质基础丧失。反之，过分强调环境权，又可能加剧贫困，危及环境权实现的基础（叶知年，2016）。

四、完善法律制度，控制入海陆源污染和海上污染

（一）法律制度与市场相结合

人类活动是导致海岸带环境变化的主导因素，环境的变化导致生态系统的响应，并影响资源的可持续利用。因此，污染控制是首要问题。当前在环境保护方面还存在着结构性的政策缺位，特别是有关生态环境建设的经济政策和法律欠完备，尤其是市场机制严重短缺。这种状况使得生态环境效益及相关的经济效益在保护者与受益者、破坏者与受害者之间分配不公平，导致受益者无偿占有生态环境效益，保护者得不到应有的经济激励，破坏者未能承担破坏生态的责任和成本，受害者得不到应有的经济赔偿。这种状况使我国的环境保护面临很大困难。市场拉动、法律制度保障双管齐下才有可能解决问题。

（二）具体措施

（1）以科学发展观为指导，以自然资源的可持续利用和生态保护为出发点，坚持保护、节约与合理利用并重，保护优先的原则，通过完善立法，对自然资源的有偿使用进行规范，规定比《中华人民共和国民法通则》上的一般物权更为严格的行使条件和程序，通过公法合同设定政府的环境保护权力，通过私法合同设定自然资源所有人与利用者的生态环境治理责任，将生态修复、恢复和保护纳入自然资源有偿使用体系之中，从而实现自然资源有偿使用制度的创新（张秋红，2016）。

（2）加强政府对环境保护监管的同时，尽可能将排污权纳入市场配置的轨道，建立合理的排污权交易与生态保护补偿机制，以便充分利用市场手段促成环境问题的解决（张永亮等，2015）。

（3）加强近海环境容量的研究，做好入海陆地污染源和海上污染源（海水养殖场等）清单与通量监控，控制污染物排放总量，有效配置污染物排放配额，从源头控制污染物排放。

主要参考文献

蔡树群，郑舒，韦惺. 2013. 珠江口水动力特征与缺氧现象的研究进展. 热带海洋学报, 32(5): 1-8.

陈吉余. 2010. 中国海岸侵蚀概要. 北京: 海洋出版社.

陈吉余，陈沈良. 2002. 中国河口海岸面临的挑战. 海洋地质动态, 18 (1): 1-5.

董芳，朱小山，王江新，等. 2018. 气候变化耦合海洋污染的生态毒理学研究进展. 科学通报, 63(5-6): 521-534.

高建华，朱晓东，余有胜，等. 1999. 我国沿海地区台风灾害影响研究. 灾害学, 14(2): 73-77.

高茂生，骆永明. 2016. 我国重点海岸带地下水资源问题与海水入侵防控. 中国科学院院刊, 31(10): 1197-1203.

高志强，刘向阳，宁吉才，等. 2014. 基于遥感的近 30a 中国海岸线和围填海面积变化及成因分析. 农业工程学报, 30(12): 140-147.

郭境，朱小明. 2010. 实施海岸带综合管理保护我国海洋生物多样性. 浙江万里学院学报, 23(2): 61-66.

郭志平. 2004. 我国近海面临的石油污染及其防治. 浙江海洋学院学报(自然科学版), 23(3): 269-272.

国家海洋局第三海洋研究所. 2010. 我国近海海洋综合调查与评价专项成果——海岸侵蚀现状评价及防治技术研究总报告: 39-50.

黄昌兴，周国良，郑磊，等. 2014. 登陆我国台风的时空分布特征及其影响. 水文, 34(6): 81-85.

"基于环境承载力的环渤海经济活动影响监测与调控技术研究"项目组. 2016. 环渤海污染压力和海上响应的统筹调控研究. 北京: 海洋出版社.

李道季，张经，黄大吉，等. 2002. 长江口外氧的亏损. 中国科学(D 辑), 32(8): 686-694.

李明，张慧. 2016. 供给侧改革对当下中国经济的现实意义与启示. 新经济, 12(36): 18-20.

李志刚，谭乐和. 2009. 海岸带生物多样性保护研究进展. 中国农学通报, 25(12): 260-262.

李志军. 2010. 渤海海冰灾害和人类活动之间的关系. 海洋预报, 27(1): 8-12.

梁玉波，王斌. 2001. 中国外来海洋生物及其影响. 生物多样性, 9(4): 458-465.

林峰竹，王慧，张建立，等. 2015. 中国沿海海岸侵蚀与海平面上升探析. 海洋开发与管理, 32(6):

16-21.

刘杜娟. 2004. 中国沿海地区地面沉降问题思考. 中国地质灾害与防治学报, 15(4): 87-90.

刘芳明, 缪锦来, 郑洲, 等. 2007. 中国外来海洋生物入侵的现状、危害及其防治对策. 海岸工程, 26(4): 49-57.

刘进文, 戴民汉. 2012. 呼吸作用对长江口底层水体缺氧和海洋酸化的影响//第二届深海研究与地球系统科学学术研讨会. 第二届深海研究与地球系统科学学术研讨会论文集: 169-170.

刘伟, 刘百桥. 2008. 我国围填海现状、问题及调控对策. 广州环境科学, 23(2): 26-30.

刘锡清. 2005. 我国海岸带主要灾害地质因素及其影响. 海洋地质动态, 21(5): 23-42.

鹿守本. 2001. 海岸带管理模式研究. 海洋管理, 18(1): 30-37.

洛昊, 马明辉, 梁斌, 等. 2013. 中国近海赤潮基本特征与减灾对策. 海洋通报, 32(5): 595-600.

骆永明. 2016. 中国海岸带可持续发展中的生态环境问题与海岸科学发展. 中国科学院院刊. 31(10): 1133-1142.

马凤山, 蔡祖煌, 宋维华. 1997. 海水入侵机理及其防治措施. 中国地质灾害与防治学报, 8(4): 16-22.

邱若峰, 杨燕雄, 庄振业, 等. 2009. 河北省沙质海岸侵蚀灾害和防治对策. 海洋湖沼通报, (2): 162-168.

任东明, 张文忠, 王云峰. 2000. 论东海海洋产业的发展及其基地建设. 区域开发与发展, 19(1): 54-57.

孙劭, 苏洁, 史培军. 2011. 2010年渤海海冰灾害特征分析. 自然灾害学报, 20(6): 87-93.

孙晓明, 徐建国, 杨齐青, 等. 2006. 环渤海地区海(咸)水入侵特征与防治对策. 地质调查与研究, 29(3): 203-211.

索安宁, 曹可, 马红伟, 等. 2015. 海岸线分类体系探讨. 地理科学, 35(7): 933-937.

万方浩, 郭建英, 王德辉. 2002. 中国外来入侵生物的危害与管理对策. 生物多样性, 10(1): 119-125.

王建军, 黄宗国, 郑成兴, 等. 1999. 厦门和东山外来物种沙筛贝的种群动态和结构. 台湾海峡, 18(4): 372-377.

王喜年. 2001. 风暴潮预报知识讲座——第二讲 风暴潮灾害及其地理分布. 海洋预报, 18(2): 70-77.

王峥, 王朝旭, 陶玲, 等. 2007. 海岸带资源开发利用的环境影响经济评价研究. 环境科学与管理, 32(4): 159-162.

吴敏兰, 方志亮. 2005. 大米草与外来生物入侵. 福建水产, 27(1): 56-59.

夏东兴, 王文海, 武桂秋, 等. 1993. 中国海岸侵蚀述要. 地理学报, 48(5): 468-476.

肖劲奔. 2012. 海岸带开发利用强度系统及评价体系研究. 中国地质大学(北京)博士学位论文.

谢丽, 张振克. 2010. 近20年中国沿海风暴潮强度、时空分布与灾害损失. 海洋通报, 29(6): 690-696.

徐雪梅, 吴金浩, 刘鹏飞. 2016. 中国海洋酸化及生态效应的研究进展. 水产科学, 35(6): 735-740.

薛建军, 李佳英, 张立生, 等. 2012. 我国台风灾害特征及风险防范策略. 气象与减灾研究, 35(1): 59-64.

薛禹群, 吴吉春, 谢春红, 等. 1997. 莱州湾沿岸海水入侵与咸水入侵研究. 科学通报, 42(22): 2360-2368.

闫坤, 刘陈杰. 2016. 2016年上半年我国宏观经济与财政政策分析报告——全球化受阻与供给侧结构性改革之思. 经济研究参考, (38): 3-30.

叶知年. 2016. 论我国生态文明建设中自然资源法制创新. 福州大学学报(哲学社会科学版), 30(5): 93-98.

于德海, 彭建兵, 李滨. 2010. 海岸带侵蚀灾害研究进展及思考. 工程地质学报, 18(6): 867-872.

于宜法. 2004. 海岸带资源的综合利用分析. 中国海洋大学学报(社会科学版), (3): 23-25.

翟惟东, 赵化德, 郑楠, 等. 2012. 2011 年夏季渤海西北部、北部近岸海域的底层耗氧与酸化. 科学通报, 57(9): 753-758.

张华, 李艳芳, 唐诚, 等. 2016. 渤海底层低氧区的空间特征与形成机制. 科学通报, 61(14): 1612-1620.

张静, 方明强. 2015. 1993—2012 年中国海海平面上升趋势. 中国海洋大学学报(自然科学版), 45(1): 121-126.

张秋红. 2016. 关于自然资源资产有偿使用制度改革的思考. 海洋开发与管理, 33(9): 37-40.

张永亮, 俞海, 丁杨阳, 等. 2015. 排污权有偿使用和交易制度的关键环节分析. 环境保护, 43(10): 40-42.

张远今. 2018. 什么是新旧动能转换, 新旧动能转换是什么意思? 企业如何落地? http://www.360doc.com/content/18/0813/14/12177709_777936471.shtml [2019-10-15].

赵锐, 赵鹏. 2014. 海岸带概念与范围的国际比较及界定研究. 海洋经济, 4(1): 58-64.

郑铣鑫, 武强, 应玉飞, 等. 2002. 21 世纪我国沿海地区地面沉降防治问题. 科技导报, 20(9): 47-50.

朱志伟, 高茂生, 朱远峰. 2008. 海岸带基本类型与分布的定量分析. 地学前缘, 15(4): 315-321.

庄振业, 刘冬雁, 杨鸣, 等. 1999. 莱州湾沿岸平原海水入侵灾害的发展进程. 青岛海洋大学学报, 29(1): 141-147.

第二章　典型海岸带区域农牧业发展现状与发展需求

摘　要: 我国未来海岸带农牧业发展可以借鉴和参考国内外典型海岸带区域农牧业发展经验。美国于 1969 年首次提出"海岸带管理"的概念,并于 1972 年颁布了《海岸带管理法》(世界上第一部综合性海岸带法)。日本对渔业实行中央政府和地方政府相结合的双重管理模式,海岸带地区的作用也呈多样化。欧盟的海洋科技计划是欧盟国家海洋科研计划的综合和补充,欧洲科学基金会海洋分会于 2000 年公布了欧洲海洋研究战略计划。澳大利亚在 1997 年、1998 年提出了 21 世纪发展海洋经济的一系列战略和政策措施。我国河口三角洲、滩涂区域、滨海城市、海岛根据自身特点,系统开展了海洋交通运输、船舶制造、海洋油气、滩涂围垦、滨海旅游、海洋渔业和海洋制药等门类较为齐全的海岸带及海洋产业格局,但也面临管理无序、人为污染、违规围填海、海岸带侵蚀等问题。根据国内外海岸带区域农牧业发展的经验和教训,我国海岸带农牧业发展亟须建立完备的管理规范和标准体系,加强海岸带侵蚀及盐碱化治理,合理规划沿岸围填海,严控近海陆源污染,以保证海岸带农牧业协调发展。

关键词: 发展现状,发展需求,三角洲,滩涂,滨海城市,海岛

第一节　国外典型海岸带区域农牧业发展现状

近年来,沿海国家十分重视滩涂的开发利用,尤其是在耐盐植物等基础性技术研发方面发展迅速;同时各国根据本国国情,加速海岸带农牧化技术体系集成,形成了各具特色的农牧化开发利用模式。

由于不同的自然条件,发展历程,以及社会、经济和政治环境,沿海国家在浅海滩涂资源的开发和管理中都有各自的特点,并根据实际情况不断调整管理机制,使浅海滩涂的农牧化开发管理尽量符合本国的国情。目前,国外浅海滩涂的用途主要有:①作为私营的大规模农场;②建立自然保护区、公园,作为珍稀生

物资源的保护地；③发展旅游业，作为人工海滩、露营地等；④建设用地，如建机场、码头等（Carvalho and Fidelis，2013）。

世界多个国家都进行了海岸带区域的利用和开发。美国、日本、荷兰、挪威、英国、澳大利亚和马来西亚的海岸带产业发展具有比较典型的意义。其中，美国和英国海岸带的自然资源丰富，因此，美国和英国海岸带发展的重点是生态保护，并且注重海岸带的长远规划和法规管理，成为海岸带区域管理的典范。荷兰和日本矿产资源有限，为资源制约型国家。荷兰主要通过围海造地等方式发展专业化、集约化的外向型农牧业，合理有效利用浅海滩涂土地资源。日本是世界上海水养殖业最发达的国家之一，其主要利用浅海滩涂重点发展海水增养殖业。挪威重点利用丰富的海湾资源发展工厂化水产养殖，成为世界上盛产鲑的国家。澳大利亚对多产业进行统一规划和部署，包括发展休闲渔业、野生渔业资源管理、区域性海洋养殖和海洋保护区战略的制定等。马来西亚对浅海滩涂的开发缺乏总体规划，导致了非常严重的环境问题，影响浅海滩涂资源的可持续发展。

一、美国

1969 年 1 月，《我们的国家和海洋》由美国海洋科学、工程和资源委员会颁布，其中首次提出"海岸带管理"这一概念。1972 年 10 月，《海岸带管理法》（*Coastal Zone Management Act*，CZMA）由美国国会颁布。海岸带综合管理（integrated coastal zone management，ICZM）开始作为一种正式的政府活动实施。《海岸带管理法》的颁布不仅在美国极具代表意义，而且也推动了世界其他国家海岸带管理朝着更综合、更科学的方向发展（阿姆斯特朗和赖纳，1986；Imperial et al.，1992）。

《海岸带管理法》颁布以后，美国的海岸带综合管理历程划分为以下 4 个阶段。①起步阶段（20 世纪 70 年代）：建立资源管理机构，批准海岸带管理规划，州议会颁布海岸带管理法。②调整阶段（80 年代）：进一步修订指导方针，增加政策的重点及规划期限的延续等。③深化与发展阶段（90 年代）：完善许可证制度，进行海岸带开发项目评价，将海岸带管理纳入综合规划。④综合管理阶段（21 世纪以后），美国的海岸带管理发展到综合治理阶段，并重点管理城市滨海区、非点源污染、受保护湿地、阻止和预警沿海灾害等问题（张灵杰，2001）。

（一）渔业资源现状

美国本土东濒大西洋，西临太平洋，南接墨西哥湾，三面环海；阿拉斯加州靠北冰洋和太平洋，夏威夷州位于中太平洋北部；此外，美国拥有约 2.6 万个岛屿，海岸线漫长，共有 35 个沿海州和自治州，90%的大都市坐落在海滨。

在水产养殖方面，美国的显著特点是投入人力较少，科技含量高。美国年产价值 5.39 亿美元的水产品中，大部分（近 3/4）是淡水种类，如鲇、螯虾和鳟。美国海水养殖主要是牡蛎的养殖，牡蛎养殖产量约占其海水养殖产量的80%，其余为虾类、蚌类、贻贝和鲑等的养殖。美国为了更好地满足市场需求，制定了"蓝色革命"计划，致力于发展海水养殖业。美国水产养殖产量在世界居前十的地位。同时，美国是世界上最大的虾类市场，也是养虾技术最发达的国家之一，但美国对虾养殖产量较小，1993 年产量约 $2.6×10^6$kg，养殖的主要品种是南美白对虾（*Penaeus vannamei*），此外还有少量的南美蓝对虾（*Penaeus stylirostris*）。美国在世界对虾养殖界的地位和作用主要表现在对虾幼体培育和养殖管理相关领域的先进技术和深入的研究工作。扇贝养殖在世界很多国家和地区已相当发达，而在美国却处于发展阶段。美国扇贝养殖公司已经开始运转，但是规模较小。美国真正的扇贝养殖业尚未建立。贻贝（在欧亚盛行）在美国的养殖时间亦较短，因为美国野生储备丰富，目前大多数贻贝不需要人工育苗，也因此阻滞了其养殖业的发展。在海水增殖方面，美国政府和各州每年都向公共水域中放流很大数量的幼鱼，增殖放流的品种主要是大西洋鲑（*Salmo salar*）等。

（二）政治、经济、行政与联邦政府一致性的综合立法管理

美国浅海滩涂开发纳入了国家的海岸带管理体系。基于保护面临危险的海洋和海岸带资源及环境、加强以合理的方式开发海岸带资源管理的需要，美国于 1972 年制定了《海岸带管理法》，虽然仅经历了短短的 40 余年，但由于其严肃性和连续性，使美国在浅海滩涂的开发利用方面取得了许多重大成果。根据《海岸带管理法》而建立的其他一系列相关的法案均采取联邦政府和各州政府自愿结合的机制，即联邦政府为各州政府提供必要的资金，以组织、管理实施海岸带管理项目，并通过其下属的国家海洋与大气管理局积极参与各州政府有关海岸带项目的立项和批核工作。

美国制定的《海岸带管理法》中主要有四项基本国策，并要求各州政府在立项时必须按照 9 个具体的实施标准，来实现联邦政府对全国海岸带的全面管理。这四项基本国策为：①在维护和保证海岸带资源的基础上进行合理开发和增殖；②各州的海岸带管理项目需要达到国家规定的标准，并鼓励和帮助各州相关政策的顺利实施；③鼓励制定特殊区域管理规划，保护国家级重要自然资源，保证合理的从属性海岸带经济增长，对危险地区的生命及其特性进行改良性保护，并为国家决策提供依据；④鼓励公众参与，鼓励州、地方部门之间的合作，鼓励州际间、其他地区部门之间、联邦政府部门之间的通力合作，以实现共同目标（Poole，1996）。

尽管州立海岸带管理项目要满足《海岸带管理法》提出的基本要求，但各州

可以因地制宜地选择自己的重点、制定自己的项目目标。美国联邦政府鼓励各州保护对本州具有重要意义的海岸带资源，如路易斯安那州的保护重点在沼泽和河口；南卡罗来纳州和北卡罗来纳州的重点在沙滩、沙丘和天然屏障岛的维护；佛罗里达州和夏威夷州等的重点在珊瑚礁的保护；对墨西哥湾和南大西洋滨海的所有州来说，防治飓风和冬季风暴非常重要，这些州在制订海岸开发时会对灾害防治和行动内容进行重点规划（Lee et al.，2012）。

由于海岸带管理强调的重点是土地的规划和利用，不是一个与水相关的规划，因此各州的海岸带管理项目中均没有把海洋生物资源的管理列为重点。但处于州辖水域的渔业比联邦辖水域的渔业更重要，阿拉斯加州、加利福尼亚州等渔业重要的州则鼓励和提倡商业性和休闲性的捕钓活动。

美国的管理体制是分级、分散的。这一管理体制所面临的重大挑战在于国家一级建立适当的机构来实现部门间的协调，同时建立相关的监督体制为国家海岸带政策的制定提供监督和建议。为此，美国 1997 年成立了由联邦政府主要海洋机构负责人组成的海洋领导小组，并定期开会讨论。1998 年该海洋领导小组编制了有关美国海洋和海岸带政策现状和背景文件，并请求美国国会批准《联合国海洋法公约》。

（三）区域分异特征明显，管理目标和策略多样

美国拥有从亚热带珊瑚礁到北极冰冻区域的多样生境。联邦政府要求州立海岸带管理项目在立项时必须执行的 9 个具体实施标准是：①保护自然资源，范围包括但不限于海岸带；②最大限度地保护濒危物种的管理性海岸带开发；③优先考虑海岸开发，按顺序轻重安排国防、能源、渔业开发、休闲、港口和运输等设施；④开辟海滨公共道路，发展休闲旅游业；⑤保护、修复具有历史和文化意义的海岸带风光点，协助城区海滨和港口的二次开发；⑥协调和简化政府关于海岸带资源管理的决策过程；⑦州立政府与联邦机构协调共处，互为咨询；⑧吸收公众和地方政府参与海岸带的有关决策；⑨保护和管理海洋生物资源，实行综合规划。

除此之外，每个州仍然可以因地制宜地选择自己的项目和重点。因此，各个州在实施《海岸带管理法》时划定的海岸带范围各不相同，并具有不同的侧重点，就各自的地理区域和问题做出决策。长期的实践经验证明，因地制宜的策略对美国的海岸带管理是有意义的。

（四）公众广泛参与

《海岸带管理法》相关政策十分具体地鼓励和要求公众参与海岸带管理过程，这正是美国海岸带管理的特色所在。公众参与加速了海岸带管理和规划政策的制定进程，同时有助于协商、谈判解决该过程中的矛盾。公众参与的重要性也逐渐被参与到海岸带计划的专业规划人员、律师和科学家所意识到。当地团体、法人、私人企业及其他公众利益团体对话，确保当地管理规划得到居民的支持并符合当地关心者的利益。同时利用讨论会、公众意见听证会、报纸、问卷调查、电台报道、小册子等新闻通信的方式来鼓励和动员公众参与，并起到教育公众的目的。广泛的公众参与大致表现出了美国实施海岸带管理的纵、横两个层面。

（五）大力发展休闲渔业

休闲渔业是最受美国人喜爱的室外娱乐活动。美国休闲渔业不仅带来了可观的渔获物，同时带动了多种相关辅助行业和服务业的发展。例如，美国休闲渔业在渔具制造、船舶制造及修理、交通食宿方面创造的收益远高于渔获物价值。休闲渔业还极大地带动了旅游业和相关产业的发展。据 2001 年美国钓鱼运动协会资料记录，休闲渔业吸引外地游客人数超过 1000 万人，其中仅海洋休闲垂钓吸引 335 万游客，收入达到 72.6 亿美元，占全部休闲渔业收入的 17.5%（王淼和宋蔚，2008）。2014 年，美国休闲垂钓游客为海钓消费了 329 亿美元，由此创造的总销售额为 606 亿美元。另外，休闲垂钓还为美国创造了约 44 万个工作岗位，缓解了美国社会的就业压力。休闲渔业已成为美国旅游业必不可少的一部分。

二、日本

日本陆地面积约为 37.8 万 km^2，人口约为 1.2 亿人，山地约占全国陆地面积的 3/4（73%），但 80% 的人口居住在有限的平原地区。相较于陆地面积而言，日本是个海岸线较长的国家。日本的海岸线总长为 34 386km，每 $1000km^2$ 陆地的海岸线长达 91km，仅次于每 $1000km^2$ 陆地海岸线长 150km 的丹麦（一些小型岛国除外）（Isobe，1998）。

（一）日本渔业发展现状

日本沿海地区的发展对国家的产业发展非常重要，沿海城市的商业销售量占全国总销售量的 60%。渔业是日本的一大产业。日本非常重视利用浅海滩涂发展海水增养殖业，开发出分别用于鱼类、虾类、贝藻类的多种养殖技术和增殖技术。日本每年都投入 200 多亿日元的资金，以推进海水增养殖业的发展。日本主要采用栽培渔业、海洋牧场的方式发展海水增养殖业。为开展栽培渔业，日本从政府部门到地方团体都设置了栽培渔业协会，并建成 14 家国营栽培渔业中心、47 家府县经营的栽培渔业中心，同时在日本各地成立了市、镇、村、渔业协会、渔业关系团体经营的栽培渔业中心。目前，日本栽培渔业的物种不仅有鲕、牙鲆等鱼类，还有日本对虾、鲍等。在海洋牧场的建立方面，日本也很有建树，已在 15 个海域建成 16 个音响驯化海洋牧场。其中，黑潮海洋牧场和外海海洋牧场用于黑金枪鱼、大马哈鱼、扇贝和鲍的增殖。日本的海水增养殖业，一方面完善和改进了传统的网箱、养殖笼及水池等养殖技术；另一方面研制了用光线、激光、声音、化学物质及遗传因子对增殖物种诱导的高新技术，以建立"声网""光网"渔场。

日本渔业正发生新的变化，远洋渔业和近海渔业的生产量明显减少。近年来，日本渔业生产量一直徘徊在 600 万 t，产值 1.6 万亿日元左右（乐家华和刘丽燕，2008）。渔业生产量减少的主要原因有：①渔场环境的继续恶化，以及水产资源恢复仍处于低水准；②渔业从业者减少及高龄化等问题日趋严重。水产品鱼由于刺多且烹饪较复杂被很多人放弃食用，企业生产和经营难以适应消费者日益变化的需求，国民水产品消费量呈现减少的趋势。

随着社会结构的复杂化，更多日本居民聚集到沿海地区，日本沿海地区的产业结构呈现多样化发展。由于民众更注重个人健康和环境友好，加之收入有所增加，越来越多的人参与娱乐垂钓、游艇观光和潜水等海上娱乐活动。这些活动与传统渔业的竞争，使得日本的海岸带管理更加多样化（张聪义，1998）。

（二）法律法规多样

日本政府认识到沿岸渔业的损失与经济的高速增长有关，而深海渔业逐渐受到严格的国际限制，因此政府在加强各种水域保护的同时，制订了积极保护沿海渔业的环境保护政策。另外，政府把沿海渔业看作一种公共产业，促进其有计划地开发，力图开发有用的海洋工业资源，提高资源回收率和生产能力。日本海岸带管理法基本上是以保证和发展渔业为基本目标的，且在海岸防护、防灾等方面也有相应的计划（Isobe，1998）。

日本对渔业实行双重管理模式，即中央政府管理和地方政府管理。其中近海、远洋渔业由农林水产省大臣授权给予许可证书并实施管理，归中央政府重点管理；沿岸地域渔业（传统渔业）由都道府县知事授权给予许可证书并实施管理，归地方政府重点管理。国家对渔业管理实施许可证制度，农林水产省和都道府县根据渔业权许可的内容、条件和规定划分不同的管理对象，将渔业许可制度分为大臣许可渔业和知事许可渔业两大类。不同种类、不同层次的渔业经济方面的法律共同组成了日本综合细致的渔业法律体系。该渔业法律体系主要包括渔业管理制度、水产业振兴与发展战略、渔业补助制度、水产资源增殖与渔业水域生态环境保护制度、渔船和渔港及船员管理制度、渔业协定，以及涉外渔业、水产业团体与行政机关组织制度及国际公约等管理制度（乐家华和刘丽燕，2008）。

三、欧洲

2000 年，欧洲科学基金会海洋分会公布了欧洲海洋研究战略计划（吴闻，2002）。该战略计划的主要目的是为欧洲各国制定海洋科学计划提供参考依据，从欧洲一体化考虑出发，指导和协调欧洲各国新一轮海洋科技计划的制定，充分发挥欧洲各国海洋科研基础设施和人力资源优势，以期在欧洲海域环境管理和海洋资源可持续利用方面取得新进展。该战略计划的基本内容包括海洋与气候的耦合性、资源的可持续利用、海岸带的健康和海洋生物新领域 （Pickaver et al.，2004；McKenna et al.，2008）。2006 年，欧盟发布了《欧盟未来海事政策绿皮书》（*the green paper on a future maritime policy for the Union*）。该政策引导欧盟未来的海事政策，旨在打破分块式管理带来的负面影响，以一种整合的方式来看待海洋各层面问题，重点关注日益加剧的海洋经济增长和生物多样性保护之间的冲突。2007 年，欧盟委员会在各成员国磋商成果的基础上颁布了《海洋综合政策蓝皮书》（*An Integrated Maritime Policy for the European Union*）。《海洋综合政策蓝皮书》中明确提出，必须改变分散决策与条块分割管理的模式，采用综合的决策与管理方法才能满足海洋事业发展的需要，实现海洋资源的可持续发展（McKenna et al.，2008；王宝等，2015）。

（一）荷兰

荷兰位于欧洲中部，西临大西洋，有较长的海岸线。但荷兰面积小、人口多、地势低、淡水资源不足。为此，荷兰在浅海滩涂的利用方面进行了不懈努力，取得了举世瞩目的成绩。其中，最著名的有"须德海工程"（Zuiderzeewerken）和"三角洲计划"（Delta Works）。荷兰新围垦的土地主要用于农业，后围垦的土地除保证一定的农业用地外，兼顾工业、城镇、旅游等，即由农业利用转向综合利用。在欧洲，围垦造田以荷兰的传统方式为代表，一般采用建堤围垦、开沟排水、引淡洗盐、放荒长草、翻耕、秸秆还田等方法，3 年可获得成熟的农田，可用于种植蔬菜、谷物、花卉和草等。

荷兰的海水养殖品种主要是贻贝。沿海地区比较严重的污染问题是其大力发展海水养殖产业最重要的限制因子。在陆地上，荷兰通过在室内应用超高浓度的循环水养殖鳗，迅速发展成为欧洲主要的鳗养殖国家。养鳗业以每年10%的成长速率快速发展。

在荷兰，由运输、市政工程和水管理部门负责国家海洋政策的综合规划，并由这些部门进一步组织协调其他政府部门及非政府组织的行动。荷兰试图通过一些经济手段，如征收水面污染费、对较清洁船只的港口税进行优惠减免等，来进行海岸带区域的管理（丹枫，1998）。另外，荷兰已经批准了一个公约，并制定了一个海岸带综合管理计划，公约中对海洋和海岸带活动的预防措施进行了规定。

（二）挪威

挪威位于斯堪的纳维亚半岛的西边，地形狭长，北部处于北极圈内，南部靠近丹麦，西边和南边濒临大西洋，海岸线漫长，多属于峭壁形，几乎无滩涂。沿岸分布有无数的峡湾，湾内水深、流小，为鱼类等海水养殖种类提供了良好的场所。因此，挪威对浅海的利用主要是海水养殖业。

挪威目前是世界上养殖大西洋鲑最多且最先进的国家。绝大多数的鲑、鳟都产于挪威海面和峡湾中的网箱养殖场，而陆上育苗繁殖场可为网箱养殖提供所需的育苗。挪威鲑、鳟的养殖成功，归功于网箱的高技术发展。由于养殖技术的不断改进，产销协调得当，挪威鲑养殖业前景被看好。

挪威的养殖种类除大西洋鲑、鳟以外，还有贝类、鲽、鳕、北极红点鲑。虽然挪威牡蛎养殖已有几十年的历史，但只局限于个人小规模养殖。近几年，有私人尝试贻贝的自然采苗和养殖，相关技术还有待完善。欧洲大扇贝是高度自动化的人工育苗，售往欧洲各国，但产量不大。挪威贝类的养殖业之所以不能大规模地发展，主要是受当地人们的饮食习惯和欧洲市场的限制。

（三）英国

英国在 20 世纪 80～90 年代采取了一系列鼓励海洋研究的举措。其中包括增加科研投入，制定海洋科技预测计划，建立科研机构、产业部门和政府间的联合开发机制等（Ducrotoy and Pullen，1999；高战朝，2004）。

21 世纪以来，英国鼓励并且引导海洋科技力量的综合发展，重视对英国有战略意义的研究领域，关注海洋研究的远景规划（Portman et al.，2012）。基于生态系统的管理（ecosystem-based managemen，EBM）理念也是海岸带综合管理的指导原则之一，其主要思想是从生态系统结构及资源的可持续利用角度出发，重新认识并管理人类的行为（叶属峰等，2006）。2000 年，英国海洋科学技术委员会提出未来 5～10 年海洋科学技术发展科技计划，包括海洋资源可持续利用和海洋环境预报两方面的内容（丹枫，1998）。2001 年 4 月，英国成立了海岸带信息小组来协助实施生态系统管理，他们承担的项目之一就是编写生态系统管理规划手册，为资源管理中实施生态系统管理的理念提供了一个很好的开端（秦艳英和薛雄志，2009）。2005 年，英国首相布朗承诺"建立新的法律框架，以便更好地管理和保护海洋"，这意味着英国在海洋开发和研究领域开始向国家战略层面转变。2008 年，英国成立了海洋科学协调委员会（Marine Science Co-ordination Committee，MSCC），该部门的作用主要是实施英国海洋战略，协调英国海洋研究，提高英国海洋科学的效率。2009 年，英国发布《英国海洋法》，通过法律为海洋经济、海洋研究和资源保护提供保障 （王金平等，2014）。英国推出了一系列国家级海洋战略和研究计划，这些规划和措施有效地促进了英国海洋研究活动的发展，有利于英国建设世界级的海洋科学（罗昆和王雪木，2018）。

四、澳大利亚

澳大利亚是一个海洋大国，其四面环海，东濒南太平洋，西临印度洋，海岸线长达 3.6 万 km。澳大利亚领海面积达 1600 万 km^2，位居世界第二。澳大利亚有 1875 万人，大多居住在距海岸 50km 以内的海岸带。近几年来，澳大利亚的海洋经济（如休闲垂钓业和水产养殖业）发展迅速。

（一）休闲渔业蓬勃发展

调查表明，澳大利亚休闲渔业已成为当地支柱产业之一，其产生的价值比一般渔业生产创造的价值要高得多。因此推动休闲渔业的发展是澳大利亚重要的经济手段之一（刘雅丹，2006）。例如，新南威尔士州重要的比赛鱼种——带纹旗鱼在休闲渔业中所产生的经济价值相当于其在延绳钓业中价值的 27 倍。澳大利亚休闲渔业的发展带动了一大批相关产业的发展。例如，新南威尔士州的 339 万休闲渔业者支持着全国近 400 个渔具批发商，3000 多个渔具店和 800 多个运动器材店，给澳大利亚人提供了数万个就业机会。另外，很多渔具和配套设备也出口到其他国家，为澳大利亚带来更多的经济收益。

（二）分工明确，协调发展

澳大利亚农业和水资源部是管理休闲渔业的最高政府机构，负责制定和实施休闲渔业政策及管理框架。澳大利亚联邦政府成立了休闲渔业顾问委员会，由其负责审议出台全国休闲渔业政策，制定适应新形势的全国休闲渔业发展战略，讨论休闲渔业与商业渔业、休闲渔业与海洋环境保护的问题。1997～1998 年，澳大利亚联邦政府分别公布了《澳大利亚海洋产业发展战略》、《澳大利亚海洋政策》和《澳大利亚海洋科技计划》3 个政府文件，提出了 21 世纪发展海洋经济的一系列战略和政策措施，把发展休闲渔业和野生渔业资源管理、区域性海洋养殖及海洋保护区战略的制定统一进行规划和部署（Harvey et al.，1999；吴闻，2002；Rockloff and Lockie，2004）。另外，澳大利亚还成立了全国性的休闲渔业组织，可以代表该国休闲渔业者利益与政府对话。澳大利亚联邦政府和渔业行业还共同出资成立了渔业研究与开发有限公司，来作为高层次渔业战略研发实体。

五、马来西亚

马来西亚海岸线长达 4800km，沿岸水域是十分富饶的渔场和海岸带资源。马来西亚拥有约 6340km^2 的红树林沼泽地，以及丰富的泥炭沼泽地和淡水沼泽地。海岸带区域还蕴藏有金、锡和沙等矿产资源。

马来西亚海岸带区域的热带生态系统多样性和生产力较高，是食品和工业原料的重要来源。沿海资源是马来西亚经济腾飞的重要动力，这也使得马来西亚海岸带承受着沉重的压力。马来西亚浅海滩涂的开发利用主要是通过围垦为农业、工业和城镇建设提供土地来源。另外，马来西亚在沿海地区设置了大型石油化工厂，还利用海岸带资源冶炼锡、采沙、开采砾石（唐海回等，2017）。而旅游业和高尔夫球运动在马来西亚的兴起，也进一步破坏了其海岸带沿海林带、橡胶园、农用地和近海岛屿等。

马来西亚从海岸带的开发利用中获得了巨大的经济效益，但是由于缺乏总体规划和科学论证，盲目围垦，导致海洋渔业资源衰退、环境污染严重、生态环境恶化等问题（张聪义，1997；张君珏 等，2015）。针对海岸带管理方面存在的漏洞，马来西亚开始着手对海岸带和海洋资源进行全面综合的规划和管理。马来西亚对海岸带的管理具有深远意义的法律有 1985 年颁布的《环境质量修正条例》和 1987 年颁布的《环境影响评价命令》（相玉兰，1997）。马来西亚于 1991 年制定了海岸带资源管理试行计划，以柔佛州南部作为执行该项目的试点，并建议在全国试行综合的海岸带资源管理。1992 年，马来西亚成立了海岸带资源管理政策部门间规划组，负责评估海岸带资源状况，制定法律和规划、机构设置等工作。

马来西亚政府已经开始制定海岸带资源相关的综合管理办法，主要包括：①完成国家框架目标，制定国家海洋管理战略，建立法律机制，建立州政府和地方政府之间的协调与综合机制；②建立全国性的信息系统及信息网络和服务系统；③在联邦政府内建立行政机构来综合管理海岸带资源相关方面的工作，如获取海岸带有效管理的信息、投放研究基金帮助各州政府和地方执行管理规划等。

第二节　我国典型海岸带区域农牧业发展现状

海岸带位于陆海交汇区，是陆地、海洋和大气间各种过程相互作用最活跃的界面，沿海宽度可达数十千米，区位优势明显，自然条件优越，建设条件良好，是能源、人口和资源的流入地带，是宝贵的国土资源，也是人类生存和经济发展的重要场所（李霄汉，2015）。

海岸带区域特殊的土地、港口、渔业、能源和旅游资源等造就了该区域不同于内陆的经济发展条件。海岸带区域突破了资源的局限，以加工工业为中心，以市场为纽带，以发展民营经济为根本手段，使农业开始了产业化进程，农村经济实现了发展的飞跃，工业得到蓬勃发展，第三产业萌芽。合理有效的产业布局有利于合理的使用海岸带区域生产要素，优化资源配置，保护生态环境并加快经济发展（汪若君和张效莉，2010）。

一、河口三角洲

（一）黄河口区域

黄河三角洲区域是海岸侵蚀、河口三角洲发育、围填海等共同作用的结果，早期是以河口水文等自然过程为主导，近几十年来，局部区域开始出现严重的海岸侵蚀，人类活动的影响逐渐成为主导因素（侯西勇等，2018）。例如，莱州湾南岸一直以围填海发展养殖业、盐业，最近几十年来围填海造成海岸线变化剧烈，海陆变迁迅速，在整个渤海的形态变化中居主导地位（易亮等，2010）。

刘高焕等（2006）研究了黄河三角洲土地利用动态变化与海岸带综合管理，分析了 1984～2000 年黄河三角洲新生湿地自然生态演替过程和整体的发育过程，以及 1956～1996 年人类对土地利用的变化过程；并应用地学信息空间分析方法，针对黄河三角洲发育演化、海岸带蚀淤变化、土地利用结构变化等进行了分析。结果发现，黄河口拓展空间的主要途径是大规模的围填海造陆，但围填海给海岸带环境带来了负面的生态影响，主要表现为以下 4 个生态效应。

一是导致海洋水动力条件的变化。大规模围填海直接影响潮差、水流和波浪等水动力条件，改变了海岸结构和潮流运动（李加林等，2007），而海岸线变化将导致黄河海港附近海域半日潮无潮点逐渐偏移（黄娟等，2014）。例如，河口围垦后河槽束变窄，潮波变形加剧，落潮最大流速和落潮断面潮量减少。数值模拟研究表明，围填海工程遮挡的海域有效波高减小，掀沙能力降低，泥沙悬浮浓度降低（张鹏程等，2015）。

二是造成近岸沉积环境与近海地形变化。围填海直接改变沉积物类型和沉积特征，使细颗粒沉积物变为粗细混合沉积物，甚至将细颗粒沉积物全部替代，变成局部粗颗粒沉积物（陆荣华，2010）。例如，龙口区域大规模离岸人工岛建设导致海水对粒径小于等于 63μm 的沉积物搬运作用明显，对粒径大于 63μm 的沉积物影响较小（任鹏，2016）。

三是加剧近岸水环境与底泥环境污染。围填海工程可减小附近海域水交换能力和污染自净能力，而依附围填海工程发展出的水产养殖、港口码头和临港工业等活动却会增大污染物的排放量，叠加作用将导致近岸水环境和底泥环境污染加剧（张华等，2016）。例如，莱州湾南部和西部的大规模围填海工程产生的无机氮和活性磷酸盐,导致近岸海域生境质量综合指数低于东部和中部(秦延文等,2012;朱永贵,2012)。曹妃甸工业区围填海工程附近海域表层沉积物中 5 种重金属的平均含量均高于渤海湾(陈燕珍等,2015)。

四是造成潮滩湿地面积减损与生态功能下降。近岸滩涂和河口区域是各种鱼类、鸟类迁徙、产卵、觅食的关键区域,围填海可改变该区域的生态系统结构,导致湿地生物种群数量减少,生态服务功能下降。例如,黄河三角洲围填海活动对滨海湿地植被有机碳含量的影响显著,改变了植被生长的关键环境因子,导致植被元素配比的变化(宋红丽,2015)。特别是 20 世纪 70~90 年代和 2000~2010 年的围填海活动强度超出了黄河三角洲湿地生态系统的承受力,且呈不断增加的趋势(靳宇弯等,2015)。

黄河口区域产业结构中第二产业比重较高,污染性较强,对环境影响大。以东营为例,全市常住人口 208.49 万人,总面积 8243.26km^2(《东营统计年鉴 2014》),区域生态环境较为脆弱,是黄河三角洲地区具有代表性的典型滨海城市。2016 年付玉芹等通过对产业结构类型发展格局的分析发现,其产业结构发展处于第二阶段,第二产业比重较高,重工业占主导,第一产业和第三产业发展滞后。1990~2013 年产业结构变动对生态环境产生了一定的负效应,2014 年东营三次产业比例为 3.41∶64.64∶31.94,第二产业,尤其是石油化工、石油装备、纺织、造纸、铝业制造、盐化工、皮革制造等占主导地位。东营市辖区及市辖县生态环境影响指数(IIISNE)较高,且随 GDP 的上升而逐步升高,东营社会经济的快速发展已经对生态环境造成了干扰,产业结构布局亟待调整升级(付玉芹等,2017)。

(二)长江口区域

长江是世界第四长河,地处中国东部经济最发达的长三角地区。长江口湿地既具有河口湿地特征,又具有海岸带生态服务价值,在我国众多河口区中具有典型的代表性。长江口海岸带的农牧化产业发展现状对我国海岸带产业发展研究具有重要的意义(刘晓曼等,2013)。

土地利用格局的变化反映了长江口区域农牧化产业的发展进程。长江河口海岸带土地类型以湿地为主,1979~2000 年长江口自然湿地面积大幅减少,2000 年后由于保护管理加强而减少幅度变小,人工湿地面积因大型水库、港口及人工鱼塘的建设开发而明显增加(孙楠等,2017)。对江苏 1980 年以来海岸带土地利用和覆被变化的时空动态特征的研究表明,海岸带生态用地占比高;城镇与农村居民点占比较低;土地利用多样性存在地域差异和梯度特征,具体表现为:南北方向呈高—低—高分布,陆海方向呈现低—高—低模式;海岸带中部的土地利用多样性程度较高(许艳等,2012)。1980 年以来,长江口海岸带主要以耕地为主,随着经济发展进程,在自然地理状况、人口增长、经济发展和政策导向等驱动力的作用下，除南通海岸带第三产业发展迅速、土地需求相对较小外，江苏海岸带区域的耕地、水库坑塘和农村居民点等面积不断增加，自然景观减少（杨清可等，2018）。

通过对海岸带产业布局评价和研究发现，长江三角洲经济圈内海岸带区域抽样调查的 25 个农村人均 GDP 为 85 176 元，高于全国平均水平，90% 的农村支柱产业为第二产业和第三产业。其中，第二产业在长三角农村经济中处于重要位置，一些农村通过招商引资建立了现代化的工业园区，还有一些利用自身的自然资源发展加工业（汪若君和张效莉，2010）。目前，以上海为核心的长江口海岸带产业已形成了较为完善的海岸带及海洋产业格局，包括船舶制造、海洋油气、海洋交通运输、滨海旅游和海洋渔业等。海洋产业结构优化创新，新兴产业（如海洋工程装备研发、海上风电场绿色能源项目和海岸带休闲旅游产业等）逐步形成，形成了具有一定特点的海岸带产业。从总体上看，上海海岸带产业中海洋交通运输业和海洋船舶工业两大传统产业所占比重最大，其他产业所占比重较低，发展速度相对较缓，但具有较大的发展潜力（刘兴坡和丁永生，2010；汪若君和张效莉，2010；袁琳等，2015）。

（三）珠江口区域

珠江口地处亚热带，是我国三大河口区中渔业资源最为丰富的区域（李磊，2010；陈吉余和陈沈良，2007）。珠江口饵料生物丰富，是许多水产经济种类的产卵场、索饵场及重要的洄游通道（肖瑜璋等，2010），是南海重要的水产资源繁殖保护区域。珠江口物种多样性丰富，包括约 180 种主要水产增养殖物种，如海鲈、黄鳍鲷、紫红笛鲷、青石斑鱼、花鳗鲡、卵型鲳鲹、锯缘青蟹、斑节对虾和近江牡蛎等（王晓明等，2003）。

珠江河口按自然地理条件和区域经济条件可分为狭义和广义的珠江河口区。狭义的珠江河口区是依据有咸、淡水交汇的近岸水系自然地理分布区域划分的，包括受珠江入海淡水影响的珠江口海域及附属沙洲、岛屿，与近岸受潮汐影响、盐度在 0.1‰ 以上的咸水资源的周边水系的所有区域。该区域是河口渔业产业链中生产和加工环节自然分布的区域。广义的珠江河口区是根据区域经济范畴，将狭义的珠江河口区与周边经济关系紧密联系的地区（包括广州、深圳、东莞、佛山、中山、江门、珠海、香港、澳门等）作为一个大的经济共同体，在多层次开展河口渔业产业运作，充分挖掘整体产业链中生产、加工、出口及相关配套服务等第三产业的经济地区。该区域辐射、涵盖河口渔业产业链延伸的所有区域（易小兵等，2008）。

珠江河口区域的农牧化产业主要为渔业，主要包括水产养殖业、水产品批发业、水产品加工业、特色渔业餐饮业、特色渔业旅游业和近岸海捕业等，已形成一条完整的渔业产业链（苏跃朋和崔阔鹏，2016）。

2010 年，广东依据《国务院关于加快培育和发展战略性新兴产业的决定》，将节能环保、生物医药、休闲渔业与河口信息服务业等列为河口新兴产业。珠江河口区域中，珠海斗门区是渔业产业最具代表性的区域，涵盖珠江四大入海口门，年过境水量占珠江口径流量的一半以上。珠海斗门区于2013年成为我国首个河口渔业示范区。斗门区河口渔业产业的代表种是白蕉海鲈，该种产量和产值均占全国总产量和产值的一半以上。在发展模式上，近年来斗门区河口渔业的养殖产品经济附加值增加效果显著，其中养殖产值的上升比例最高，养殖产量次之，养殖面积增加平缓。目前，珠江河口渔业已经成为珠江河口区域中最具特色的品牌产业（苏跃朋和崔阔鹏，2016）。

二、滩涂区域

苏北浅滩位于北纬 31°43′～34°29′、东经 119°27′～121°56′（于文金和邹欣庆，2008），海岸线长 696.3km，地处江苏中南部沿海，北起盐城射阳县，南至南通启东，包括南通、盐城两市，是我国最大的海岸湿地。苏北浅滩区域位于暖温带与亚热带的过渡地带，受大陆性和海洋性双重气候及南北气流的影响，季风气候显著，雨量丰沛，年降水量 900～1100mm，年平均气温 13.7～14.8℃（刘向南和徐敏，2015）。苏北浅滩滩涂植被包括芦苇、盐地碱蓬、大米草、獐毛等。近年来随着江苏沿海大面积的围垦开发活动，植被分布面积减少，景观破碎度指数增加（何华春和周汝佳，2016）。

对土地利用格局的研究发现，盐城海岸带土地利用类型以农用地特别是耕地为主，农用地面积所占比例大于 78%，远大于其他土地利用类型（欧维新等，2004）。盐城，特别是沿海河口地区，每年向海淤长出大量的土地资源，但新淤长出的土地由于含盐较高，不适于作物生长，一般作为咸淡水鱼的养殖地。盐城海岸带经济以第一产业为主，1990～2000 年，第一产业产值增加了 2.5 倍，比重由 0.53 降为 0.36，但仍处于第一位，第二产业与第三产业产值分别增加了 5.0 倍和 7.9 倍（王玉等，2010）。2000～2010 年，盐城海岸带土地利用面积增加幅度由大到小依次为水域、建设用地和未利用地，面积减少幅度由大到小依次为耕地、草地和林地。人口增长的压力、政策的导向与社会经济的驱动是南通和盐城海岸带土地利用格局和景观格局变化的主要驱动力（于文金和邹欣庆，2008）。港口经济是盐城经济发展的主要方向，随着港口建设的发展，沿岸土地资源利用类型转换明显，部分盐沼地、沿海滩涂与鱼塘、湿地被用作建设用地。由于盐城潮滩不断向海淤长的特点，绝大部分淤长的滩涂被围垦用于港口建设用地或经盐碱改良后用作农田和鱼塘。沿海经济的发展、农村产业结构的调整及农村城镇化建设加速了盐城海岸带各土地利用类型之间的转换（何华春和周汝佳，2016；周汝佳等，2016）。

南通海岸带以耕地和滩涂（占88.93%）为主，其中，耕地是南通海岸带最大的景观类型，其次为滩涂、草地和水库坑塘。1987~2000 年，南通的耕地面积逐年缩小，转化为农村居民点、水库坑塘和城镇用地；南部滩涂部分开发为水库坑塘。随着城镇化的推进，耕地面积逐年减少，城镇用地增加，据统计（王玉等，2010），1990~2000 年南通海岸带第一、第二、第三产业产值分别增加了 2.1 倍、5.6 倍、11.8 倍，相较于盐城，南通第三产业发展尤其迅速；人均 GDP 增加了 5.3 倍，与第二产业呈显著负相关，与第三产业的发展关系密切。

三、滨海城市

（一）大连

大连地处中国东北地区南部，南邻黄海、渤海，与山东半岛隔海相望，海域广阔，岸线曲折，海域内岛屿星罗棋布，全市海岸线全长 1371km（高秋香和王国力，2014），可管辖海域面积 2.3 万 km^2，约占辽宁管辖海域面积的 80%，海域内岛屿众多，礁坨等共 251 个（王爱香和白园园，2017）。大连是东三省和内蒙古东部的重要出海口，是环渤海经济区的重要组成部分，2014 年大连海洋经济生产总值 2773.7 亿元，占环渤海地区海洋经济生产总值的 12.5%，占全国海洋经济生产总值的 4.6%（《2015 年中国海洋经济统计公报》[①]）。大连的海域使用类型主要分为交通运输用海、工业用海、旅游娱乐用海、盐业用海、养殖用海和其他用海等 6 种（孙才志等，2013）。

海洋渔业经济总量平稳上升。大连渔业资源丰富，渔港众多，近年来渔业经济总量增长平稳，2008~2014 年渔业经济总产值平均年增长率为 15.1%。2014 年大连渔业经济总产值 893.1 亿元，占大连海洋经济总产值的 32.3%，占辽宁渔业总产值的 56.7%；大连水产品产量 237.5 万 t，占辽宁水产品总产量的 46%（《2015 年大连市国民经济和社会发展统计公报》）。

滨海旅游业区域特色凸显。大连海洋旅游资源丰富，特色显著，东部以大连金石滩国家级海洋公园、大连老虎滩海洋公园、黄金海岸等海岸沿途观光为特色，西部以海岸海水浴场、温泉等休闲度假为特色，西南以旅顺口区抗战历史纪念为特色，东南以长海县各大海岛旅游为特色。2015 年，大连旅游经济收入 1008.7 亿元，占辽宁省旅游总收入的 27.1%，全年接待海外游客 98.5 万人次，创外汇收入 5.16 亿美元，接待国内游客 6828.1 万人次，国内旅游收入 977.2 亿元。"十三五"期间，大连优先发展滨海旅游产品，形成了"海岛-海岸-海港"的滨海旅游结构（《2015 年大连市国民经济和社会发展统计公报》）。

1998~2007 年，大连各类海洋产业产值从大到小依次为海洋渔业、海洋船舶

---

① 该公报各项数据均未包括港澳台数据。

工业、滨海旅游业、海洋交通运输业和海洋盐业。通过对大连海洋交通运输业、海洋渔业、滨海旅游业、海洋船舶工业、海洋盐业及海洋产业结构的分析发现，2006～2009 年，大连海洋三次产业比例由 27.3∶17.5∶55.2 变为 26.0∶19.7∶54.3。大连未来具有发展前景的海洋产业主要有海洋风能利用业、海洋生物医药产业、海水淡化产业、海洋工程装备制造业、技术船舶业、海洋高端服务业和滨海旅游业（狄乾斌和王小娟，2010）。对环渤海地区海洋产业格局的研究发现，大连在资源及社会结构基础方面具有优势，但在生态环境及科技创新方面动力不足，而生态环境是制约大连海洋经济发展的主要因素（孟晋，2006）。

（二）天津

天津海岸带位于渤海湾西岸，南起岐口，向北经塘沽、北塘、蛏头沽、大神堂至涧河口，海岸线全长约 153km。海岸带区域从低潮线向陆地延伸约 10km，主要为滨海新区的辖区范围，面积约 1337.84km^2（秦昌波，2006）。天津滨海新区位于北纬 38°40′～39°00′、东经 117°20′～118°00′，地处山东半岛与辽东半岛交汇点和海河流域下游，年平均气温为 12.6℃，年平均降水量为 604.3mm，属于滨海冲积平原（宫少军等，2010）。

对天津产业结构模式的变化进行分析发现，1978～1990 年，天津的经济发展以轻工业为主，随着改革开放的日趋深入，外资比例增加，产业结构逐渐朝重化工业倾斜，重点发展了以乙烯、聚酯、甲硫氨酸"三大化"为重点的化工工业。2009 年前后，随着城市化的推进，天津海岸带的主要城市布局集中，规模偏小，形成"一心三点"的"T"形布局，"一心"为包括天津港、经济技术开发区、保税区、塘沽城区、高新区的"一港四区"，"三点"为滨海新区南北大港、汉沽化工区和海河下游冶金工业区（赵树明等，2007）。天津海岸带所在的滨海新区在海洋运输、通信、电子、石油化工、盐化工、冶金和造船等行业具有明显优势，2004年生产总值 1250.2 亿元，较上一年增长 20.1%，工业总产值 303 075 亿元，较上一年增长 42.1%，已形成以第二产业为核心的经济结构（崔寅，2013）。《天津滨海新区国民经济和社会发展"十一五"规划纲要（2006—2010 年）》将滨海新区的功能定位为：努力建设成为我国北方对外开放的门户、高水平的现代制造业和研发转化基地、北方国际航运中心和国际物流中心，逐步成为经济繁荣、社会和谐、环境优美的宜居生态型新城区。经过近十几年的发展，天津的城市环境有了很大改善，各项生活服务设施逐步完善，提高了对人口的承载能力；在海岸带保护、开发和利用方面，第三产业占比有所增加，综合服务功能大幅提高，沿海岸线和海河河口发展了部分休闲旅游产业。

随着国家政策的支持和开发力度的加强，天津滨海新区经济的快速发展，战略地位的凸显，天津将成为北方对外贸易和文化交流的重要枢纽。但随着海岸带开发进程的加速，各类海洋建设工程和人类经济活动逐渐增加，海岸线长度、走向及海岸面积均在发生变化，天津滨海新区海岸带面临着巨大压力。天津沿海地区受围填海、旅游、港口建设、化工产业开发等活动的影响，生态环境破坏问题比较严重，渤海湾水环境质量下降，滨海湿地面积大幅减少，生物多样性降低，渔产资源衰退，生态环境压力较大（杨艳丽等，2016；秦文翠等，2015；吴莉和侯西勇，2015）。

（三）青岛

青岛所辖我国领海基线以内海域面积约 8405km^2，30m 等深线以内的海域面积约 9165km^2，所辖岸线长 843.9km。海岸线北起丁字河口，南至黄家塘湾，全线长 730.5km，曲折的岸线上分布有浮山湾、汇泉湾、胶州湾等 32 个海湾，以及黄岛、唐岛、徐福岛等 68 个岛屿、54 处礁石和 14 处滩涂，岛屿岸线长 113.4km（张大志和孙娜，2017）。青岛海岸线资源在城市发展的过程中占据着不可或缺的地位。目前，青岛海岸带正处于加快发展的战略机遇期。

在青岛的城市发展历程中，1949～1978 年，产业经济体系初步形成；1979～2010 年，随着改革开放的深入推进，形成了以工业体系为核心、以第二产业为支柱的经济发展模式（王萍等，2006）；2011 年，《青岛市国民经济和社会发展第十二个五年规划纲要》明确指出"构建以现代服务业为主体，先进制造业为支撑，战略性新兴产业为引领，现代农业为基础的新型产业体系"，在以制造业为主的七大支柱产业（家电电子、石化化工、纺织服装、食品饮料、机械钢铁、汽车机车、船舶海洋工程）的基础上，大力发展海洋高新技术产业。"十三五"期间，青岛充分发挥青岛蓝谷、青岛西海岸新区、财富管理金融综合改革试验区等国家战略平台的示范带动作用，为创新发展提供动力。

2016 年，青岛经济总量首次突破万亿大关，成为全国第 12 个 GDP 总量跨越万亿元的城市。当年青岛地区生产总值实现 10 011.29 亿元，同比增长 7.9%，其中，第三产业增加 5479.61 亿元，增长 9.2%，占青岛地区生产总值的 54.7%，同比增长 1.9 个百分点。2016 年三次产业比例调整至 3.7∶41.6∶54.7，对比 2011 年三次产业比例（4.6∶47.6∶47.8），第三产业发展呈现高增速、高比重、高贡献率和强拉动力的"三高一强"特征。青岛 2011 年实现海洋生产总值 1112 亿元，2016 年实现海洋生产总值 2515 亿元，五年来海洋生产总值年均增长 16%，海洋经济成为青岛经济的新增长极。

（四）宁波

宁波北、东、南三面环海，地处浙江东北部，北濒杭州湾，南临三门湾，西靠四明山及天台山余脉，向东伸入舟山群岛，区位条件优良，平原面积广阔（高占国等，2010）。宁波渔业经济发展历史悠久，是浙江渔业示范区域。

宁波工业现已形成三大产业群，一是以炼油、钢铁、冶金等六大产业为基础的临港型工业，二是以电子信息、机电一体化新材料等行业为主的高新技术产业，三是以服装制造业、纺织业等传统行业组成的支柱工业。宁波的产业结构中重化工业占比较高，导致资源要素和生态环境压力较大，服务业发展总体滞后，战略型新兴产业处于起步阶段（潘菲，2013）。在产业能级方面，宁波的制造业大多处于全球价值链中低端，资源利用率较低，产业链不长，智能化程度偏低，产业发展主要依靠资源投入。

对宁波海岸带景观格局的研究发现，宁波海岸带景观格局的变化以耕地、林地、海域的减少及其他景观类型的增加为主，特别是建设用地和养殖用地大幅增加（朱宇婕等，2017）；杭州湾南岸岸区、椒江口岸区、瓯江口岸区和鳌江口岸区的土地利用程度总体较高（李加林等，2016）；1990~2000 年，甬台温地区海岸带土地利用更加集约化，土地利用程度增强趋势明显（史作琦等，2017）。从功能角度分析，宁波海岸带空间可划分为生产空间、生态空间和生活空间，可实施差异化管理。对宁波海岸带区域的差异化管理，一方面可以提高土地节约集约利用水平，破解土地资源的瓶颈制约作用；另一方面可以合理保护海域及山地丘陵区的生态环境，维护区域生态系统结构和功能的稳定，实现可持续发展（李加林等，2008；孙伟和陈诚，2013）。

四、海岛

海岛作为特殊的地理实体，具有特殊的地理属性。根据《中华人民共和国海岛保护法》，海岛是指四面环海水并在高潮时高于水面的自然形成的陆地区域，包括有居民海岛和无居民海岛（周珂和谭柏平，2008）。我国海岛数量多，分布广，类型多样。海岛四面环水，区域狭小，生态环境类型相对单一（Schweinfurth，1974），经济发展情况简单（Saunders，1990；Oost et al.，2012），具有独特的海岸带生态农牧场特征。依托海岛形成的海洋渔业、养殖业是我国海岸带生态农牧场产业不可或缺的部分。与此同时，部分海岛的农业、工业，以及近年来兴起的旅游业，对海洋农牧业的发展产生巨大影响（秦伟山和张义丰，2013）。作者从管理的角度入手，首先介绍我国海岛农牧业发展现状，然后分别对位于两个海区的海南和舟山市定海区进行介绍。

（一）我国海岛农牧业发展现状

根据《2017 年海岛统计调查公报》[①]，在我国 300 多平方千米的水域上，共

---

① 该公报数据统计范围未包括香港特别行政区、澳门特别行政区、台湾省和海南岛本岛。

分布大大小小的海岛 11 000 余个。我国海岛呈现范围广，分布不均，南方多，北方少，近岸多，远岸少的特点（刘容予和齐连明，2006；张志卫和丰爱平，2017）。我国海岛地跨 38 个纬度、17 个经度，其中浙江、福建、广东三个省的海岛数量占我国海岛总数的 73%，其余 8 个省（自治区、直辖市）仅占 27%（《全国海岛保护规划》）。

我国海岛淡水资源匮乏，仅 667 个海岛（不到海岛总数的 6%）有淡水存储或淡水供应，即使是有居民海岛，也没有做到淡水供应全覆盖。我国海岛土地资源也极度匮乏，海岛总面积约占我国国土面积的 0.8%，而且土地以林地、城市建设工矿用地、水域和水利设施用地为主。海岛耕地面积占我国海岛面积的 16%（未包含港澳台海岛土地统计数据），除海南岛外基本没有大规模的海岸带农牧业。受到土地资源和淡水资源的限制，海岛的农牧业发展空间有限。面积较大的海岛具有小规模的农牧业，种植业以粮食、蔬菜、水果、茶叶的种植为主，畜牧业以猪肉和禽蛋为主要产品。而海洋第一产业（如水产养殖及捕捞）是海岛第一产业发展不可或缺的一部分。我国海岛的海洋资源丰富，65%以上的海岛周边为第一类水质，且多数海岛周边海域为优质的海洋渔场。因此，对于我国海岛农牧业，应因地制宜地发展有效的产业模式，提高生产率，并结合其他产业，以生态发展为核心进行产业发展。

（二）海南岛农牧业发展现状

海南岛是海南省的陆地主体，也是南海海区面积最大的海岛，面积 3.44 万 km²，远远大于除台湾岛以外的我国其他海岛（其余海岛面积较大的崇明岛仅 1200km²）。海南岛由于陆地面积大，加之岛上为典型的热带气候，非常适合水果及其他植物种植（Clarke，1994；Huebert，2014；Prescott and Hooper，2009；Hess and Kelman，2017）。海南岛是我国（除港澳台）海岸带农牧业规模最大，产值最高，产业最成熟的海岛。

海南岛的农牧业具有规模大、产值高、产业发展平稳的特点（王秀红等，2018）。根据 2018 年 1 月发布的《2017 年海南省国民经济和社会发展统计公报》，海南 2017 年全省农林牧渔业完成增加值 1012.46 亿元，比上年增长 3.8%。第一产业目前仍然是海南省最大的产业，遥遥领先于其他产业（排名第二的工业 2017 年仅完成产值 528.28 亿元）。在海南产业中，种植业为第一产业的主体，产值 470.72 亿元，比上年增长 5.8%。全省蔬菜收获面积 394.64 万亩（下降 1.8%），产量 579.37 万 t（下降 0.1%）。水果收获面积 260.43 万亩（增长 2.4%），产量 410.14 万 t（增长 3.7%）。可以看出，海南全省种植业发展平稳，产量及产值略有增长。畜牧业产值 148.82 亿元，占比较小。肉类总产量 79.76 万 t，主要为猪肉、禽类。水产行业产值达到 284.88 亿元，比上年略有增长。可以看出，海南的第一产业产值较高，产业发展较平稳。

海南第一产业面临的压力仍然较大。近年来，海南的房地产和旅游业发展迅猛。在 2017 年海南出台严格限购措施的政策下，海南的房地产业产值增长率仍然达到了惊人的 20.1%，旅游业增长达到 10.0%，交通运输业增长达到 13.8%，金融业增长 11.2%，且增长速度有逐渐加快的趋势。"一带一路"倡议的提出、海南自由贸易区的建立及 59 国入境免签等一系列政策的落实，使得海南更适合旅游业等发展（李悦铮等，2013；李雪聪，2018）。而这些产业又会吸引更多的投资，使其进一步发展壮大，有逐步成为海南未来主要产业的趋势。

综上，海南作为我国（除港澳台）最大的海岛第一产业聚集区，其第一产业规模大、产值高、发展平稳，但由于其他产业发展迅速，第一产业在整个区域的产业比重有逐步下降的趋势。

（三）舟山定海区农牧业发展现状

舟山是我国第一个以群岛建制的地级市，位于东海海区，浙江东部，北邻上海，西接宁波，在杭州湾湾口。舟山群岛是我国最大的群岛，包含海岛 2000 余个。定海区是舟山市陆域面积最大、人口最多、经济最发达的区县，包括舟山本岛西北大部、册子岛、金塘岛、长白岛、富翅岛等 127 个岛屿。2017 年定海区被列为"2017 年度全国综合实力百强区"。根据定海区统计局发布的《2016 年定海区国民经济和社会发展统计公报》，该区当年人均地区生产总值 129 152 元，约 19 444 美元，接近发达国家水平。

定海区的农林牧渔业具有较大的规模（谭永忠等，2018）。2016 年定海区全年农林牧渔业总产值 23.61 亿元，同比增长 6.5%，但其产业规模只占整个定海区的极小部分。而由于历史发展和地理位置的关系，定海区相对适合发展工业（Milner，2017；McQuade et al.，2017）。因此，定海区主要以工业、金融业、房产开发为主要产业（朱菲菲等，2018；胡佳，2018）。工业是定海区产业的经济支柱。2016 年全区实现工业总产值 1011.90 亿元，同比增长 14.6%，其中区本级实现 954.33 亿元，同比增长 15.2%。

根据《2016 年定海区国民经济和社会发展统计公报》，在定海区第一产业中，2016 年农业产值 5.30 亿元，主要以粮食、蔬菜、茶叶为主。粮食产量 2.28 万 t，同比增长 11.9%。蔬菜播种面积 3600hm²，同比增长 2.6%；产量 7.96 万 t，同比增长 3.4%。全区共有果园面积 3809hm²，同比下降 4.8%；全年实现水果产量 3.43 万 t，同比下降 8.1%。全区共有茶园面积 139hm²，与上年持平；全年实现茶叶产量 12t，同比增长 9.1%。可以看出，定海区农业发展较为平稳，呈缓慢增长趋势。定海区畜牧业规模较小，全年总产值仅 2.52 亿元，以生猪、禽蛋为主要产品，与去年相比，下降幅度达到了 20.4%，产业处于萎缩状态。

海洋产业是定海区第一产业的主要组成部分。2016 年全区全年渔业总产值

15.51 亿元，占全区第一产业总产值的 65%。其中，近海捕捞产量 4.83 万 t，同比下降 0.3%；远洋捕捞产量 12.23 万 t，同比增长 18.6%。全区海水养殖面积 673hm²，同比下降 1.2%；海水养殖产量 3857t，同比增长 2.2%；淡水养殖面积 904hm²，同比下降 2.2%；淡水养殖产量 2799t，同比下降 3.2%。可以看出，定海区水产产业发展较快，养殖生产率也在逐年增加。

综上，舟山定海区经济发达且发展迅速，农业发展相对平稳，畜牧业处于萎缩状态，渔业发展较快。

第三节　我国海岸带区域农牧业发展需求

一、建立管理规范

1958 年 9 月 4 日，第一届全国人民代表大会常务委员会第一百次会议批准的《中华人民共和国政府关于领海的声明》，捍卫了我国的领海主权和海洋利益，但并未涉及海岸带的管理。1980 年，我国开展了沿海和沿海资源综合调查，并于 1986 年发布了《全国海岸带和海涂资源综合调查简明规程》，真正为海岸带管理奠定了法律基础。目前我国有关海岸带管理的国家层面立法主要表现为单行性法律法规：《中华人民共和国领海及毗连区法》《中华人民共和国专属经济区和大陆架法》等法律主要涉及海岸带管辖区域的划分及利用；《中华人民共和国土地管理法》《中华人民共和国海域使用管理法》《中华人民共和国渔业法》《中华人民共和国海岛保护法》《中华人民共和国港口法》《沿海国家特殊保护林带管理规定》等法律法规涉及海岸带自然资源的利用、开发和保护；《中华人民共和国海洋环境保护法》《中华人民共和国环境保护法》《中华人民共和国防治海岸工程建设项目污染损害海洋环境管理条例》等属于海洋污染防治的专门性法律。此外，我国还出台了《中国海洋 21 世纪议程》《全国海洋开发规划》《全国海洋功能区划（2011—2020 年）》《全国海洋经济发展规划纲要》《中共中央国务院关于加快推进生态文明建设的意见》等有关海岸带发展的规划或其他指导性文件。

海岸带综合管理是一项系统工程，管理者须在全局高度统一考虑海岸带资源的合理配置和利用，这需要理念先进、体系完整、内容科学的法律法规保驾护航。然而，我国现有的法律规范还无法满足海岸带管理的要求，相关管理规范标准亟待建立，具体体现在以下几个方面。

法律体系不完整。从法律体系而言，我国的海岸带管理立法缺乏整体性，且大多数立法级别较低，没有综合性的海岸带管理法。现行立法实践基本属于行业性立法，呈现出条块分割的模式，对很多问题（如海岸带的范围界定、综合性的管理体制、贯彻陆海统筹的法律制度等）没有做出统一规定，这势必导致海岸带管理权属的模糊。从海岸带管理法律法规的具体内容来看，有些法律条文过于粗疏和零碎化。法律过于粗疏使其缺乏可行性，法律的零碎化难以解决海岸带管理中出现的综合性问题。不同法律间还出现了相互矛盾或模棱两可的规定，造成管理实践中的部门冲突，如关于海滩和河口的管理权限，一度引发海洋部门与其他管理部门间的争执（刘乔发，2005）。

管理理念滞后。现代海岸带管理是对海岸带区域环境、资源保护与利用活动进行管理的一种综合方法，管理的本质是采用生态系统方式、在整合各类资源与环境要素的基础上实现既定目标。1992 年，联合国环境与发展大会通过了《21 世纪议程》，倡导全球各国都应当遵循海洋事务管理的新概念，要求沿海国家对其领海地区的海洋环境进行综合管理。这种管理理念提倡将部门组成要素的管理作为全部功能要素的主要部件，清楚认识人类行为，让多个部门在最小的阻碍下取得进展（罗伯特·凯和杰奎琳·奥德，2010）。因此，海岸带综合管理，需要充分考虑海岸带区域的资源、生态和环境要素。但我国现有的海岸带管理法律法规没有将海洋生态系统的各环境要素作为整体予以综合规范，割裂了各环境要素之间的原本密不可分的统一关系，导致管理目标错位、部门性突出，难以实现跨行政界限、"空间-生态-行业"高度一体化的综合管理。

海岸带的界定不科学。一般而言，海岸带范围为近海水域、潮间带和潮上带，其外界为海水波浪和潮流对海底能产生明显影响的区域，陆上的边界为特大潮汛（含风暴潮）能够涉及的区域。不同的学科对海岸带的范围界定也不相同。在管理学中，海岸带的范围完全取决于需要管理的内容、目标和与海岸线延伸相关的地理特征。在法律层面，同样也没有形成统一的、公认的海岸带范畴。从目前我国各地的实践来看，海岸带划分主要有两种倾向，一种是采用地理学方法，以明显的土地标志或其他地形标准作为划分海岸带的依据；一种是更多地考量海岸带划分对于社会、经济的影响。但在国家层面，尚缺乏科学、统一界定海岸带的指导性原则，不利于国家海岸带综合管理的实施。

管理模式存在缺陷。我国海岸带管理法律法规涉及渔业、旅游业、矿业等众多行业，以及海事、环境保护、海洋渔业等 20 多个管理部门。在这种分散的多部门管理模式下，不同层次、不同地区、不同部门的管理机构肩负着不同的职责，如何进行综合协调尤为重要，各部门分别按其社会分工从事单一目标的管理活动，部门间争权难以遏制，合作面临壁垒（韩通平，2013）。这分散了有限的行政资源、降低了行政效率和管理效果，难以实现综合程度较高的科学管理（王琪等，2014）。

总体来说，目前我国还缺乏以海岸带管理为主体的法律规范，相关规定主要是行业性法律，碎片化特征明显，系统性、综合性、科学性不强；相关立法进程停滞不前，且管理理念距离综合管理尚存在一定差距；管理部门间缺乏长效协调机制,管理模式难以满足海岸带综合治理的需要(王小军,2017)。

二、农牧业协同发展

自然环境上,海岸带可分为陆域和海域两大部分,两部分各自承担着不同的功能,海陆连通性的丧失在一定程度上阻碍了生产力的提高。沿海滩涂、滨海盐碱地等生态系统作为典型的生态交错区,与海洋和陆地有着天然的联系,具有生境复杂、生物多样性高等特征。以海岸带生态交错区作为突破口,建设盐碱地生态农牧场、滩涂生态农牧场和浅海生态牧场新设施,是连通海洋与陆地、扩大海岸的农牧业综合效益的重要实践。

海岸带作为人类经济社会活动高度密集区和海陆物质能量交互区,既是现代经济和社会发展的关键带也是生态环境脆弱带。作为我国经济发展的黄金地带,海岸带陆海生态连通性受损严重,50%以上的滨海湿地已丧失,典型海岸带生境正在或已经遭受严重破坏,海岸带生物多样性与生态系统健康面临着巨大压力,而生态服务功能的不断降低,严重影响了海岸带区域传统农牧业的发展。目前,相对独立发展的盐碱地农业和渔业发展模式已无法满足现代农业的发展要求,亟须查明陆海连通性影响机制和调控途径;采用新设施和新工程技术,建立基于生态系统管理理念的海岸带生态农牧场模式;因地制宜开展盐碱地生态农牧场、滩涂生态农牧场和浅海生态牧场新设施、新技术研发与集成应用;构建现代海岸带生态农牧场环境保障与预警预报平台,建成陆海联动的现代化海岸带生态农牧场,创新海岸带保护与持续利用新模式:盐碱地生态农牧场为滩涂生态农牧场提供优质饲料等供给,滩涂生态农牧场为浅海生态牧场提供健康苗种等支撑,浅海生态牧场为盐碱地生态农牧场和滩涂生态农牧场提供功能肥料等支持。通过"盐碱地—滩涂—浅海"三场连通,充分体现生态系统保护及生态服务价值,从而构建生态农牧业、精深加工业和生态旅游业"三产融合"的高效生态经济新模式。

海岸带农牧业立足于盐碱地农业、滩涂近海渔业生产,与第二产业和第三产业有机结合是海洋农业完成产业升级的重要方向。建设海岸带农牧场应坚持产业链的完善和地方特色的挖掘,为海洋农业的升级转型创造有利条件。海洋农业的产业升级需要完善产业链。海岸带农牧业涉及农业产品生产、生产设施装备制造、食品加工运输、文化旅游等产业。"三产融合"的发展拉动了交通运输、批发零售和住宿餐饮业的发展,是推动三大产业全面繁荣的重要途径。

因此,实现海岸带农牧业协同发展,应推进产业协同发展,促进海岸带综合产业可持续发展,构建城乡融合、互补互促,三大产业共同发展的现代农业新业态;应推进市场协同发展,疏通产销渠道,建立完善的物流网络和信息溯源体系;应推进科技协同发展,加强企业与科研院所合作,将相关基础研究的最新成果运用到具体实践中去；应推进生态建设协同发展，加强资源保育，净化产地环境，全面改善区域农业生态；应推进体制机制协同发展，优化农村运营体系，完善产权交易制度，改革金融保险制度，建设法治制度，激发协同发展活力；应推进城乡协同发展，建设整洁宜居新农村，减小城乡差距。

三、海岸侵蚀及盐碱化治理

海岸侵蚀是指海岸受到海浪的冲蚀作用、泥沙和海水的溶蚀作用而产生的侵蚀现象。中国海岸侵蚀现象具有普遍性、渐变性和突发性。引发海岸侵蚀的因素分为自然因素和人为因素，自然因素包括海洋动力学作用、引水或减沙、海面上升或地面沉降；人为因素包括筑坝、填海、采砂和滨海生态系统的衰退等。为缓解海岸侵蚀带来的负面效应，必须积极开展侵蚀灾害原因调查工作，评估每次灾害造成的损失，分析灾害发生的原因。与此同时，在调查、评估的基础上，应深入研究海岸侵蚀的原因、动力过程、预测预报方法和防治对策，并做到点面结合，以便能科学地防灾减灾。

常见的海岸侵蚀治理措施分为硬体工程措施和软体工程措施。

刚性人工构造物是防范海岸侵蚀最常见的方法之一，也被称作硬体工程措施，主要用于护岸和防波堤。护岸最大的优势是造价较低，能有效地保护远离海岸的其他建筑物，在特定情况下具备一定的实用价值，但是靠近护岸向海一侧的区域却会因为构建的护岸工程遭受更加难以挽回的侵蚀作用。因为相较于没有海岸工程的原始海滩，护岸的存在实际上削弱了海岸带的缓冲特性，海滩的缓流效应彻底消失，取而代之的是刚性的混凝土，在波浪的冲刷下会使护岸下方出现断裂并崩塌。防波堤的主要目的是减弱海浪冲击、维护港口水面平稳、方便船舶停靠等，可减弱海浪冲击对港区元件的侵蚀作用。一般而言，防波堤的结构应充分考虑自然地形、材料供给和施工工程等，选取最为经济适用的方法。斜坡堤适用于地基较差和石料来源丰富的地区；正砌方块和矩形沉箱直立堤适用于水较深和地基较好的地区；当采用其他类型直立堤时，应通过模型验证或专门论证。总体而言，硬体工程措施可充分保证受保护地段的岸线不被侵蚀，但由于沿岸流沙的自然运输平衡被打破，上游或下游地段可能会出现淤积或冲刷的现象，从而导致人工岸线的崩溃。因此，构建刚性人工构造物应做到减少改变岸线的原始地形。

软体工程措施则杜绝了刚性人工构造物的使用，是通过人工养滩实现岸线防护。从根本上治理海岸侵蚀的方法就要用尊重自然的方法，人工养滩就是一种这样的新兴方法。人工养滩尊重大自然的平衡，保持沙源的平衡，把侵蚀产生的泥沙重新补给于被侵蚀的岸带。这种方法可以使海岸维持与附近海岸的沙源平衡，在保证工程有效性的前提下，使工程对生态环境的影响降至最低，有效解决海岸侵蚀。人工近岸沙坝作为人工养滩的一种补沙方式，是将清洁的疏浚沙通过人工或水力抛置于浅水水域，形成平行于海岸的、水下有一定起伏的沙堆，是更为主动的、生态的人工养滩方式。该方法具有明显的海滩养护效果，可形成具有自恢复力的海滩系统，更适用于海滨浴场的修复整治（杨燕雄和张甲波，2009）。

海岸带除受侵蚀影响外，盐碱化也是其面临的主要威胁。盐碱土是民间对盐土和碱土的统称，即土壤含有可溶性盐类，而且盐分浓度较高，对植物生长直接造成抑制作用或危害的土壤。如何改良盐碱化土地一直是海岸带居民思考和努力的方向。如今海岸带已成为经济发展和人口居住的核心地带，土地盐碱化的治理对当地综合发展尤为重要。根据人们对海岸盐土的开发利用情况，一般将盐碱化土地分为城市建设用地和弃置用地两类，这两类盐碱化土地的治理手段也存在差异。对于建设用地，需从具体用途和城市景观角度出发，尽力满足人们对生活品质的需求；对于弃置用地，应加强前期评估，综合考虑其地理位置、自然条件和人类活动等因素，充分发挥其特有的生态服务功能（冀媛媛，2009）。

盐碱化土地治理措施主要包括物理措施、工程措施、化学措施和生物措施四类。物理措施方面，通过地面覆盖技术和微区改土绿化技术等改变土壤的粒度组成，增强土壤透水性，同时减少返盐现象。工程措施方面，选择"允许深度"理论作为铺设排盐管的指导依据，建立埋深浅管道、水平间距密集的浅密式排盐系统，形成海岸浅潜水淤泥质软基础条件下暗管水平排水，将工程排盐与城市排水完美结合。化学措施方面，1990年美国盐土实验室的Rhoades教授与澳大利亚联邦科学与工业研究组织的Loveday教授专门指出，改良碱化土壤需加入含钙的化学物质，以此来置换盐碱化土壤中的钠，或者可以通过加相应酸性物质进行改良。加入含钙的化学物质能够提高土壤阳离子置换性能，降低土壤的含盐量。与改良碱土相似，在改良盐土时，根据因地制宜的原则，全面考察评估土壤环境状况，采取综合性措施，采用化学改良剂的同时，注意肥料的添加，并且适当的种植耐碱的植物等。生物措施方面，通过种植耐盐耐碱的植被来治理土壤。该措施通常被认为是最有效的方法。利用生物的特性，不但可发挥生物治理盐碱的生态效应，还促进了大自然的良性循环。许多城市在选择植被种类时，首选当地的特有树种，这类树种既具有较强的耐盐碱能力，还具有能够适应当地自然条件的优点，同时还可以改善土壤性状，增加土壤养分，也可以改进化学措施引起的一些不良后果。

四、沿岸围填海合理规划

沿岸围填海成了现代沿海地区为适应快速发展而拓宽利用空间的重要途径之

一，但过度的、不科学的沿岸围填海，会对海洋资源造成严重的破坏和浪费（如近海生物多样性的明显降低），同时还会严重影响纳潮量和海洋自净能力，造成海洋生态系统自我修复能力下降。

我国中央和地方政府对围填海建立生态补偿机制均提出了明确要求，并将其作为加强环境保护的重要内容。深入推进湿地生态补偿工作也一直是我国的重大需求。2018 年 7 月，国务院发布《国务院关于加强滨海湿地保护严格管控围填海的通知》（国发〔2018〕24 号），对海岸带滨海湿地围填海活动提出了切实可行的具体规划。完善围填海总量管控，取消围填海地方年度计划指标，除国家重大战略项目外，全面停止新增围填海项目审批。自然资源部要将加快处理围填海历史遗留问题情况纳入督察重点事项，督促地方整改落实，加大督察问责力度，压实地方政府主体责任。抓好首轮围填海专项督察发现问题的整改工作，挂账督改，确保整改到位、问责到位。2018 年下半年启动围填海专项督察"回头看"，确保国家严控围填海的政策落到实处，坚决遏制、严厉打击违法违规围填海行为。

此外，海岸带滨海湿地生态补偿机制亟待建立。一方面，有利于维护海岸带滨海湿地生态系统的生态服务功能，如净化水体、防风护堤和维持生物多样性等；另一方面，海岸带滨海湿地社会经济效应（如科学研究、自然教育和休闲娱乐等）同样不可忽视。如何全方位评估海岸带滨海湿地生态系统的综合效益是生态补偿工作的重点。生态补偿需瞄准核心问题，而填海造地是海岸带滨海湿地生态系统不断衰退的主要原因，因此"两个大类，三个层次"的补偿机制被逐步认可。"两个大类"为物质量补偿和价值量补偿，"三个层次"为原位补偿、异地替代和经济补偿。原位补偿即通过计算生态补偿率对面积减小地区进行生态修复；异地替代即通过功能对比和面积核算，对生物多样性受损区或功能减退区在其他适合区域进行重建；当原位补偿和异地替代的补偿量不足时，则评估损失和补偿的价值，并对剩余损失实行经济补偿的方式。

海岸带滨海湿地的生态功能具备非线性变化的特点，不同地点生态服务功能也存在差异，因此填海造地的规模、方式和地点是评估海岸带滨海湿地生态损失的关键影响因素。加强海岸带滨海湿地生态系统的基础研究将有助于评估其生态服务功能，进而厘清填海造地的生态损失。在围填海活动评估时，应做到经济效益和生态效益并重。评估填海造地的生态效益和经济效益可从以下 4 个方面展开：①明确围填海带来的直接经济效益和生态损失，分析二者的相互作用关系；②考量围填海造成生态损失的弥补手段，是否能够通过原位补偿、异地替代或经济补偿加以补救；③研究不同修复手段的成本，并与围填海所造成的经济效益进行对比；④量化围填海的经济收益和生态损失，以此作为评估其综合效应的关键依据（崔保山等，2017）。

五、近海陆源污染防控

近年来，随着我国经济的迅速崛起及城市化进程的加快，海岸带生态环境暴露出愈来愈多的问题。如何防控近海陆源污染对海岸带环境的影响，已经成为海岸带经济发展和环境修复的关键问题。理论上所有陆域经济社会活动均有可能对近海资源环境造成一定的影响，但由于海洋和陆地不在一个行政主体的管辖下，陆域行政主体难以切身感受到海洋污染的实际损害，也不会因海洋污染遭受直接利益损失。因此，对于陆域行政主体来说，难以自发自觉的开展海洋环境保护。若无外力介入或制度规制，陆源污染防治责任对许多陆域行政主体来说难以实现。不同行政管理部门切忌将陆域管理和海域管理割裂开来，应该加强合作，做到海岸带污染排放的统一管理。加强不同行政管理部门的有机结合，建立陆域环境监测体系和海域环境监测体系有机结合的信息联动平台。

陆源污染种类多、危害大、生物可降解性低，其对陆地生态系统的破坏性已被社会大众所认可，但是陆源污染物对海域环境的影响尚未引起社会大众的高度重视。陆源污染物除通过河川径流或排污口进入海洋外，还可以通过大气干湿沉降对海域生态系统产生影响，因此还需加强陆海物质交换过程的相关研究。受制于现有的政绩考核机制与地方政府的利益选择，相关部门常会无视或忽视海洋环境保护，这样做的后果不仅使环境信息不流通，还会导致污染的海洋环境被变现的资产或区域的政绩所替代。因此必须构建出统一的陆海一体化的环境监测网络体系与环境信息交流平台，以完备的责任体制推动不同地方政府真正落实污染源头控制。

有效防治陆源污染，必须构建统一的环境监管机制，厘清区域政府监管责任与跨区域环境污染损害赔偿责任。陆源污染的源头在于陆上活动，而我国的陆源污染防治工作大多仅局限于海岸带地区或沿海地区。虽然现有法律规定，陆源污染由环境行政主管部门统一监管，但事实上我国的海洋环境监管依然处于多头监管中。虽然我国沿海省（自治区、直辖市）的海洋管理部门都明确规定监督陆源污染物排海，但仅辽宁、上海等少数几个地区的环境行政主管部门明确规定了陆源污染防治职能。而且陆源污染物转移具有单向性，海陆在污染物的处理过程中不具互益性，这使大多内陆政府在处理海洋陆源污染问题上的"区域本位"定位，很难主动保护海洋环境。因此，需要建立陆海一体的环境监管机制，由职能统一、明确的监管机构对陆源污染物的预防、产生、监测、控制、治理进行监管。

近海陆源污染是典型的综合性污染，需要在政府部门主导下，针对不同区域的环境特点，调动利益群体的积极性，综合运用多重手段予以应对。目前，陆源污染防治主要依赖政府。从我国《渤海碧海行动计划》及沿海省（自治区、直辖市）陆源污染防治情况看，陆源污染防治主要是通过政府行政手段解决。虽然政府解决在短期内快捷、高效，但若单一依赖政府，则可能导致污染转移，而不是减少污染物排放，而且还会增加政府负担；单一行政控制手段无法满足对复杂污染物的处理，会增加一些行业或企业的治污成本等。因此，陆源污染防治需国家政策、法律与公众参与的多重手段制约，需多学科、跨部门共同努力，并对陆源污染违法排放的行为予以严厉制裁（戈华清和蓝楠，2014）。

主要参考文献

阿姆斯特朗 J M，赖纳 P C. 1986. 美国海洋管理. 林宝法，郭家梁，吴润华，译. 北京：海洋出版社.

陈吉余，陈沈良. 2007. 中国河口研究五十年：回顾与展望. 海洋与湖沼，38(6): 481-486.

陈可馨. 1994. 天津海岸带特点与开发方向. 海洋开发与管理，(2): 59-62.

陈燕珍，孙钦帮，王阳，等. 2015. 曹妃甸围填海工程开发对近岸沉积物重金属的影响. 海洋环境科学，34(3): 402-405.

崔保山，谢湉，王青，等. 2017. 大规模围填海对滨海湿地的影响与对策. 中国科学院院刊，32(4): 418-425.

崔寅. 2013. 天津市产业结构分析及其对策研究——基于低碳经济视角. 现代商贸工业，(21): 13-15.

丹枫. 1998. 欧洲部分国家海洋政策动态. 海洋信息，(6): 29-31.

狄乾斌，王小娟. 2010. 大连市海洋经济协调持续发展研究. 资源开发与市场，26(10): 887-891.

付玉芹，于君宝，周迪，等. 2017. 黄河三角洲典型滨海城市产业结构转变过程及生态环境效应. 中国人口·资源与环境，26(11): 148-156.

高秋香，王国力. 2014. 沿海城市海岸带开发利用空间结构分析——以大连市为例. 国土与自然资源研究，(6): 7-9.

高占国，朱坚，翁燕波，等. 2010. 多尺度生态系统健康综合评价——以宁波市为例. 生态学报，30(7): 1706-1717.

高战朝. 2004. 英国海洋综合能力建设状况. 海洋信息，24(3): 29-30.

戈华清，蓝楠. 2014. 我国海洋陆源污染的产生原因与防治模式. 中国软科学，(2): 22-31.

宫少军，张宝华，詹华明，等. 2010. 天津海岸带的研究现状. 海洋地质前沿，(12): 9-13.

韩通平. 2013. 我国海岸带管理立法研究. 中国海洋大学硕士学位论文.

何华春，周汝佳. 2016. 基于景观格局的盐城海岸带土地利用时空变化分析. 长江流域资源与环境，25(8): 1191-1199.

贺蓉. 2013. 我国海岸带立法若干问题研究. 中国海洋大学硕士学位论文.

侯西勇，张华，李东，等. 2018. 渤海围填海发展趋势、环境与生态影响及政策建议. 生态学报，38(9): 3311-3319.

胡佳. 2018. 造船业外包工稳定性问题研究——基于舟山市定海区的调查分析. 经济研究导刊，(18): 183-184.

黄娟，高松，连喜虎，等. 2014. 环渤海集约用海工程对渤海潮汐系统的影响研究. 海洋开发与管理，31(10): 23-29.

56 |海岸带生态农牧场创新发展战略研究

冀媛媛. 2009. 天津滨海新区海岸带盐碱地生态化发展研究. 天津大学硕士学位论文.

靳宇弯, 杨薇, 孙涛, 等. 2015. 围填海活动对黄河三角洲滨海湿地生态系统的影响评估. 湿地
　　科学, 13(6): 682-689.

李加林, 徐谅慧, 杨磊, 等. 2016. 浙江省海岸带景观生态风险格局演变研究. 水土保持学报,
　　30(1): 293-299.

李加林, 杨晓平, 童亿勤. 2007. 潮滩围垦对海岸环境的影响研究进展. 地理科学进展, 26(2):
　　43-51.

李加林, 朱晓华, 张殿发. 2008. 群组型港口城市用地时空扩展特征及外部形态演变——以宁波
　　为例. 地理研究, 27(2): 275-284.

李磊. 2010. 珠江口海洋牧场建设思考. 海洋开发与管理, 27(9): 105-108.

李霄汉. 2015. 河北省海岸带资源及开发利用研究. 中国农业资源与区划, 36(4): 104-112.

李雪聪. 2018. 海南国际旅游岛热带休闲农业旅游发展的 SWOT 分析. 中国商论, (15): 55-57.

李悦铮, 李鹏升, 黄丹. 2013. 海岛旅游资源评价体系构建研究. 资源科学, 35(2): 304-311.

刘高焕, 刘庆生, 叶庆华, 等. 2006. 黄河三角洲土地利用动态监测与海岸带综合管理. 资源科
　　学, 28(5): 171-175.

刘乔发. 2005. 我国海域使用权制度的不足及完善. 上海政法学院学报: 法治论丛, 20(4): 108-
　　111.

刘容予, 齐连明. 2006. 我国无居民海岛价值体系研究. 北京: 海洋出版社.

刘向南, 徐敏. 2015. 苏北浅滩滩涂植被生态特征及其演替. 南京师大学报(自然科学版), 38(3):
　　107-113.

刘晓曼, 王桥, 庄大方, 等. 2013. 湿地变化对双台河口自然保护区服务功能的影响. 中国环境
　　科学, 33(12): 2208-2214.

刘兴坡, 丁永生. 2010. 上海市海岸带管理的现状、挑战及发展分析. 长江流域资源与环境,
　　19(12): 1374.

刘雅丹. 2006. 澳大利亚休闲渔业概况及其发展策略研究. 中国水产, (3): 78-80.

陆荣华. 2010. 围填海工程对厦门湾水动力环境的累积影响研究. 国家海洋局第三海洋研究所
　　硕士学位论文.

罗伯特·凯, 杰奎琳·奥德. 2010. 海岸带规划与管理(第二版). 高健, 张效莉, 等译. 上海: 上
　　海财经大学出版社.

罗昆, 王雪木. 2018. 英国海洋与海岸带管理政策研究. 海洋开发与管理, 35(2): 59-62.

孟晋. 2006. 辽宁西部海岸带区域经济发展方向与产业布局. 沈阳农业大学学报(社会科学版),
　　8(1): 54-57.

欧维新, 杨桂山, 李恒鹏, 等. 2004. 苏北盐城海岸带景观格局时空变化及驱动力分析. 地理科
　　学, 24(5): 610-615.

潘菲. 2013. 对外贸易对宁波产业结构的影响. 商场现代化, (9): 112-113.

秦伟山, 张义丰. 2013. 国内外海岛经济研究进展. 地理科学进展, 32(9): 1401-1412.

秦文翠, 罗维, 刘运明. 2015. 天津滨海新区海岸带土地利用时空格局变化. 西南师范大学学报
　　(自然科学版), 40(5): 135-141.

秦延文, 郑丙辉, 李小宝, 等. 2012. 渤海湾海岸带开发对近岸沉积物重金属的影响. 环境科学,
　　33(7): 2359-2367.

秦艳英, 薛雄志. 2009. 基于生态系统管理理念在地方海岸带综合管理中的融合与体现. 海洋开

发与管理, 26(4): 21-26.

任鹏. 2016. 龙口湾海区沉积环境研究. 青岛大学硕士学位论文.

史作琦, 李加林, 姜忆湄, 等. 2017. 甬台温地区海岸带土地开发利用强度变化研究. 宁波大学学报(理工版), 30(2): 83-89.

宋红丽. 2015. 围填海活动对黄河三角洲滨海湿地生态系统类型变化和碳汇功能的影响. 中国科学院研究生院(东北地理与农业生态研究所)博士学位论文.

苏跃朋, 崔阔鹏. 2016. 珠江河口渔业产业概况及发展思路. 海洋开发与管理, 33(7): 31-36.

孙才志, 杨羽頔, 邹玮. 2013. 海洋经济调整优化背景下的环渤海海洋产业布局研究. 中国软科学, (10): 83-95.

孙楠, 朱渭宁, 程乾. 2017. 基于多年遥感数据分析长江河口海岸带湿地变化及其驱动因子. 环境科学学报, 37(11): 4366-4373.

孙伟, 陈诚. 2013. 海岸带的空间功能分区与管制方法——以宁波市为例. 地理研究, 32(10): 1878-1889.

谭永忠, 何巨, 俞振宁, 等. 2018. 区域农田当量供需能力分析及其政策启示——以浙江舟山市为例. 自然资源学报, 33(9): 1503-1513.

唐海回, 韦钰, 廖海燕. 2017. 中国-东盟海岸带生态环境与经济协调发展研究. 广西师范学院学报(自然科学版), 34(3): 98-105.

汪若君, 张效莉. 2009. 海岸带区域产业布局评价指标体系设计. 财贸研究, 20(6): 20-25.

汪若君, 张效莉. 2010. 长江三角洲海岸带区域农村产业布局状况分析. 湖南农业科学, (8): 17-19.

王爱香, 白园园. 2017. 大连市海洋产业发展现状、问题与对策. 青岛科技大学学报(社会科学版), 33(2): 7-12.

王宝, 高峰, 王金平. 2015. 海岸带综合管理研究新趋势及其对我国的启示. 世界科技研究与发展, 37(1): 105-109.

王金平, 张志强, 高峰, 等. 2014. 英国海洋科技计划重点布局及对我国的启示. 地球科学进展, 29(7): 865-873.

王淼, 宋蔚. 2008. 境外海洋渔业的做法对我国的重要启示. 中共青岛市委党校 青岛行政学院学报, (4): 22-25.

王萍, 刘敏, 王东升. 2006. 青岛产业结构调整和空间拓展方向的思考. 国土与自然资源研究, (2): 3-5.

王琪, 等. 2014. 中国海洋管理: 运行与变革. 北京: 海洋出版社.

王小军. 2017. 制定我国海岸带管理法的思考. 中国海洋大学学报(社会科学版), (1): 48-53.

王晓明, 仲铭锦, 廖文波, 等. 2003. 珠江口沿岸地区资源环境及其可持续发展措施. 中山大学学报(自然科学版), 42(6): 73-77.

王秀红, 杜娜, 李立, 等. 2018. 海南垦区农业产业化发展现状与对策研究. 广东农业科学, 45(8): 148-156.

王玉, 贾晓波, 张文广, 等. 2010. 江苏海岸带土地利用变化及驱动力分析. 长江流域资源与环境, (S1): 7-12.

吴莉, 侯西勇. 2015. 2000～2010 年环渤海省市海岸带土地利用变化分析. 海洋科学, 39(9): 101-110.

吴闻. 2002. 英国、欧洲和澳大利亚的海洋科技计划. 海洋信息, (2): 14-16.

相玉兰. 1997. 马来西亚的海洋管理. 海洋信息, (6): 12-14.

肖瑜璋, 王蓉, 张保学. 2010. 珠江口海域海洋渔业资源现状分析与建议. 科学技术创新, (28): 233-233.

许艳, 濮励杰, 张润森, 等. 2012. 近年来江苏省海岸带土地利用/覆被变化时空动态研究. 长江流域资源与环境, 21(5): 565.

杨清可, 段学军, 王磊, 等. 2018. 基于"三生空间"的土地利用转型与生态环境效应——以长江三角洲核心区为例. 地理科学, 38(1): 97-106.

杨艳丽, 孙艳玲, 杜晋苗. 2016. 2001-2013 年天津滨海新区海岸带时空变化特征. 天津师范大学学报(自然科学版), 36(5): 46-50.

杨燕雄, 张甲波. 2009. 治理海岸侵蚀的人工岬湾养滩综合法. 海洋通报, 28(3): 92-98.

叶属峰, 温泉, 周秋麟. 2006. 海洋生态系统管理——以生态系统为基础的海洋管理新模式探讨. 海洋开发与管理, 23(1): 77-80.

易亮, 于洪军, 徐兴永, 等. 2010. 莱州湾海岸带环境与功能区划初探. 海岸工程, 29(1): 30-39.

易小兵, 王世俊, 李春初. 2008. 珠江河口界面特征与河口管理理念. 海洋学研究, 26(4): 86-92.

于文金, 邹欣庆. 2008. 江苏盐城海岸带环境效应与产业调整定量研究. 中国环境科学, 28(2): 188-192.

袁琳, 张利权, 翁骏超, 等. 2015. 基于生态系统的上海崇明东滩海岸带生态系统退化诊断. 海洋与湖沼, 46(1): 109-117.

乐家华, 刘丽燕. 2008. 日本渔业的双重管理模式及发展方向. 农业经济与管理, (6): 33-37.

曾玉荣, 周琼. 2012. 台湾休闲渔业发展特色及其借鉴. 福建农林大学学报(哲学社会科学版), 15(1): 27-31.

张聪义. 1997. 马来西亚海岸带管理问题与方法. 海洋开发与管理, (2): 52-55.

张聪义. 1998. 日本海岸带管理问题与方法. 海洋开发与管理, 15(3): 62-64.

张大志, 孙娜. 2017. 青岛海岸带规划方案分析与研究. 青岛远洋船员职业学院学报, 38(1): 43-47.

张华, 李艳芳, 唐诚, 等. 2016. 渤海底层低氧区的空间特征与形成机制. 科学通报, 61(14): 1612-1620.

张君珏, 苏奋振, 左秀玲, 等. 2015. 南海周边海岸带开发利用空间分异. 地理学报, 70(2): 319-332.

张灵杰. 2001. 美国海岸带综合管理及其对我国的借鉴意义. 世界地理研究, 10(2): 42-48.

张鹏程, 孙林云, 诸裕良. 2015. 渤海湾围填海对三河口海域水动力与含沙量的影响. 中国港湾建设, 35(10): 6-12.

张志卫, 丰爱平. 2017. 基于生态系统的海岛保护与利用规划理论与实践. 北京: 海洋出版社.

张志卫, 赵锦霞, 丰爱平, 等. 2015. 基于生态系统的海岛保护与利用规划编制技术研究. 海洋环境科学, 34(2): 300-306.

赵领娣, 张燕. 2008. 澳大利亚海洋公园对我国渔民增收的启示. 渔业经济研究, (2): 51-55.

赵树明, 周长林, 刘茂国. 2007. 从海岸带规划到海岸带综合管理——天津滨海新区科学、和谐发展的新探索. 2007 中国城市规划年会.

周珂, 谭柏平. 2008. 论我国海岛的保护与管理——以海岛立法完善为视角. 中国地质大学学报(社会科学版), 8(1): 37-43.

周汝佳, 张永战, 何华春. 2016. 基于土地利用变化的盐城海岸带生态风险评价. 地理研究,

35(6): 1017-1028.

朱菲菲, 李伟芳, 宓泽锋, 等. 2018. 舟山群岛新区建设的海洋产业用地模式探究——基于定海区 2000—2014 年的实证数据分析. 安徽师范大学学报(自然科学版), 41(3): 273-279.

朱永贵. 2012. 集约用海对海洋生态影响的评价研究——以莱州湾为例. 中国海洋大学硕士学位论文.

朱宇婕, 李加林, 冯陈晨. 2017. 宁波市海岸带景观格局变化研究. 上海国土资源, 38(2): 54-58.

Carvalho T M, Fidélis T. 2013. The relevance of governance models for estuary management plans. Land Use Policy, 34(31): 134-145.

Clarke W C. 1994. Traditional land use and agriculture in the Pacific Islands. Science of Pacific Island Peoples, 2: 11-37.

Ducrotoy J P, Pullen S. 1999. Integrated coastal zone management: commitments and developments from an international, European, and United Kingdom perspective. Ocean & Coastal Management, 42(1): 1-18.

Harvey N, Clouston E, Carvalho P. 1999. Improving coastal vulnerability assessment methodologies for integrated coastal zone management: an approach from South Australia. Australian Geographical Studies, 37(1): 50-69.

Hess J, Kelman I. 2017. Tourism industry financing of climate change adaptation: exploring the potential in small island developing states. Climate, Disaster and Development Journal, 2(2): 33-45.

Huebert J. 2014. The role of arboriculture in landscape domestication and agronomic development: a case study from the Marquesas Islands, East Polynesia. Ph.D. Thesis. The University of Auckland.

Imperial M T, Donald R, Timothy M H. 1992. An evolutionary perspective on the development and assessment of the national estuary program. Coastal Management, 20(4): 311-341.

Isobe M. 1998. Toward integrated coastal zone management in Japan. ESENA Workshop: Energy-Related Marine Issues in the Sea of Japan: 11-12.

Lee K, Cho H, Rho B, et al. 2012. Defining the boundary of estuarine management zone for estuarine environmental management. Symposium on Experimental and Efficient Algorithms, 17(4): 203-224.

McKenna J, Cooper A, O'Hagan A M. 2008. Managing by principle: a critical analysis of the European principles of integrated coastal zone management (ICZM). Marine Policy, 32(6): 941-955.

McQuade C M, Fadler R, Schoelerman R. 2017. Method and apparatus for fuel island authorization for trucking industry using proximity sensors. U.S. Patent No. 9,805,538. Washington, DC: U.S. Patent and Trademark Office.

Milner L. 2017. Cockatoo Island, Australia: industry, labour and protest culture//Varela R, Murphy H, van der Linden M. Shipbuilding and ship repair workers around the world: case studies 1950-2010. Amsterdam: Amsterdam University Press: 519-543.

Oost A P, Hoekstra P, Wiersma A, et al. 2012. Barrier island management: lessons from the past and directions for the future. Ocean & Coastal Management, 68: 18-38.

Pickaver A H, Gilbert C, Breton F. 2004. An indicator set to measure the progress in the implementation of integrated coastal zone management in Europe. Ocean & Coastal Management, 47(9-10): 449-462.

Poole S. 1996. The United States National Estuary Program. Ocean & Coastal Management, 30(1): 63-67.

Portman M E, Esteves L S, Le X Q, et al. 2012. Improving integration for integrated coastal zone management: an eight country study. Science of the Total Environment, 439: 194-201.

Prescott S M. 2009. Pacific business sustainability in New Zealand: a study of Tongan experiences. Ph.D. Thesis, Auckland University of Technology.

Prescott S M, Hooper K C. 2009. Commons and anti-commons: tongan business experiences in New Zealand. Pacific Accounting Review, 21(3): 286-303.

Rockloff S F, Lockie S. 2004. Participatory tools for coastal zone management: use of stakeholder analysis and social mapping in Australia. Journal of Coastal Conservation, 10(1): 81-92.

Saunders A. 1990. Mapara: Island management "main-land" style//Towns D R, Daugherty C H, Atkinson I A E. Ecological Restoration of New Zealand Islands. Department of Conservation, Wellington, New Zealand: 147-149.

Schweinfurth R B U. 1974. Melanesia—a geographical interpretation of an Island World by H. C. Brookfield; D. Hart. Erdkunde, 28(3): 239-240.

第三章　海岸带生态农牧场的概念与发展原则和思路

摘　要：海岸带兼具陆地和海洋双重性质，是盐碱地农业、滩涂养殖和海洋牧场建设的主要区域。然而，陆地和海洋彼此间相对独立的发展模式已无法满足现代农业发展的需求。阐释海岸带生态农牧场概念内涵及发展思路，以给海岸带生态系统的可持续开发提供一定的参考。海岸带生态农牧场是基于生态学原理，利用现代工程技术，陆海统筹构建盐碱地生态农牧场、滩涂生态农牧场和浅海生态牧场，营造健康的海岸带生态系统，从而形成"三场连通"和"三产融合"的海岸带保护与利用新模式。在海岸带生态农牧场的发展过程中，需遵循"生态优先、陆海统筹、三生一体"的原则，强化基础研究的驱动作用，构建基于"盐碱地—滩涂—浅海"的三场连通模式，强化"三产"的合理布局和结构优化，实现三个生态环境区相对独立的农牧业与区域生态因子流动的有机结合。此外，应逐步引入现代化发展模式，坚持工程化、机械化、自动化、信息化的"四化同步"，发展现代化海洋农牧业及其相关产业，实现海岸带生态农牧场的模式创新和引领发展。

关键词：海岸带生态农牧场的概念，海岸带生态农牧场发展原则，海岸带生态农牧场发展思路，三场连通，三产融合

第一节　海岸带生态农牧场的概念

一、农场和牧场起源

（一）农场起源

农业（agriculture）是利用动植物的生长发育规律，通过人工培育来获得产品的产业。关于农业的起源，主流观点认为，距今一万两千年前，全球环境变化导致巨兽被大量的小型动物所取代，从而使原始人类的谋生方式更加多样化，人类与动植物群集中在更小的地域内，接触更加密切。在生产生活中，人类学会了磨制石器、了解动植物的生活习性，并学会了栽培植物和驯养动物，从而产生了原

始农业。现阶段的农业分为植物栽培和动物饲养两大类。农业适用范围广，地球表面除两极和沙漠外，几乎都可用于农业生产。在近 1.31 亿 km^2 的实际陆地面积中，约 11%是可耕地和多年生作物地，约 24%是草原和牧场，约 31%是森林和林地。农业是人类生产生活所必需的一项产业，为人类提供粮食、工业原料等资源，是人类生存之本，是一切生产的首要条件。农场（farm）指农业生产单位、生产组织或生产企业，以从事农业生产或畜牧养殖为主，经营各种农产品和畜牧产品。农场可以作为一个企业，由个人、家庭或社群所有和经营，或由联合体、公司所有和经营，农场的规模可以从数亩到成百上千公顷不等。家庭农场这一概念最早出现在 2008 年 10 月 12 日中国共产党第十七届中央委员会第三次全体会议通过的《中共中央关于推进农村改革发展若干重大问题的决定》中。2013 年中央一号文件提出要鼓励和支持家庭农场。按照农业部的解释，家庭农场是指主要以家庭成员为劳动力，从事农业规模化、商品化、集约化生产经营，且家庭主要收入来源为农业收入的新型农业生产经营主体（韩苏和陈永富，2015）。

（二）牧场起源

牧场（ranch）起源于欧洲大范围开放草地畜牧养殖技术。早在殖民统治时期，就有西班牙殖民者将牛和马引入阿根廷和乌拉圭的草原地区。1773 年，托马斯·杰斐逊和乔治·华盛顿明确阐述了新的国家原则，他们希望通过清除森林和草原来获得农场。但是西班牙人早已在他们移居到西南地区之前到达，并且采用了印第安人在干旱地区的生活方式，因此通过开垦草原获得农场已经不再适合这一地区。直到以英语为母语的移民在这一地区建立家园，并把西班牙语的"ranchos"改名为"ranch"，称自己为牧场主，这也是最早的家庭牧场雏形，在北美地区沿用至今。到 19 世纪初，牧场已成为北美地区的经济支柱。1862 年，美国联邦政府为了在西部地区发展农业，移民西部，颁布了 *Homestead Act*，该法案促使西部开发出很多大型草原农场，在 19 世纪 80 年代更是达到了顶峰。在 18 世纪末至 19 世纪初期，英国殖民者占领澳大利亚和新西兰地区后，大量欧洲移民涌入澳大利亚和新西兰，并大范围地开垦天然草地和砍伐森林，对草地进行改良，引入家畜进行放牧。之后，澳大利亚和新西兰逐渐形成了现有的牧场形式（李治国等，2015）。

我国家庭牧场主要分布于北方牧区草地面积较大的地区。该地区利用天然草地为资源，采用群牧式生产。这种生产方式是一种低投入、低产出、高效益的传统畜牧业生产方式（牟新待，1991），产值仅为农业产值的 5%，约为全国畜牧业产值的 1/6（张新时等，2016）。中华人民共和国成立前，牧场被牧主、农奴主及封建部落等控制，牧民在牧场中付出高强度的体力劳动却收入不高。20 世纪

50 年代以来，由于人口和家畜数量不断增长，气候的不断变化，加之粗放的草地畜牧业管理方式和薄弱的草地保护意识，牧区的经济体制改革使牧民的生产生活方式发生改变，草原生态系统被严重破坏，平均产草量下降 30%～50%，面临着草原全面退化的严酷局面（王晶杰，2006）。因此，我国草原的生产方式急需转型，由传统、粗放、落后、低生产力和生态不友好的天然草地放牧的畜牧业生产方式向以优质高产人工草地和草地农业为基础的现代化畜牧业生产方式转型（张新时等，2016）。

二、生态农场、生态牧场和海洋牧场的概念

（一）生态农场

生态农场（ecological farm）是在生态系统保护的前提下，充分发掘当地自然环境的有利条件，从而建立起来的一种新型农业生产方式。这种模式充分运用了生态学的理论基础，全面整合了农场内的生态环境，实现了人与动物、植物、微生物和自然环境等的有机结合。生态农场遵循循环经济规律，以市场为导向，以高新科技为支撑，以最少投入，获得最大的经济效益和生态效益，从而实现人的生产活动与生态环境的全面协调和可持续发展。生态农场是生态农业的一种拓展，是以生态学理论为依据建立起来的新型农业生产模式，逐渐地演变为生态农业的有效载体（曾添，2014）。

生态农场的概念在首次提出时，便得到了社会各界的广泛关注。1969 年，北大西洋公约组织首先提出进行生态农业系统的研究，并成立专门的现代社会挑战委员会，处理有关环境问题。生态农场就是其中一个重要的项目。随后欧洲各国也先后建立起各种不同类型、不同规模的生态农场。发展中国家也相继进行了有关生态农业的理论研究和试验，重点研究了如何提高生态农场的生产率、稳定性、持久性和均衡性。随着生态农场的发展，可大致将其分为两种方式（曾添，2014）。一种方式是以家庭为主要消费群体的家庭式农场，具有家庭友好型、环境友好型和科技促进型的特征。它的特征是以自繁自养、小规模生态养殖、有机肥供应为主，并构建相应的生态农业示范区、科普教育区、家庭生产及休闲娱乐区、顾客服务区，向家庭和广大消费者进行绿色农产品的销售、科普基地的宣传，以及开展观光旅游。另一种方式是公司化农场。在建设现代农业园区的同时，建造经济、实用、布局合理、产品优质、安全、环保达标且农牧结合、生态平衡、可持续发展的农场。

（二）生态牧场

生态牧场（ecological ranch）是指利用草原地区的环境条件和自然资源，以草

食家畜养殖为主体，通过草地轮牧或季节性休牧与放牧相结合、草地改良与饲草加工、家畜饲养、粪污处理和溯源等生产体系而形成的环境友好型和资源节约型牧场（纪大才等，2016）。推动草原生态牧场建设，要以生产生态有机结合、生态优先为基本方针，在保护草原生态的前提下，通过政策、科技、设施装备的综合投入，充分利用已有资源，转变生产经营方式，以草定畜，规模经营，科学利用，提高生产效率，延伸价值链，加强品牌培育，面向市场生产出消费者放心的绿色畜产品，实现优质优价，推动草原生态保护和草原畜牧业协同发展。生态牧场以可持续发展理论为背景，使牧民从"工厂化生产"到"生态系统"的观点发生转化，并将发展草地系统管理策略和评估其影响作为主要内容（李治国等，2015）。通过以长期效益的最佳范围来约束最大可持续产量，使牧民们逐步改变意识，最终超越草地范畴不断优化草地管理（Weiner，2003；Kemp and Michalk，2007）。

我国草业长期以来粗放的生产方式，以及国家对草地畜牧业投入不足，导致生产经营规模小、草地退化严重、生产力水平低下等问题，使我国草产品产量远不能满足畜牧业发展的市场需求。中国科学院植物研究所提出"用小保大"的"草牧业"发展模式，即利用小面积的优质土地（不多于区域面积 10%的土地）建立集约化人工草地，大幅提高优质饲草产量；而对大部分天然草地（大于区域面积90%的土地）进行保护、恢复与合理利用，提升其生态功能。为践行"草牧业"发展模式，方精云院士提出在草原牧区建设"生态草牧业试验区"的构想，即在较大的区域内进行自然-经济-社会复合系统诸要素的科学配置和调控，形成以人工草地和现代化畜牧业为主，特色生物产业和文化产业为补充的多元产业结构，并大幅提升草地的生态功能（方精云等，2016）。

（三）海洋牧场

到目前为止，学术界尚未对海洋牧场作出统一的定义，这也说明对海洋牧场的认识还需要不断深化和完善。日本学者市村武美认为广义的海洋牧场包括养殖式和增殖式两种方式，海洋牧场的类型包括各种养殖类型；中村定则认为海洋牧场是指在广阔的水域中控制鱼类的行动，从苗种投放到采捕收获进行全程管理的渔业系统，人工鱼礁、大型增殖场和栽培渔业都是海洋牧场的主要部分（刘卓和杨纪明，1995）。《韩国养殖渔业育成法》将海洋牧场定义为：在一定的海域综合设置水产资源养护的设施，进行人工繁殖和采捕水产资源的场所（杨宝瑞和陈勇，2014）。20 世纪 90 年代以后，我国学者在我国建设海洋牧场的基础上结合了日本及其他国家学者的思想，更为明确地定义了海洋牧场。陈永茂等（2000）认为海洋牧场是指为增加海洋渔业资源，而采用增殖放流和移植放流的方法，将人工培育和人工驯化的生物种苗放流入海，以海洋内的天然饵料为食物，并营造适于鱼类生存的生态环境（如投放人工鱼礁、建设涌升流构造物），利用声学和光学等生物自身的生物学特征对鱼群进行控制，通过环境监测和科学管理，以达到增加海洋渔业资源和改善海洋渔业结构的一种系统工程和渔业增殖模式。张国胜等（2003）认为海洋牧场是指在一定的海域内，建设适应海洋渔业生态的人工生息场所，通过采用人工培育、增殖和放流的方法，将生物种苗人工驯化后放流入海，利用海洋自然的微生物饵料和微量投饵养育，并且运用先进的鱼群控制技术和环境监测技术对其进行科学的管理，从而达到增加海洋渔业资源，进行高效率捕捞活动的目的。阙华勇等（2016）将现代海洋牧场定义为：在特定海域，基于区域海洋生态系统的特征，通过生物栖息地养护和优化技术，有机组合增殖与养殖等多种渔业生产要素，形成环境与产业的生态耦合系统，并通过科学利用海域空间，提升海域生产力，建立生态化、良种化、工程化、高质化的渔业生产与管理模式，实现"陆海统筹、三产融合"的海洋渔业新业态。

综上，海洋牧场是基于生态学原理，充分利用自然生产力，运用现代工程技术和管理模式，通过生境修复和人工增殖，在适宜海域构建的兼具环境保护、资源养护和渔业持续产出功能的生态系统（杨红生，2016；杨红生等，2019）。海洋牧场主要包括以下 6 个要素（杨红生，2017a）。①以增加渔业资源量为目的。该要素表明海洋牧场建设是追求效益的经济活动，资源量的变化反映海洋牧场的建设成效，同时强调监测评估的重要性。②明确的边界和权属。该要素是投资建设海洋牧场、进行管理并获得收益的法律基础，如果边界和权属不明，就会陷入"公地的悲剧"，投资、管理和收益都无法保证。③苗种主要来源于人工育苗和驯化，区别于完全采捕野生渔业资源的海洋捕捞业。④通过放流或移植进入自然海域，区别于在人工设施形成的有限空间内进行生产的海水养殖业。⑤饵料以天然饵料为主，区别于完全依赖人工投饵的海水养殖业。⑥对资源实施科学管理，区别于单纯增殖放流、投放人工鱼礁等较初级的资源增殖活动。由此延伸出海洋牧场的六大核心工作：绩效评估、（动物）行为管理、繁育驯化、生境修复、饵料增殖和系统管理。

三、海岸带生态农牧场的内涵

海岸带兼具陆地和海洋双重性质，是盐碱地农业、滩涂养殖和海洋牧场建设的主要区域。但由于陆海区域相对独立、沟通受阻，难以协调生态岸线保护和经济岸线开发的综合效益共同发展（贾敬敦等，2012）。目前，相对独立发展的盐碱地农业、滩涂养殖和海洋牧场建设已无法满足现代农业的发展需求，亟待探明陆海生态连通性的影响机制和调控途径。根据各地环境及生态系统应因地制宜地开展适合特定农牧场新设施、新技术的研发与集成应用，研发现代海岸带生态农牧场环境保障与预警预报平台，建成陆海联动的现代化海岸带生态农牧场，构建海岸带保护与持续利用新模式（杨红生等，2016a，2016b）。海岸带生态农牧场便是结合生态学原理与现代工程技术，陆海统筹构建盐碱地生态农牧场、滩涂生态农牧场和浅海生态牧场，营造健康的海岸带生态系统，从而形成"三场连通"和"三产融合"的海岸带保护与持续利用新模式（杨红生，2017b）。

第二节　海岸带生态农牧场发展原则

海岸带地区是我国经济活力最充沛的狭长经济地带，其工农业总产值占全国总产值的60%左右，生活着4亿多人。海岸带地区汇集着种类繁多的自然资源，包括能源资源、矿产资源、水土资源、海洋生物资源、海水化学资源。充分开发与合理利用海岸带自然资源，治理海岸带环境灾害，实现海岸带的可持续发展，是我国面临的一项重要而现实的任务。但是，我国海岸带生态环境正承受着空前的压力，存在诸多环境问题，如近海富营养化、陆海生态连通性受损、滨海湿地退化等（陈利顶和傅伯杰，1996；夏军等，2012；Slobbe et al.，2013；Feng et al.，2015；Hua et al.，2016；Zhang et al.，2016，2019；陈琳等，2017；Wang et al.，2018）。特别是，我国海岸带生态连通性受损严重，典型海岸带生境正在或已经遭受破坏，生态系统服务功能不断降低，严重影响了海岸带传统农牧业的发展，急需构建海岸带保护与持续利用新模式，建成陆海联动的现代化海岸带生态农牧场（廖洋和曹曼，2017）。目前，海岸带区域相对独立发展的盐碱地农业、滩涂养殖和海洋牧场，已无法满足现代农业的发展要求，亟须充分调动海岸带各类资源，陆海统筹规划，构建海岸带保护与利用理论和技术体系，完善海岸带生态农牧场建设标准规范体系，形成产业链完整的海岸带生态农牧场产业体系，创新海岸带生态农牧场经营管理体系。海岸带生态农牧场在发展过程中须遵守：坚持生态优先，绿色发展；遵循陆海统筹，两域对接；推动三生一体，融合发展。

一、生态优先

人与自然的相互关系是人类社会最基本的关系。生态文明是人类社会进步的重大成果，是实现人与自然和谐发展的必然要求。从历史上来看，生态兴则文明兴，生态衰则文明衰。海岸带生态农牧场在发展过程中，须遵守相关生态学原理，坚持生态就是生产力的理念，强调与自然共建（building with nature）的理念（杨红生，2017b），按照环境承载力与生态保护需求，在保护生态岸线的基础上，以功能群构建、重要物种种植和养殖为途径，实行复合增养殖模式，实现良性、可持续发展。

首先，开展陆海生态系统修复与生态岸线保护工作。利用人工修复工程与相关措施对已受到破坏和退化的海岸带进行生态恢复，系统开展陆地与海洋交错地带的生态修复，优先开展沿海部分地区的滨海湿地恢复、岸线整治、海岛生态修复、人工鱼礁投放、红树林人工种植、珊瑚礁人工恢复、"退堤还海"工作（吕晓君等，2015），为海岸带生态农牧场建设提供良好的环境基础。

其次，海岸带生态农牧场的建设需以环境承载力为依据。在查明陆海连通性影响机制和调控途径的基础上，分析不同海岸带生境的生态承载力，确定海岸带生态农牧场环境质量安全底线、自然资源利用上线、生态功能保障基线，遵循生态红线制度，明确海岸带生态农牧场建设过程中不得开发的重要生境、必须保留的自然岸线长度等。海岸带生态农牧场种养殖的种类需适合当地气候、土壤等环境特征，种养殖密度、施肥等符合环境容量与生态承载力的要求。

再次，海岸带生态农牧场建设过程中需实施不同产业模式的互补，减少对生态系统稳定性的影响。单一的产业模式已不能满足现代农业的发展需求，需因地制宜地开展不同类型生态牧场新设施、新技术的研发与集成应用工作。海岸带是盐碱地农业、滩涂养殖和海洋牧场建设的主要区域，在海岸带生态农牧场建设过程中，需严格按照主体功能区要求规范各类农业生产活动，根据资源环境承载能力、各类农牧业活动开发密度和发展潜力，优化调整空间布局。

二、陆海统筹

海岸带是陆地、海洋、大气相交与相互作用的地区，陆地生产、生活所产生的环境问题直接对海岸带产生影响。陆海统筹战略强调海陆一体化开发，统筹沿岸、近海及远海空间和资源的开发与利用，适用于陆地和海洋地区的社会、经济、环境与资源的开发与管理（黄进，2017）。海岸带生态农牧场建设需遵循"陆海统筹"的理念，通过挖掘陆域潜力、延伸滩涂功能，实现海岸带现代农牧业陆海并举、两翼齐飞，实现陆域、海域的无缝对接。坚持陆海并举、陆海协调、陆海互补，发展高效现代农业（龚蔚霞等，2015）。

首先，坚持陆海并举的原则，统筹海岸带生态农牧场、规划岸线两侧的不同功能与需求，分析陆地与海洋面临的主要生态功能与环境胁迫因子，统筹各类农牧业活动，实现陆海并举。由于生境特征不同，海岸带两侧的生态功能和胁迫因子也不同，在农牧场建设过程中需充分利用不同生境特征，做到合理、有度利用。在陆地上，优先发展高附加值种养殖业和高效设施农业，滩涂上开展名贵水产品增养殖，近海海域开展现代海洋生态牧场建设，同时拓展现代物流业、水产品加工业和海洋旅游业。

其次，坚持陆海协调发展，挖掘现代农业可持续发展内涵，促进海岸带多种产业模式的共同发展。农牧场建设过程中，优化种养殖模式，加强对陆地农业活动产生的各类污染物的消减工作，建设污染物收集、处理设施与工程，减少或杜绝各类生产活动对海洋生态环境的影响。

再次，坚持陆海互补，实现海岸带农牧业全面可持续发展。促进养殖、加工、旅游等一二三产业融合发展模式的互利互惠，提高农产品与水产品的精细加工能力，提升产品附加值，拓展市场空间，弥补不同产品间存在的市场空当。

三、三生一体

在海岸带生态农牧场开发与建设过程中，需注意经济效益、社会效益和生态效益的结合，做到产业开发生态化、生态建设产业化，实现"生产、生活、生态""三生一体"融合发展模式，助力美丽乡村、乡村振兴等重大战略实施。

首先，在海岸带生态农牧场规划设计上需注意"多规合一"，在加强与海洋相关规划衔接的基础上，注重与陆域相关规划（如主体功能区规划、沿海经济带发展规划、土地利用总体规划、城市总体规划等）的充分衔接（陈易等，2015），实现"多规合一"的探索与实践（崔鲸涛和吴颖，2017）。将海岸带空间划分为生产、生态及生活三类空间，规划确定海岸带三类空间的基础格局，推动形成海陆协调的总体架构。

其次，在"三生一体"融合发展模式的构建上，要做到三种产业发展模式上协调可持续发展，强调生产功能，只有突出生产才能给人民群众带来持续稳定的收入来源，为改善生活，享受生态提供物质基础。发展多种生活模式，切实提高生活质量。进行海湾修复、滩涂修复和湿地修复工程，开展空气、土壤、地表水、地下水监测与预警体系建设。

各沿海省（自治区、直辖市）已开展海岸带"三生一体"融合发展的规划与建设。广东率先出台了《广东省海岸带综合保护与利用总体规划》，提出了构建"三生空间"的设想，将海岸带空间功能分为生产、生活、生态三类空间，构建科学、有序的海岸带发展新格局（高晓霞，2018；孔一颖和粤海渔，2017）。

第三节　海岸带生态农牧场发展思路

发展海岸带生态农牧场，需要强化基础研究的原创驱动作用，构建"盐碱地—滩涂—浅海"三场连通模式，做到相对独立的三个生态环境区域的农牧业随着区域生态因子的流动有机结合。同时，在区域内部强化三个产业的合理布局和结构优化。在实际工作中，引入现代化发展模式，坚持工程化、机械化、自动化、信息化。通过"四化同步"，发展现代化海洋农牧业及其相关产业，构建海岸带生态农牧场（图 3-1）。

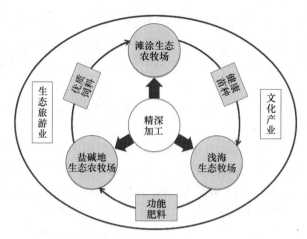

图 3-1　海岸带生态农牧场"三产融合"关系图

一、三场连通

目前,我国大多数海岸带的农牧业发展方式还是相对独立地发展盐碱地农业、滩涂养殖及海洋牧场建设。然而,海岸带并非独立的区域个体,而是一个连通的整体,不同区域之间存在着明显的物质和能量流动。研究海岸带区域陆海连通性的影响机制和调控途径,采用新设施和新工程技术,建立基于生态系统管理理念的海岸带生态农牧场新模式,是海岸带生态农牧场发展的要点。根据距离岸线的位置,可以将海岸带分为盐碱地、滩涂及浅海 3 个主要部分。

盐碱地一般指海水平均高潮线以上、毗邻海水的陆地区域。与一般的滨海湿地不同,盐碱地由于降水量少、蒸发量大,土壤中的盐度较高。滨海盐碱地本身并无海水覆盖,是海岸带区域重要的淡水循环地区,具有海岸带营养盐存储、迁移陆源污染物等的重要生态功能,同时也是耐盐植物的重要分布区。我国对盐碱地的生态服务功能研究不充分,且对它的开发方式相对单一,因此应加强滨海盐碱地的基础研究,揭示盐碱地区域水盐变化规律,降低其盐碱化,保持营养盐的运移。同时,发展滨海盐碱地农牧业。普及耐盐作物(如耐盐稻、耐盐棉、菊芋、苜蓿、田菁等)种植。在特殊的滨海盐碱地发展稻-鱼-蟹复合种植,既可以提高作物的产量,又可以加强沿海区域生态系统的固碳作用。

滩涂,又称潮间带,指沿海大潮高潮位与低潮位之间的潮浸地带。滩涂具有区域面积大、区位条件好、分布相对集中、第一产业综合开发潜力大等特点,同时也具有重要的生态服务功能。滩涂既是海上污染物和海洋灾害的重要缓冲地,又是同时被海水和陆地覆盖的滨海动植物重要的栖息地和索饵场。目前,我国滩涂开发主要以围垦为主,但是由于我国海岸淡水循环少,沿海地区淡水资源严重缺乏,大量滩涂围垦以后变成了盐碱地,不利于生态系统的保护,部分外来生物的入侵也破坏了滩涂本来的生态系统结构，对该区域的原生动植物造成了威胁。同时，我国部分重要的滩涂生态系统（如红树林等）正在遭受严重的人为破坏。对于滩涂地区，如建立优质的生态农牧场，需重点开展入侵物种的控制与原生境重建，保护原生的滩涂生态系统不受破坏，推广滩涂植物种植、海水蔬菜栽培、光滩畜禽养殖、蔬菜-海珍品种养，同时开展海产动物健康苗种选育与产业应用。这样既有利于滩涂的生态系统修复，也有利于海岸带生态农牧场建设。

浅海作为海洋最接近陆地部分，既具有典型的海洋生态系统特点，又受到陆地生态系统的影响。部分典型的浅海生态系统（如海草床、珊瑚礁等）物种丰富、环境优美，是海岸带地区农牧场发展不可或缺的部分。针对该类海洋生态系统，应重点发展典型海洋生态系统（如海草床、珊瑚礁）的保护与修复；同时，对人工养殖设施进行生态化保护与养护。对于重点渔业资源区域，应通过增殖放流等方式，开展渔业资源的修复与养护。

海岸带三个主要部分都有重要的生态系统功能，而它们之间也是连通的，区域之间物质相互流动，各个区域互相影响。其中，盐碱地可以向滩涂提供优质饲料，滩涂可以向浅海生态农牧场提供健康苗种，浅海可以向盐碱地和滩涂提供生态环境功能肥料支持。三个区域功能互补，可以有效地提高海岸带生态农牧场的生态环境效益。因此，强化三场生态功能的相互支撑作用，建立联动的海岸带生态农牧场，是未来海岸带生态农牧场的重要发展方向。

二、三产融合

传统的海岸带生态农牧场开发均以滨海种植和浅海养殖为主，结构单一，效率低下。现代海岸带生态农牧场需要拓展发展方向，构建以农牧渔业为代表的第一产业、精深加工业为代表的第二产业及以文化旅游业为主的第三产业，并实现"三产融合"。如此，既可以提高海岸带的生态服务价值，又有利于海岸带生态环境的维持和改善。

第一产业作为目前海岸带发展的传统产业，具有发展成熟、易于改造的特点。针对不同区域的海岸带，因地制宜地进行生态化农牧渔业推广。例如，在盐碱地发展耐盐作物及牧草种植，同时发展滨海畜牧业；在滩涂发展盐生植物种植和海产动物的健康苗种培育；在浅海发展生态养殖和渔业资源修复。

我国沿海地区的第二产业发展相对成熟，部分城市以贸易和工业产品（如石油、钢铁等）为主，产能较大，污染较重，不适合在滨海地区发展海岸带生态农牧场。以农牧产品精深加工为引导的第二产业，是海岸带生态农牧场的重要发展方向。通过发展以精深加工为主的第二产业，既有利于降低水产和滨海种植农牧产品的运输成本，又可以增加海岸带生态农牧场的产品增加值。

我国海岸带区域历史文化丰富，旅游市场潜力巨大。在发展第一产业和第二产业的同时，可以在生态环境较好的海岸带区域发展旅游业，也可结合生态修复项目拓展生态化旅游和休闲渔业等项目。通过对海岸带地区的生态修复，构建优美的生态景观，同时建立较完善的基础设施，针对不同类型的人群开发不同的旅游产品。第三产业的发展，可以有效支撑海岸带生态农牧场产业体系，同时增加社会各界对海岸带的关注。

三、四化同步

构建现代海岸带生态农牧场，需要提高海岸带生态农牧场的现代化程度及生产效率。坚持工程化、机械化、自动化、信息化作为现代海洋农牧业的主要发展方向。

工程化　国内的海岸带农牧业均以小型散户为主。这种模式缺乏对资源的有效利用，并且难以进行环境的管控。对各地的第一、第二、第三产业进行集成，建设大型海岸带生态农牧场工程，既有利于农牧场产业的规模化集成，又可以对其环境进行较完善的管控。

机械化　在海岸带生态农牧场第一产业和第二产业使用机械化。发展盐碱地种植时，利用盐碱地地形平缓、面积宽阔等特点，发展机械化种植模式，增加海岸带生态农牧场精深加工的机械化程度。

自动化　自动化养殖已经应用在多种畜禽养殖产业中，但是在我国海岸带地区应用极为有限。开展海岸带生态农牧场相关畜禽养殖、浅海增养殖的自动化研究，将提升产业效率及增加其增养殖的科技含量。

信息化　由于海岸带面积大、农牧场规模大、环境变化复杂，对海岸带生态农牧场进行信息化管理是海岸带生态农牧场建设的重要组成部分。构建海岸带生态农牧场环境监视监测系统，对海岸带环境进行监测，可以实时有效地对海岸带生态农牧场进行环境监管。同时，也可以对环境因子、产量和市场进行数据分析，研判海岸带产业发展方向，既有利于提升产业增加值，也可以指导海岸带生态农牧场的规划建设。

四、集成示范

选择生态环境较好且经济发展潜力较大的地区，对当地海岸带生态农牧场进行产业整合，建设覆盖全海岸带的生态农牧场集成示范区。选择集成示范区应遵循以下几个选址标准。①该地区具有较优质的浅滩，环境风险较低，建设海岸带生态农牧场有利于该地区的环境修复。②该地区拥有较多的海岸带种植、浅海养殖区，可以以较低的成本形成"三场连通"和"三产融合"的现代化生态农牧场。

③该地区附近应具有较发达、人口较多的经济发达城市群,有利于农牧业的市场推广,同时也有利于快速发展生态旅游和休闲渔业。此处以国内几处适合发展海岸带生态农牧场的区域为例进行简要介绍,并对其集成示范提出建设性建议。

(1)黄河三角洲为典型的海岸带生态系统,目前以盐碱地农业、滩涂养殖和海洋牧场独立发展为主,距离京津冀城市群仅 300km。在黄河三角洲地区开展海岸带生态农牧场建设,既有利于改善当地日趋严峻的生态环境、营造健康的海岸带生态系统,也可为区域海岸带的保护和持续利用提供新模式示范。

(2)苏北浅滩具有面积广阔、开发强度较低的优点,最南端距离长三角城市群仅 200km,具有较好的地理优势。目前,苏北浅滩区域以滩涂养殖和耐盐作物开发为主,同样具有较高的海岸带生态农牧场发展前景和市场开发潜力。

(3)珠海横琴新区毗邻粤港澳大湾区,第三产业开发成熟,并且拥有横琴蚝等特色养殖体系。在该地区发展小规模的海岸带生态农牧场,可有效改善当地生态环境状况,进而强化第三产业的健康、持续发展。

主要参考文献

陈利顶, 傅伯杰. 1996. 黄河三角洲地区人类活动对景观结构的影响分析——以山东省东营市为例. 生态学报, 16(4): 337-344.

陈琳, 任春颖, 王灿, 等. 2017. 6 个时期黄河三角洲滨海湿地动态研究. 湿地科学, 15(2): 179-186.

陈易, 徐小黎, 袁雯, 等. 2015. 陆海统筹规划的新问题、新视角、新方法——基于综合空间规划理念. 国土资源情报, (3): 7-13.

陈永茂, 李晓娟, 傅恩波. 2000. 中国未来的渔业模式—建设海洋牧场. 资源开发与市场, 16(2): 78-79.

崔鲸涛, 吴颖. 2017-5-31. 构建陆海统筹的"三生空间". 中国海洋报, 003.

方精云, 白永飞, 李凌浩, 等. 2016. 我国草原牧区可持续发展的科学基础与实践. 科学通报, 61(2): 155-164.

高晓霞. 2018. 落实规划, 广东谋划海岸带综合示范区建设. 海洋与渔业, (6): 62-63.

龚蔚霞, 张虹鸥, 钟肖健. 2015. 海陆交互作用生态系统下的滨海开发模式研究. 城市发展研究, 22(1): 79-85.

黄进. 2017-11-29. 《广东省海岸带综合保护与利用总体规划》解读. 南方日报: A09.

纪大才, 邢旗, 闫晓红, 等. 2016. 推动草原生态牧场建设实现草原畜牧业提质增效. 草原与草业, 28(2): 1-4.

贾敬敦, 蒋丹平, 杨红生, 等. 2012. 现代海洋农业科技创新战略研究. 北京: 中国农业科学技术出版社.

孔一颖, 粤海渔. 2017. 多规融合, "一张图"管控广东海岸带十大问题带你解读《广东省海岸带综合保护与利用总体规划》. 海洋与渔业, (12): 31-34.

李治国, 韩国栋, 赵萌莉, 等. 2015. 家庭牧场研究现状及展望. 草业学报, 24(1): 158-167.

廖洋, 曹曼. 2017-08-23. 从海洋牧场到海岸带生态农牧场的跨越. 中国科学报: 06.

刘卓, 杨纪明. 1995. 日本海洋牧场(Marine Ranching)研究现状及其进展. 现代渔业信息, 10(5): 14-18.

吕晓君, 杜蕴慧, 宋鹭, 等. 2015. 基于"陆海统筹"理念的海岸带环境管理思考. 环境保护, 43(22): 59-61.

牟新待. 1991. 我国草原牧区 30 户家庭牧场的经营决策分析. 草业科学, 8(5): 4-7.

阙华勇, 陈勇, 张秀梅, 等. 2016. 现代海洋牧场建设的现状与发展对策. 中国工程科学, 18(3): 79-84.

王晶杰. 2006. 内蒙古草原植被"十五"期间动态变化. 内蒙古草业, 18(3): 47-50.

夏军, 高扬, 左其亭, 等. 2012. 河湖水系连通特征及其利弊. 地理科学进展, 10(1): 26-31.

杨宝瑞, 陈勇. 2014. 韩国海洋牧场建设与研究. 北京: 海洋出版社: 2.

杨红生. 2016. 我国海洋牧场建设回顾与展望. 水产学报, 40(7): 1133-1140.

杨红生. 2017a. 海洋牧场构建原理与实践. 北京: 科学出版社.

杨红生. 2017b. 海岸带生态农牧场新模式构建设想与途径——以黄河三角洲为例. 中国科学院院刊, 32(10): 1111-1117.

杨红生, 霍达, 许强. 2016a. 现代海洋牧场建设之我见. 海洋与湖沼, 47(6): 1069-1074.

杨红生, 邢丽丽, 张立斌. 2016b. 现代渔业创新发展亟待链条设计与原创驱动. 中国科学院院刊, 31(12): 1339-1346.

杨红生, 章守宇, 张秀梅, 等. 2019. 中国现代化海洋牧场建设的战略思考. 水产学报, 43(4): 1255-1262.

曾添. 2014. 农业生态学原理在生态农场规划中的应用研究. 四川农业大学硕士学位论文.

Feng Q L, Gong J H, Liu J T, et al. 2015. Monitoring cropland dynamics of the Yellow River Delta based on multi-temporal Landsat imagery over 1986 to 2015. Sustainability, 7(11): 14834-14858.

Hua Y Y, Cui B S, He W J, et al. 2016. Identifying potential restoration areas of freshwater wetlands in a river delta. Ecological Indicators, 71: 438-448.

Kemp D R, Michalk D L. 2007. Towards sustainable grassland and livestock management. Journal of Agricultural Science, 145(6): 543-564.

Slobbe E V, Vriend H J D, Aarninkhof S, et al. 2013. Building with nature: in search of resilient storm surge protection strategies. Natural Hazards, 66(3): 1461-1480.

Weiner J. 2003. Ecology - the science of agriculture in the 21st century. Journal of Agricultural Science, 141(3-4): 371-377.

Zhang B L, Yin L, Zhang S M, et al. 2016. Assessment on characteristics of LUCC process based on complex network in modern Yellow River Delta, Shandong Province of China. Earth Science Informatics, 9(1): 83-93.

Zhang C F, Zhou H H, Cui Y Z, et al. 2019. Microplastics in offshore sediment in the Yellow Sea and East China Sea, China. Environmental Pollution, 244: 827-833.

Zhao J M, Ran W, Teng J, et al. 2018. Microplastic pollution in sediments from the Bohai Sea and the Yellow Sea, China. Science of The Total Environment, 640-641: 637-645.

第四章 海岸带生态农牧场建设的科学问题与关键技术

摘 要：自然因素和人为因素影响了陆海生态系统连通性。查明阻碍陆海生态连通性的关键因素，寻找解决途径是海岸带生态农牧场建设所面临的主要科学问题。本章解析了海岸带生境演变的生态学意义与主控因素及陆海生态连通性的演变规律与驱动机制，提出了实现陆海连通的途径。建设海岸带生态农牧场，技术应先行。本章基于对技术发展状况和趋势的分析，提出海岸带生态农牧场建设急需的关键技术（包括海岸带生境监测关键技术、海岸带典型受损生境修复与综合调控技术、海岸带动植物种养殖与生态农牧场构建技术、海岸带生物资源高效开发与综合利用技术），介绍了海岸带机械化生产装备。为相关机构和人员从生态系统整体水平上改善海岸带生境质量，制定陆海联动的海岸带保护和修复策略，以及提高海岸带生态系统功能提供技术支持与保障。

关键字：科学问题，陆海连通，生境演变，驱动机制，关键技术

第一节 海岸带生态农牧场建设的科学问题

一、海岸带生境演变的生态效应与主控因素

（一）生境演变的概念及生态效应

生境，又称栖息地，是指物种或物种群体赖以生存的生态环境。生境由生物因子和非生物因子组成，但描述一个生物群落的生境时通常只包括非生物环境。演变指历时较久的发展变化。因而，生境演变是指物种或物种群体赖以生存的生态环境在较长时期中的发展变化。

生态演替与生境演变不同。生态演替是指随着时间的推移，一种生态系统类型（或阶段）被另一种生态系统类型（或阶段）替代的顺序过程，是生物群落与环境相互作用导致生境变化的过程。生态演替依演替趋向可分为进展演替和逆行演替。

从概念上来看，演变更侧重于非生物环境的变化，而演替侧重于生物环境的改变。对演变和演替过程的理解，既有助于对自然生态系统和人工生态系统的控制和管理，也是退化生态系统恢复与重建的重要理论基础。

（二）典型海岸带生境演变的现状与主控因素

影响海岸带生境演变的因素很多，可分为自然因素和人类活动因素。对海岸带地表形态和地貌特征产生影响的自然因素主要包括海水入侵、海岸侵蚀、河口冲积、风暴潮、台风及生物的自然迁移活动等。人类活动因素主要有港口建设、围填海等海岸工程及人类活动携带的对海岸带生态系统产生影响的入侵生物。

1. 海水入侵

全世界有几十个国家和地区的数百个区域发现了海水入侵问题。我国也有不少地区发生了不同程度的海水入侵，如黄河三角洲、珠江三角洲、北部湾沿海地区等地。

海水入侵已成为海岸带生境演变的主控因素之一。沿海地区人口密集，经济发展迅速。人类活动（如化工、印染、电镀、造纸、水产养殖、灌溉等）导致许多地区出现了严重的海水入侵问题，进而引发地下水水质恶化、土壤盐碱化、地面沉降等一系列生态环境问题。而沿海城市（如烟台）土地肥沃，气候适宜，历来是农业较发达的地区，但由于海水入侵，部分农田遭到不同程度的盐渍化，灌溉机井因地下水水质变咸而报废，使农田无法灌溉甚至沦为荒地，最终导致多数农田减产（王巍萍等，2018）。

2. 海岸侵蚀

海岸侵蚀通过水的物理冲刷作用直接作用于海岸带，主要发生在沙砾质海岸和粉砂淤泥质海岸，是影响海岸带生境的另一个主要因素。据统计，我国约有70%的沙砾质海岸、珊瑚礁海岸和大部分处于开阔水域的泥质潮滩均遭到侵蚀灾害，侵蚀的程度在长江以北重于长江以南。海岸侵蚀已经给湿地生态系统带来巨大的危害（周云轩等，2016）。

3. 围填海

在国民经济快速发展的浪潮下，通过围填海向海洋拓展空间已经成为工业化和城市化进程中解决土地资源紧缺的快捷途径。然而大量研究证明，围填海对海岸带生态环境的负面影响是长期的和难以估量的（侯西勇等，2018）。

海洋渔业资源是我国海洋经济持续发展的重要基础，而大规模围填海会占用和破坏"三场一通道"，造成渔业资源衰退。盲目、过度和无序的围填海存在很多弊端，给传统产业、低碳型经济的发展带来巨大冲击，尤其是对海洋养殖业、海洋制盐业、海洋运输业、海洋旅游业等（侯西勇等，2018）。围填海活动会损毁大部分滩涂，直接破坏水陆交接敏感地带，使之失去原有的生态和功能属性，对海岸带环境危害很大，除直接占用滨海湿地外，还给周边湿地及海域带来严重的污染（马田田等，2015）。此外，围填海还会加剧海岸带自然灾害风险和诱发经济社会系统性风险。由此可见，围填海是影响海岸带生境演变的一个主要因素。

4. 生物入侵

外来生物入侵会改变入侵地的群落结构和生态系统功能，造成入侵地生物多样性的减少及经济损失。在众多入侵生物中，互花米草是对我国滨海湿地影响最为严重的一个物种。仇乐等（2010）和侯森林等（2012）研究认为，互花米草入侵无植被光滩会显著改变底栖动物群落，导致生物多样性增加或减少。即使在生物多样性增加的区域，也会因互花米草密集而发达的根系限制某些大型底栖生物的活动，从而改变底栖生物的组成，使优势种发生变化。可见，生物入侵可以导致海岸带生态系统生物多样性减少或改变当地优势种群，降低生态系统的经济价值，破坏海岸带景观，是海岸带生态系统健康状况的重要影响因素，也是导致海岸带生态系统退化的成因之一（周云轩等，2016）。

二、陆海生态连通性的演变规律与驱动机制

（一）典型海岸带陆海生态系统连通性的演变规律

借助水文、生物、地质和地球化学过程，陆地—潮间带—浅海区之间的耦合连通（即陆海生态连通），在生物资源保护和持续利用、恢复重建濒危种群、维护生物多样性等多个方面具有重要意义（杨红生，2017）。由于多种地质营力共同作用，海岸带呈现多种地貌特征，如河口、海湾、湿地、海滩、障壁岛和侵蚀海岸等。海岸线指海洋与陆地的分界线，海岸线的空间摆动与属性变化指征海岸带侵蚀—淤积过程的转变，以及人类开发利用和保护岸线的方式及其动态过程（侯西勇等，2016）。自然和人为两方面的因素造成海岸线长度和结构的变化及海岸带地貌的改变，影响了海陆连通。

水文、生物、地质和地球化学过程的连通相互耦合、互为影响。水文连通的研究始于 20 世纪 80 年代，2000 年开始迅速发展，然而至今没有统一的定义。综合各方定义，水文连通是以水为媒介，物质、能量、生物在水文循环空间结构之间迁移和传递的过程和能力（Pringle，2003；Ali and Roy，2009；Miller et al.，2012）。水文连通涵盖源头—河口的纵向连通、河漫滩/洪泛区—河道的横向连通、河流地表水—地下水的垂向连通的三个空间维度和一个时间维度（崔保山等，2016）。然而水文连通的概念和特征都是基于河流系统及流域内径流过程的研究提出的，没

有包括地理上孤立的斑块湿地，也没有涵盖淡咸水交互作用强烈的三角洲湿地。目前，关于大河三角洲特别是淡咸水交互区的水文连通研究还处于初期阶段。近年来，通过在水文过程、生态环境、水系格局等的研究中引入水文连通性，补充完善了关于流域环境的认知。通过研究城市化背景下水系格局与连通的演变规律，徐光来（2012）提出杭嘉湖水系呈衰减趋势，河道主干化，河网结构简单化；水系结构连通性呈先降后升的趋势，主干河道水文连通性较高，低等级河道水文连通性则相对较低。20 世纪 50 年代以来，四湖流域水文连通性减小趋势显著（郭云腾，2014）。

　　生境的破碎化扰动了湿地斑块间的连通，导致湿地生态环境状况堪忧。气候变化和堤坝建设等人类活动共同作用严重影响了黄河水文连通，泥沙输运受阻，导致黄河利津站目前的入海泥沙仅为半世纪前的 11%（刘成等，2008）。崔保山等（2016）在综述大量相关文献的基础上，结合自己的研究背景，提出了大河三角洲湿地水文连通及其生态效应的核心研究内容（图 4-1）。长江泛滥平原底栖生物的

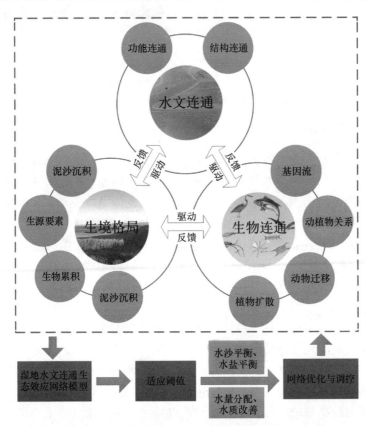

图 4-1　大河三角洲湿地水文连通及其生态效应的核心研究内容（引自崔保山等，2016）

研究表明，适度水文连通对维持泛滥平原湿地生态系统健康至关重要，支持了中等程度的水文连通性下生物多样性达到最大的理论（Pan et al.，2011）。水坝和其他干扰形成的碎片化地形导致美国东北部淡水系统大量减少，破坏了溯河鱼类洄游。目前该系统支持的溯河灰西鲱生物质和丰富程度的能力仅约为过去的 6.7%，影响了灰西鲱输送"作为其生物质、栖息范围尺度及扩散距离函数"的营养物质。Mattocks 等（2017）建议将淡水与海洋重新连接起来并进行统筹管理。日益增加的围垦和海堤建设，营造了中国海岸带"新长城"，破坏了海滨湿地，威胁了生物多样性，导致东亚-澳大利亚候鸟迁徙路线上的水鸟种群快速下降。同时，围填海致使陆源营养物质不能入海，阻断了海陆间物质的输送，影响了海陆生物和地球化学连通（崔保山等，2017）。然而 Huang 等（2015）的研究表明，这些硬基质结构是岩相潮间带生物的"跳板"，将会促进我国沿岸南北种群的基因流。因此，"新长城"对海岸带生态环境和陆海连通的影响具有复杂性。

相比于河流系统，陆海水文连通和生物过程更为复杂，主要表现在：湿地类型更多，且不同类型间的连通不同；由于自然和人为因素导致的不同湿地类型的生境退化特征差异明显；湿地生态和环境需要统一等（崔保山等，2016）。因此，建立自然和人为双重因素作用下陆海水文连通与生境格局之间的定量关系，揭示水文连通和生境特征的演变规律和驱动机制，是修复海岸带生境和建设海岸带生态农牧场急需解决的关键科学问题。

（二）典型海岸带陆海生态系统连通性演变的驱动机制

自然驱动力和人为驱动力均可影响海岸带变迁，从而影响海岸带陆海生态系统连通。海岸带陆海生态系统连通性演变的驱动机制是研究陆海生态系统连通性演变的核心内容。辨识引起陆海生态系统连通演变的主导驱动因子，继而分析其驱动机制，是海岸带陆海生态系统修复、预测和管理的科学依据。不同区域的驱动因素各不相同；空间尺度不同，驱动因素的突变或缓变性质也会相应变化。国内外有关海岸带的研究集中于动态监测和环境影响评价，对海岸带生态系统连通性演变的驱动机制研究仍处于起步阶段，仅查明了多种海岸带类型演变的驱动因子。

地质活动、海平面变化、径流、波浪、潮汐等引起的海岸带淤蚀变化是长时间尺度海岸带陆海连通演变的关键因子，自然灾害是海岸带陆海连通演变的突发因子，而人类活动则是 20 世纪以来影响海岸带陆海连通的主要诱导因素。通过识别多期遥感影像及历史地形图，Robinson（2004）提出，近 200 年来牙买加 Vere 南部海岸线向海推进的趋势明显，淤进速度减缓，主要驱动因子为洪水作用、沿岸泥沙沉积和人类活动。海岸线和离岸沙坝的演变监测表明，人类活动对罗马尼亚 Sulina 河口 150 年来的沿岸沙流有重要影响（Stanica et al.，2007）。

20 世纪 40 年代以来的多时相地图资料和遥感影像显示，我国海岸线长度迅速增加，人工岸线比例增加，自然岸线比例下降。自然因素和人为因素双重作用导致岸线长度、结构和空间位置的变动。河口发育和海岸线侵蚀是自然要素。围海造地等是人为要素，是影响海岸线变化的主导因子。我国海岸线向海洋推进主要是河口发育和围海造地的结果，海岸线向陆地延伸则是海岸侵蚀和人工开挖的结果（侯西勇等，2016）。宫立新等（2008）通过多时相卫星遥感影像分析提出，导致海岸线变迁的关键影响因子是人类活动，包括养殖区面积扩大、海岸人为陆化、水库修建等。Landsat 系列卫星遥感影像、地形图及 Google 地图等多元数据显示，经济活动和区位政策等人为因子取代自然因子，成为影响珠江三角洲天然岸线缩短的主要驱动因子（陈金月，2017）。以 Landsat TM 和 ETM$^+$卫星遥感影像为基本数据源，结合地理信息系统与实地考察，栗云召等（2011）提出黄河三角洲自然湿地面积变化加剧，黄河水情是导致该状况的最重要的自然驱动因子。在人为驱动因子方面，养殖池、水田建设等人为因素是自然湿地减少的显著相关因子，灌草地减少与居民和工矿建筑用地增加密切相关。Ma 等（2014）认为覆盖我国海岸线长度 60%的防波堤总长超过了长城，成为"新长城"。然而"新长城"降低了海岸带湿地的生物多样性和生态系统服务功能，而驱动"新长城"建设的因子也是引起海岸带陆海连通改变的驱动因子，急需重新思考我国"新长城"的建设。前期的工作陆续查明了影响海岸带海陆连通的驱动因子，今后的重点要在此基础上研究陆海生态系统连通演变的驱动机制，科学地进行海岸带生态系统修复和生态农牧场建设。

（三）阻碍陆海生态连通性的关键因素与解决途径

1. 阻碍陆海生态连通性的关键因素

人为活动是较短时间尺度内影响陆海连通的主要因子，其中围填海是主要的人为因素。围填海通过改变水动力过程、物质输移过程、泥沙淤积动态平衡过程等方式改变滨海湿地生态系统的功能。阻碍围填海科学发展的因素也是阻碍陆海连通的关键因素。滨海湿地是海洋与陆地之间宽阔的生态过渡带，是"自然之肾"。各国政府和公众逐渐加强了对海岸带和滨海湿地的认识，一系列关于海岸带和湿地管理的政策和计划陆续实施。我国也颁布实施了《全国湿地保护"十三五"实施规划》，出台了《滨海湿地保护管理办法（征求意见稿）》。然而相关法规政策不充足、不到位成为阻碍陆海连通的关键因素之一，具体表现为：在政策实施过程中，对湿地破坏的惩罚较轻；在土地管理政策中，仍然把湿地列为"未利用之地"，鼓励开发；在围填海工程的生态环境评价中，关注渔业、环境污染等的直接影响，忽略对生态系统生物多样性和生态系统服务的评价。

2. 保持陆海连通的途径

随着经济，特别是沿海经济的快速发展，我国将会迎来更加强劲的用海需求。必须采取多种举措，保持陆海连通，促进滨海湿地生态系统健康，确保海岸带生态系统可持续发展。

1）深化陆海连通驱动机制研究，科学展开海岸带的综合利用

陆海连通的研究需要生态学、水文学、地质学、社会经济学等多学科的联合。基于这些研究成果，明晰陆海连通的重要性、陆海生态系统的敏感性和脆弱性，辨识影响陆海连通的驱动因子，揭示陆海连通演变的驱动机制，进而在保证生态系统可持续发展的条件下，科学展开海岸带的综合利用。

2）开展海岸带修复机理研究，推进海岸带生态农牧场建设

基于对陆海连通的重视及海岸带生态系统退化的现状，我国已开展多项海岸带生态系统修复工程。为加强修复力度，保证修复效果，必须在科学研究海岸带修复机理和陆海连通恢复机制的基础上，探索因地制宜的生态修复模式，形成多层次的生态修复方案，推进海岸带生态农牧场建设。

3）权衡经济收益与生态损失，实现海岸带可持续发展

权衡围填海等人为活动的经济收益和生态系统的损失，是海岸带管理的核心。要联合海岸带区域各行业的主管部门和多学科领域的专家学者，准确评估围填海开发造成的生态损失，优化围填海开发规模和强度，取得经济收益和生态损失之间的均衡，实现在可接受的生态损失范围内获得最大的经济收益。

4）加强海岸带保护立法，提高公众参与意识

建立健全法律法规及完善管理机体和机制，是海岸带合理开发和有效保护的根本保证。中央和地方政府要陆海统筹，将海岸带作为一个综合的系统，制定上下协调的海岸带利用规划。对围填海等对海岸带生态系统有较大影响的人类活动，必须进行严格的生态环境影响评价。通过宣传教育，提高公众对海岸带保护的意识和参与度。

第二节　海岸带生态农牧场建设的关键技术

一、海岸带生境监测的关键技术与机械化生产装备

（一）立体化在线监测

海洋牧场多建在受陆源输入影响严重的近海。《2018 年中国海洋生态环境状

况公报》①显示，近岸水质级别一般，主要超标要素为无机盐和活性磷酸盐。而生态环境是海洋牧场可持续发展的基础，海洋牧场建设过程中要重视生态环境监测。随着新方法、新材料、新工艺的出现，海洋监测已由近海观测拓展到远海观测，由遥感、浮标、台站三维观测系统拓展到从深海至太空的全方位立体观测网络。监测技术在保证可靠性和准确性的同时，也由走航式观测逐渐进化为长期原位观测。海洋监测已经进入新的时代（曹煊等，2015）。

传感器包括化学传感器、生物传感器等，具有特异性高、灵敏度高、分析速度快、在线监测等优势，目前已广泛应用于海洋营养盐检测、生物物种检测、污染物检测、生物毒素检测，可实现实时海洋环境的监测和快速预警。相对于水文、气象、环境参数传感器，生态环境参数传感器相对较少，特别是用于定点、连续、长期监测的传感器更加缺乏。亟待发展用于海洋环境的多参数、在线、快速传感器检测系统。针对海岸带环境特点，研发快速、灵敏、高选择性的海岸带典型污染物新型传感器技术，引入基因工程和分子生物学技术、新型电子加工工艺、信号处理技术，推进新原理、新方法的应用，实现物理、化学、生物传感相融合，推动传感器向微型化、集成化、多功能化和智能化发展（丁家旺和秦伟，2014；尹秀丽等，2011）。

现代海洋牧场环境监测技术以信息化、数字化、智能化为基础，建设数字海洋、透明海洋、智慧海洋为目标，运用水上水下智能观测装备、卫星遥感等综合观测手段，整合海底观测技术、水声通信技术、海洋特种材料技术、卫星遥感技术、突破极端环境条件下的传感技术、海底信息传输技术，构建一个长期的、连续的、实时的立体观测网，实现对海底水文环境、地球化学、生物化学要素等特征的多参量同步测量和实时传输，达到海洋环境信息精准化预报，实现海洋状态透明、过程透明、变化透明，使海洋"看得清、查得明、报得准"，从而有效指导海洋牧场防灾减灾，避免海洋灾害给海洋牧场财产带来威胁。

目前，能长期稳定原位检测海洋生态环境的传感器设备较少，国际上著名的海底观测网也只选择了溶解氧、甲烷、二氧化碳等几个参数进行长期原位监测。我国该类仪器还处于科研样机阶段，可成熟运用的产品主要依靠进口。应优化升级现有监测技术，提升制作工艺，促进科技成果转化，研制具有自主知识产权的海洋环境现场、快速监测设施，集成创制陆地和海洋环境多参数在线监测系统。大力发展北斗卫星通信、5G 通信、水声通信等无线通信技术，提高信息采集传输的准确性、灵敏度和抗干扰能力，利用卫星遥感、海洋浮标、海床基、无人机、无人船等多种海洋感知系统，实现对海洋牧场空间、环境、生态、资源等多要素、高密度、全天候、自动化的原位、在线、一体化监测/观测，打造海洋牧场万物互联的

---

① 该公报涉及的全国性统计数据均未包括港澳台数据。

智能体系。依靠"透明海洋"技术,为海洋牧场渔业资源管理和开发等方面提供技术支持。

(二)预报预警平台和智能管理信息系统

我国是世界上海洋灾害较为严重的国家之一,风暴潮、灾害性海浪、赤潮、海冰等海洋自然灾害,以及赤潮、绿潮等海洋生态灾害给海岸带生态环境和经济发展造成严重损失,危害海岸带居民人身安全。因此,我国对防灾减灾有着强烈的需求。遥感具有高时空分辨率、大面积同步覆盖,不受地形限制等优势,能够在灾害预警中发挥重要作用。目前,我国多个自主观测卫星的发射升空可实现对海洋特性参数、多光谱、立体和定量的观测,为灾害监测和预警提供有效数据。海洋卫星(如"海洋一号 A"、"海洋一号 B"、"海洋二号"和"高分三号")搭载海洋水色扫描仪、海岸带成像仪、卫星高度计、微波辐射计、微波散射计、校正微波辐射计,可用于海洋水色、海表温度、海面风场、大气水含量、海冰、降水、海面流场、内波等要素的测量,是海啸、赤潮、风暴潮等灾害监测的有效手段。在数据源种类、空间分辨率、数据质量等方面,我国自主卫星与国外卫星基本处于并跑的水平,而国产自主卫星在编程的自主性和订购速度,以及获得的数据对我国及周边地区的覆盖度等方面明显优于国外卫星,可满足灾前预警、灾中应对、灾后评估和重建等方面的监测需求(张杰等,2017)。今后,应提高海洋遥感实时监测技术,提高海洋遥感信息提取技术,加强遥感技术的应用。在观测的基础上,研制具有自主产权的海洋灾害预警系统,构建预报预警平台,实现预警预报的精细化和多元化(刘畅等,2018)。

海岸带管理要综合分析沿海资源、环境、生态和社会经济等多方面信息,结合专家建议,制定有效的管理决策方案。海岸带管理信息系统具有信息获取、存储、查询、动态更新和综合分析等功能,是一个以地理信息系统技术为支撑,结合遥感和全球定位系统等其他技术优势的空间型信息系统(李巧稚,2001),能够为管理部门决策提供科学依据。研发多种数据融合关键技术、资源环境数据整合改造技术,构建空间统计型数据管理模式。将人工智能和现代管理科学与信息系统结合,在传统管理信息系统的基础上,引用人工智能、专家系统、知识工程等现代科学方法和技术进行智能化设计和实施,发展智能管理信息系统,实现海岸带管理的数字化与智慧化。

(三)海岸带机械化生产装备

海上作业环境恶劣,对机械化设备的设计和质量要求极高,因而海岸带机械化生产装备种类和自动化、精细化作业程度整体水平上较农业机械化装备落后很多。从作业对象看,目前主要涉及滩涂贝类(蛤仔、扇贝)、埋栖型动物(海肠)、大型藻类（紫菜）及滩涂植物（芦苇）等。作业机械种类主要为采捕装备。

1. 贝类、海肠等底栖生物采收装备

美国、澳大利亚和一些欧洲国家牡蛎养殖的机械化作业程度较高，专业化的牡蛎养殖企业拥有海上采收、清洗、分级一体化作业的工作船。通过标准化牡蛎养殖设施养成的商品牡蛎可以方便地采收到作业船只上，利用高压水清洗贝壳污物，然后进行大小规格分级分装。优点是使清洗污泥直接入海，增加海区营养盐的同时减少了陆上的环境污染、节约了陆上水资源，作业效率也大幅提高。我国的牡蛎养成设备尚未实行标准化，难以实现机械化采收，因而目前的养殖和采捕仍主要依靠人工。

在我国，蛤仔的高效采收使用的是泵吸式蛤仔采捕器和耙式蛤仔采捕器。泵吸式蛤仔采捕器即吸蛤泵，是采用水泵连泥带蛤及所有泥中生物一起抽到船上再将泥水过滤后收集蛤仔。耙式蛤仔采捕器利用耙齿将埋栖在泥下的贝类等滤出，通过传送带输送到采集船上。这两种设备在采收蛤仔的同时严重破坏了海岸带底栖环境，均不利于海洋牧场的健康可持续发展。

象拔蚌一类栖深度较大的贝类，则主要是利用高压水枪冲开埋藏贝类的泥沙穴，再将贝类采收。此类设备可称为水枪式贝类采收装备。在我国，海肠的采捕也采用了相同的原理，即在鱼类底拖网的前部安装多个高压水喷头，通过将底泥搅起，使海肠、海葵等埋栖动物进入囊网，过滤掉泥沙便可收集海肠、海葵等生物。与吸蛤泵类似，该作业方式也会对海底地貌和底栖生物造成严重破坏，是严重危害海洋环境健康的作业方式。

与蛤类生活方式不同，扇贝栖息于海底底表，采收扇贝的装置可以在对底质影响很小的条件下实现。通过扰动装置惊扰扇贝使其游动在水中，进而采用专用拖网像捕鱼一样捕获扇贝。这是我国底栖贝类采捕装置中最为巧妙和先进的设施。

2. 海藻、海草采收装备

1）海藻收割机

虽然国内对水上收割机械的研究有了较大进展，但是目前进入实际应用领域的仅有紫菜收割机、水草收割机等寥寥几种。滩涂半浮式紫菜收割机是将旋转刀体安装在方形浮体之上。紫菜收割机工作时，从紫菜养殖网下方穿过，利用刀片将紫菜割下。此机器适用于形体较小的藻类。而海带一般长 2～6m、宽 20～30cm，该机器的旋转刀体会将海带割碎，使其失去价值，故不适合收割海带。目前海带收割机大多处在原理样机的设计与研发阶段，已获得国家发明专利的海带收割机、半潜式海带收割船、海产品收割船等虽然可以提高海带收割的机械化程度，但在实际应用中存在不能从海面下收割海带绳、人工解苗绳导致电动机反复启停、人工将海带从海水中拉上来等问题，并未得到大规模生产应用。陈通（2015）研究设计的半自动化海带收割船动力未采用电动机，更适用于海带作业现场，实现了海带绳的自动抓取。海带绳被抓取到海面以上时，使用解绳器辅助解绳，之后海带绳连同海带通过传送带一起传送到后方专门用来接收运输海带的小触板上，提高了海带的收割效率，改善了工人的作业环境。在海带收割机研发推广过程中，应在仿真实验的基础上做液压试验，增强海带收割机适应海况的能力，完善海带收割机设计，普及海带收割机的应用。

2）水草的清理设备

早在 20 世纪 50 年代，国外就发明了在陆上使用的割草机（收割范围仅局限于岸边），后来研究了能在水中使用的收割船。这些收割船存在一定的局限性。例如，美国 Advanced Aquatics 公司研制的 H 系列的水草清理船，是一种大型船舶，只能用于大型的水域；美国 Joshua Britton 公司研发的液压螺旋式单体水草收割船，割、收分开作业，漏收率高，导致二次污染。国内对水草清理船的研究相对较少，WH1800 型河道清草机、SGY-2.5 型水草收割机、9GSCC-1.4 型水草收割机船队在水草机械化清理领域得到一定的应用。"Sliver Frog"号无人艇和"天象一号"无人船能够进行无人作业。基于组合导航，采用嵌入式、LabVIEW 等技术，吴波（2016）设计了一种水草清理作业船，并配备了导航系统、控制系统和监控系统。通过作业船的水草清理试验，验证了该水草清理作业船的水草清理功能。通过模型船试验，验证了该水草清理作业船的自动导航功能。结果表明，该水草清理作业船的设计方案可行，可应用于大规模养殖环境。在此基础上，要加大研发投入和产品推广，实现水草清理设备的高效化和智能化。

3）芦苇收割机

随着农业机械化水平的提高，芦苇由人工收获逐步转变为机械收获。我国的芦苇收割机是由国外引进的高秆作物收割机发展起来的。根据机型和收获方式不同，芦苇收割机可分为背负式、手扶式、牵引式和自走式 4 种。山东、河南等地在稻麦收割机基础上研发生产了芦苇收割机，内蒙古、黑龙江等地生产了割草机、割灌机。这些机器在一定程度上解决了人工收割芦苇成本高、效率低、人力资源紧缺等实际问题，然而在实际使用中存在可靠性差、收割效率低等缺点，并且不能在滩涂上行走（陈明江等，2013）。针对传统芦苇收割机在滩涂环境作业存在的困难，苏孝敏和季天华（2017）设计研发了新型滩涂地芦苇收割机。该新型滩涂地芦苇收割机配备滩涂行驶动力系统、割台系统和输送系统。设计者通过试验验证了该机器的科学性。该机器在滩涂芦苇收割方面具有广泛的应用前景。在芦苇收割机后续研发过程中，研发设计人员可通过加装拨禾轮、打结器，采用履带式底盘或船型底盘的方法，研制适用性强、收获效率高的芦苇收割机。

二、海岸带典型受损生境修复与综合调控技术

（一）盐碱地改良与高值化开发利用

盐碱土是一系列受盐碱成分作用的，包括各种盐土和碱土及其他不同程度盐化和碱化的各种类型土壤的统称（王遵亲，1993）。土壤盐渍化是指土壤中的盐离子增加或是可溶性盐分离，然后不断地向土壤的表层聚集，从而改变了土壤的理化性状，并对生长的植物有一定危害作用的一种土壤演化过程（马晨等，2010）。土壤盐渍化不仅是限制农业生产和发展的一个主要因子，也是制约滨海地区盐碱地改良绿化、沿海防护林营造等林业项目的重要影响因子。盐碱地主要通过生物、化学和物理方法改良。

生物方法是改良、开发和利用盐碱地的有效途径。利用生物措施改良的盐碱土具有脱盐持久、稳定且有利于水土保持和生态平衡的特点。化学方法是利用酸碱中和原理来改良盐碱地理化性质的方法。化学改良剂可以改善土壤结构，加速洗盐排碱过程；能够改变可溶性盐基成分，增加盐基代换容量，调节土壤酸碱度。物理方法主要是通过改变土壤物理结构来抑制土壤水分蒸发和提高入渗淋盐效果。物理方法主要包括平整土地、深耕晒垡、及时松土、抬高地形、微区改土等传统的改良方法。

综合 3 种盐碱地改良方式来看，生物方法被公认为是改良、开发、利用盐碱地的最有效的途径之一。植被修复是盐渍化土地恢复最经济有效的措施，而且盐碱地修复的最终目标也是实现植被的恢复与重建。

（二）滩涂湿地保护与开发利用

沿海滩涂湿地位于陆地生态系统和海洋生态系统的过渡地带，是脆弱的生态敏感区，也是重要的环境资源，具有重要的生态功能。

以珠江河口滩涂湿地为例，天然滩涂湿地和红树林湿地遭受严重破坏，面积锐减。深圳福田红树林面积从建立国家级保护区时的 $304hm^2$，缩减为不足 $160hm^2$；珠海地区的天然红树林面积从 $1454hm^2$ 骤减到不足 $110hm^2$。珠江河口滩涂湿地和红树林的减少不仅削弱了河口地区防洪纳潮和抵御风暴潮的能力，而且严重影响了河口生态的功能，特别是对珠江河口地区自然资源可持续利用的影响尤为重大（崔伟中，2004）。

沿海滩涂湿地生态修复主要是指通过生态技术或生态工程对退化或消失的滩涂湿地进行修复或重建，再现干扰前的结构和功能。我国的滩涂湿地生态修复技

术研究已经从单一的生态修复技术措施研究向系统化研究方向发展。20 世纪 70年代，中国科学院水生生物研究所利用水域生态系统中藻菌共生的生态工程技术在污染严重的湖北鸭儿湖地区开展了水相和陆相环境修复研究，推动了我国湿地恢复研究的开展（许木启和黄玉瑶，1998）。随后，对江苏太湖、安徽巢湖、武汉东湖及沿海滩涂等湿地的恢复研究相继开展起来。"十一五"和"十二五"期间，以中国科学院海洋研究所为首的科研院所和高校的研究人员在辽东湾、荣成湾、象山港等地开展了典型海湾受损生境的生态修复研究工作，针对不同生境受损特点，构建了利用碱蓬、蔓草、沙蚕、刺参、底栖贝类等功能型海洋生物进行生境修复的技术体系。

（三）三场构建与修复

产卵场、索饵场、越冬场是水生生物生活和繁衍的重要生境。产卵场是指鱼、虾、贝等交配、产卵、孵化及育幼的水域，是水生生物生存和繁衍的重要场所，对渔业资源补充具有重要作用。索饵场是指鱼类和虾类等群集摄食的水域，主要位于河口附近海区及寒暖流交汇处，是渔业生产的良好作业区。越冬场是指水产动物冬季栖息的水域。

许多水生生物具有较为固定的产卵、索饵和越冬场所，如我国北方带鱼每年3~7 月由南到北进入海州湾、乳山口湾、海洋岛等地进行产卵，8~9 月在产卵场外围宽阔水域索饵，12 月洄游至北纬 32°00′~36°00′、东经 124°00′~126°00′的黄海暖流水域越冬（徐兆礼和陈佳杰，2015）；黄渤海小黄鱼群体越冬场在黄海中部北纬 36°00′、东经 123°00′的水域，每年 6 月进入渤海各海湾、黄海北部沿岸和海州湾产卵（徐兆礼和陈佳杰，2009）；东海大黄鱼的产卵场集中在吕泗渔场近岸海域和舟山群岛近岸海域，6~8 月北上黄海南部近海索饵，10 月开始，随着冷空气南下，大黄鱼向南做越冬洄游，并且在 10 月回到长江口（徐兆礼和陈佳杰，2011）。

水生生物的这种定点产卵索饵的生活习性，使得三场生境一旦破坏，往往会严重影响生物资源补充量。索饵场、越冬场的形成往往受制于自然条件，如海流、海底地形、淡水注入等，难以通过人类活动施以操控和改变。然而，产卵场通常位于近岸具有一定的遮蔽物或保护性地形地貌的海区，如海岛附近、近岸礁区、海湾等水域，一些大型水利工程建设、滩涂围垦等人类活动往往使鱼类栖息地生境衰退，破坏鱼类产卵场。例如，中华鲟是典型的大型溯河生殖洄游型鱼类，曾广泛分布于我国近海及流入大河，葛洲坝水利枢纽工程和三峡水电站截流阻断了长江中华鲟的洄游通道，使得原来分布在葛洲坝以上江段的产前栖息地和产卵场无法利用（王成友，2012）。

通过人为构建适宜的栖息地可以提高产卵场育幼成功率，增加资源补充量。宋超等（2013）研究了"漂浮人工湿地"对长江口鱼类产卵场的修复效果，发现

"漂浮人工湿地"能够改善水域生境，诱导亲鱼产卵，并为仔鱼提供隐蔽物。中国水产科学研究院淡水渔业研究中心在长江下游靖江段开展了鱼类栖息地修复研究，结果表明，沙洲种植的芦苇能够为黏性鱼卵提供附着基质，网箱和沉船可以用作瓦氏黄颡鱼的产卵场。刘明洋等（2014）开展了生态丁坝在齐口裂腹鱼产卵场修复中的应用研究。通过在河道中交错放置特殊设计的生态丁坝修复产卵场，可以营造出合适的水流流态，使其满足齐口裂腹鱼产卵的水力特性，达到与天然产卵场相似的效果。

三、海岸带动植物种养殖与生态农牧场构建技术

（一）动植物优良品种选育

海岸带盐碱地是重要的土壤资源，是经济发展的重要区域。耐盐植物在不同的湿地类型和盐碱地自然分布，具有较高的经济价值，对于生境的保持和土壤的改良具有重要作用。开发利用盐渍土壤最为经济有效的途径就是筛选和培育耐盐生态经济型植物。目前对耐盐植物的研究多集中在分类学、生物学、生理学、资源调查等方面。耐盐植物的引种育种研究则刚刚起步，对于资源创新和开发利用具有重要意义。菊芋，是菊科向日葵属宿根性草本植物，具有良好的繁殖能力及很强的生态适应性与抗逆性，在医疗保健、食品和饲料加工、造纸、杀虫剂制造等领域具有巨大的应用价值。科技工作者选用 30 个野生菊芋品系，在沿海滩涂采用海水胁迫栽培，经多年筛选耐盐碱单株，培育出'南芋 1 号'。目前，'南芋 1 号'在山东和江苏滩涂大面积推广种植，在改造沿海滩涂盐碱地的同时，收获了较高的经济效益。狗牙根是滨海滩涂绿化和盐碱地土壤改良的优良草种。经过多年研究实践，科技工作者选育的耐盐狗牙根可在含盐量为 1.5% 的土壤中生长，获得较好的观赏质量。在耐盐草坪草选育方面，要继续进行耐盐草坪草的新品种培育，利用重度盐碱耐性草坪草和栽培技术进行盐碱地示范种植，研发节本增效配套栽培技术并推广应用，以促进我国盐碱地改良及生态修复用草种质创新与产业发展。柽柳，喜生于河流冲积平原、海滨、滩头、潮湿盐碱地和沙荒地，具有较强的耐盐碱能力。于德花等（2015）通过扦插繁殖试验、盆栽试验及大田栽培试验，掌握了多花垂枝柽柳的耐盐能力，研发了在黄河三角洲滨海盐渍土的扦插育苗技术。何洪兵（2010）通过引种和新品种选育，选育出两种本地柽柳品系和两个引进种类，可作为优良品种在黄河三角洲推广应用。碱蓬，生于海滩、河谷、路旁、田间等处的盐碱地上，人工栽培和育种研究初具成效。通过碱蓬规模化种源繁育栽培，东营已有 87hm² 的重度盐碱地变成能够茂密生长碱蓬的良田。

在滩涂浅海，选择育种、杂交育种和染色体操作育种等技术广泛应用到我国海洋水产生物的遗传改良工作中。科技工作者通过分析水产生物经济性状的遗传

特性和性状间的相关性，建立了主导养殖品种（如刺参、牡蛎、扇贝、对虾、三疣梭子蟹、牙鲆、海带、紫菜等）的遗传参数评估和育种技术平台，培育出多个优良新品种，形成了良种规模化的示范养殖和应用推广（常亚青等，2013）。截至2016 年，农业部公布的水产新品种达 182 个。这些水产新品种提高了水产种业的核心竞争力，是保障水产养殖提质增效的关键。然而，水产新品种选育依然面临种质资源衰退、重要种源依赖进口、研发体系尚不成熟、推广能力欠缺等弊端。水产种业相关机构和人员应广泛收集和保存具有不同经济性状的水产生物种质资源，完善种质资源库建设，为水产新品种培育提供丰富的品种资源。在主导养殖品种培育方面，应加强现代生物技术与传统育种、育苗技术结合，提高育种、育苗效率；注重多性状的复合选育，选育优质、高产、抗逆、广适的新品种，不断完善良种性状。在遗传理论与技术研究的基础上，开展主导品种的基因组研究，利用生物信息技术充分挖掘多层次遗传信息，实现育种技术的精准化。另外，还要根据当地情况，开展地方特色经济生物育种。通过选择育种、杂交育种、细胞工程育种、分子辅助育种和基因组选择育种等方式选育具有抗逆性和生长迅速等优势的优良品种，配套完善的新品种推广体系，为海岸带生态农牧场提供优质种质资源。

（二）盐碱地生态农牧场构建技术

可通过研发耐盐经济植物的规模化、机械化高产栽培技术，盐碱地池塘水质调控技术，构建具有海岸带特色的盐碱地生态农牧场。耐盐碱经济植物的种植是保持水体、保护湿地、改善盐碱地土壤、创效增收的重要途径。菊芋具有耐荒漠化、耐盐碱地、耐冻、抗旱的特性，可在非耕地及恶劣条件下种植，是为数不多的抗逆高产、高密度能源植物。通过多年滩涂种植，科技工作者发现耐盐菊芋可在短时间内快速降低土壤盐度，大幅提高土壤有益微生物含量。耐盐菊芋已在山东、江苏得到推广种植，亩产达 3t/a。每亩耐盐菊芋一年可从土壤带走 200～300kg 盐分。农民种植耐盐菊芋前两年可收获菊芋块茎，两年后滩涂变成耕地，可在新转变的耕地上耕种水稻等农作物。耐盐菊芋的种植成为保障国家粮食生产的新举措。通过示范推广，让更多的农户参与到菊芋种植，实现了菊芋种植的规模化和机械化，将荒凉的盐碱地转变为工业酒精、果糖、生物药剂、保健食品等的重要原料生产基地。还可以通过盐碱地的大规模改造，将盐碱地改造为我国大粮仓。盐碱地绿化是美化盐碱地环境，改造盐碱地土壤的重要途径之一。传统的绿化是填换客土，需在中间加隔离层、排盐管等，工程量大，成本高。耐盐草坪草可以直接播种在盐碱地，大幅降低了盐碱地草坪绿化和养护成本。基于盐分胁迫对草坪草生长的影响、对种子萌发的影响、对渗透调节和脂质过氧化的影响、对体内离子含量的影响的研究，科技工作者掌握了结缕草、狗牙根、高羊茅、早熟禾等草坪草对盐度的适应性。通过培养皿发芽、穴盘育苗、盆栽等耐盐筛选实验，科技工作者筛选出耐盐品种，并研发出耗水资源少、成活率高、生长状况好的盐碱地草坪种植方法。通过盐碱地种植实践，耐盐草坪草成功完成了发芽、生长、越夏、越冬等过程，表现出很强的耐盐性。草坪覆盖率高，景观效果好，为海岸带盐碱地景观美化做出贡献。柽柳属于泌盐盐生植物，具有很强的耐盐碱能力。在盐碱地种植柽柳形成的柽柳林，具有气候与水分调节、盐渍土壤改良、生物多样性保育、防风固沙/护堤等生态与环境功能调节作用，还具有观赏价值、经济价值和药用价值。苁蓉，是一种名贵中药材，常生于荒漠盐碱地。利用种子萌发刺激剂、接种融合剂，通过嫁接的方式，将苁蓉栽种到柽柳树上，柽柳树就变成了肥沃的基质，可获得柽柳、苁蓉双丰收。这种健康种植的新模式在天津滨海新区滨海盐碱地综合开发与利用中得到应用和推广，为发展盐碱地生态农牧场提供了示范。芦苇，是一种抗盐碱能力很强的植物，能够在氯离子含量高达 0.5%、碳酸盐含量 2%~5%、pH8.5 以上的土壤生长。在不宜种植粮食作物的湿地上种植芦苇，既可增加经济效益，又可改良土壤。栽植芦苇 10 年，土壤的脱盐效果高达 90%以上。另外，芦苇对含酚、油、氰、硫化物的工业污水有较强的耐受力，能在碱性的造纸废液中正常生长，发育良好。山东滨州沾化区开启了"芦苇制浆—制浆中段废水处理达标排放—浇灌盐碱地芦苇湿地—再处理达标废水—芦苇制浆"的循环利用链条。牧草是畜禽和鱼类优质、经济的主要饲料之一，是发展草食动物的物质基础。耐盐碱的牧草有很多，如谷稗、沙打旺、紫花苜蓿、草木犀、毛苕子、御谷、甜高粱、'冬牧-70'等。相关机构和人员应研发盐碱地种植优质牧草的技术和模式，将海岸带生态农场建成高产稳产的优质牧草基地。同时，要在种植牧草的基础上进行畜牧养殖，种养结合，减少饲料用量和成本。另外，还可开辟中草药种植专区，种植黄芪、黄芩、金银花、鱼腥草、蒲公英、大青叶、马齿苋、藏红花等中草药，将中草药按照科学配比添加到牧草饲料中，为畜禽提供优质饲料。

在海岸带生态农场实施复合生态种养技术能够减少对生态系统的人为干扰，提高生态系统生物多样性。稻-鱼-蟹复合生态种养殖是利用稻田养殖鱼、蟹。稻田田间有丰富的水、光、热、溶解氧等资源，适宜鱼、蟹的生长发育，而鱼、蟹能清除田间杂草，滋润土壤，有利于水稻的生长发育。水稻与鱼、蟹共生互利，达到生态平衡。在盐碱地生态农牧场建设中，相关机构和人员应结合本地实际大力推广应用这种高效生态种养模式。近年来，我国对低洼盐碱地做了大量的科学研究和调查工作，采用了"以渔为主，综合开发利用"的技术路线，取得了显著成效。盐碱地挖池抬田进行池塘养殖已成为综合开发利用的主要模式，是盐碱地生态农牧场建设的有机组成部分。在盐碱地池塘养鱼产量不断提高的同时，因池塘水质问题而造成的鱼体生长缓慢、鱼病、泛塘死鱼、鱼产品质量下降等现象较为普遍，水质问题已成为盐碱地池塘养鱼健康发展的主要制约因素。在盐碱地池塘养殖过程中，水产工作者应针对盐碱地池塘水质特点，突破水质调控技术，探索适宜的养殖模式，实现生态化池塘养殖。

（三）滩涂生态农牧场构建技术

滩涂生态农牧场水深较浅，光照充足，温度、盐度等环境因子波动范围较大，适宜底播增殖广温、广盐的贝类，增殖大型藻类。贝、藻两种生物对氧气、二氧化碳、氨氮交互利用，生态互补，可进行套养或轮养。20世纪70年代中期，贝藻套养或轮养技术已在我国北方海区得以推广，促进了水域生态平衡，提高了产量和产值（杨红生等，2000）。水产工作者陆续开展了栉孔扇贝和海带、海湾扇贝和孔石莼、龙须菜和文蛤、龙须菜和栉孔扇贝、紫贻贝和海带、太平洋牡蛎和龙须菜、紫贻贝和披针形蜈蚣藻混养互利机制、混养模式和配比的研究，提出了适宜的搭配方式和放养密度。结合相应底播设施研制和布放，可构建滩涂型海洋牧场。以筏式养殖设施为基础的浮筏礁体是我国目前贝藻增殖的主要设施，然而筏式养殖设施的种类还比较单一。加大设施研发力度，增强设施的适应能力，实现设施的机械化和标准化是相关人员未来努力的方向。

为保滩护堤，我国于1979年从美国引进互花米草。之后，互花米草在我国沿海及河口滩涂快速扩散，已成为我国海岸滩涂的典型入侵植物，给本土植物带来巨大冲击，也给滩涂生态系统造成严重威胁（王洁等，2017）。互花米草入侵力（互花米草自身的生物学特性）与入侵生境的可入侵性（滩涂环境对入侵的抵抗力）之间的相互作用导致了互花米草的入侵。科研人员应在研究其入侵机制和滩涂可入侵机制的基础上，针对性地开展互花米草控制与生境重建。目前，科研人员已经研发出物理控制、化学治理、生物替代等多种治理方式，并将多种方法结合，克服了单一方法的缺点，形成了综合治理技术。今后，科研人员要甄选经济、快速、有效的治理措施，恢复入侵滩涂生境，同时加强互花米草应用技术的研究，实现滩涂生态农牧场生态环境和经济效益的双赢。

海水蔬菜是可用海水直接灌溉，能在盐碱地种植的蔬菜，目前主要有西洋海笋、海茴香、黑枸杞等品种。有效利用盐碱地种植海水蔬菜，能够节约大量耕地。利用海水蔬菜的抗盐聚盐能力，能改良盐碱滩涂土质。目前，我国已在山东寿光、海南和浙江等地建立了海水蔬菜种植示范基地，并获得了可观的生态效益、经济效益和社会效益，为滩涂生态农牧场建设注入了新鲜的活力。以植物起源于海洋的系统进化理论和植物细胞的全能性理论为依据，科研人员对芹菜、油菜、甜菜、甘蓝、菠菜等常规蔬菜种类进行了大规模种质资源筛选和鉴定，筛选出多种能够耐受海水的蔬菜品系，已在江苏盐城大丰区、北京锦绣大地农业示范园、河北秦皇岛、广东珠海等地成功地进行了工厂化海水无土栽培示范，在江苏盐城大丰区、山东昌邑和河北秦皇岛昌黎县进行了盐碱滩涂的生产种植示范。相关工作人员可研发蔬菜-海珍品立体养殖技术，构建和推广相应模式。种养模式为海水水面上种植蔬菜，水下养殖海珍品。该模式中蔬菜的生长可净化水质，海珍品排泄物可为蔬菜提供养料。目前，这种种养模式在山东和天津得到推广应用，在滩涂海洋牧场构建中将持续发力。

建立盐碱地畜禽养殖生态农场对于滩涂生态农牧场建设具有重要意义。滩涂盐碱地种植的牧草可以为畜禽提供饲料，畜禽养殖产生的粪尿集中回收，综合利用，通过生物发酵可转变为有机肥料，搭配氮、磷、钾、钙、硼、硅、铁、铜等元素后撒播到盐碱地，可增加盐碱地肥力。草畜同步发展可以实现生产的良性循环。河口光滩特别适宜鸭子等畜禽的放养。鸭子属杂食水禽，养殖周期短，市场需求量大。盐碱地生态农牧场能够为鸭子提供优质充足的饲料供给，光滩能够为鸭子提供鱼、虾、贝类、昆虫等营养补给，而鸭粪可为盐碱地植物种植提供有机肥料。河口光滩养鸭在山东东营、四川泸州等地得到开展，实现了养殖污染的零排放，取得了良好的效益。山东青岛即墨区大力发展盐碱荒滩养猪，解决了零散养殖带来的污染问题，也将荒滩变为生态农场。

健康苗种是科学持续开展渔业生产的根本保障，面对种质退化、病害肆虐、环境恶化、抗生素滥用等产业困境，需针对性地开展健康苗种培育，为滩涂海洋牧场提供优质苗种。刺参、对虾、蟹类、贝类、藻类、鱼类等主要增养殖对象均已开展了健康苗种培育新模式研究。基于生态学原理，采用高效设施和生态增养殖模式，水产工作者获得了多种增殖品种的生态苗种。然而生态苗种培育依然面临繁育技术原理研究不深入，敌害防治防控不到位，种质质量评价体系不完善等问题（邱天龙，2013）。实现产业的原生态化生产模式任重道远。

（四）浅海生态牧场构建技术

随着大众对海草床、海藻场和牡蛎礁生态系统重要功能认知的提高，海草床、海藻场和牡蛎礁的恢复与重建成为海洋生态修复的重要途径，是浅海生态牧场建设中提升资源养护水平的有效方式。准确评估海草床、海藻场和牡蛎礁的生态服务功能，能够为浅海生态牧场建设过程中的海洋资源开发和管理提供科学的指导和技术支持。Costanza 等（1997）将生态系统服务归纳为 17 类 4 个层次，即生态系统的内涵、生态系统的基本功能、生态系统的环境效益、生态系统的娱乐价值。de Groot 等（2002）将生态系统的服务分为四大类 23 种，四大类为调节功能、生境功能、生产功能和信息功能。千年生态系统评估项目则将生态系统服务分为四大类 24 种，四大类为供给服务、调节服务、支持服务和文化服务。基于这些关于生态系统服务的定义、分类指标体系的基础理论研究，Costanza 等（1997）计算得出世界海草床的生态系统营养循环价值为 19 002 美元/（hm²·a）。韩秋影等（2007）

综合利用生态经济学、资源经济学等基本理论和方法，评估得到 2005 年广西北海合浦县海草床生态系统服务功能价值为 $6.29×10^5$ 元/（$hm^2·a$），其中最多的是间接利用价值，其次为非利用价值，最少的是直接利用价值。李岩和付秀梅（2015）认为我国海域大型海藻的生态价值体现在固碳造氧、重金属吸收、生物栖息、水质净化 4 个方面，总价值为 $22.3×10^8$ 元/a。徐勤增（2013）认为由山东俚岛海洋科技股份有限公司在山东半岛东部荣成湾所建的牡蛎壳礁每年可提供的生态服务价值为 3871.7 万元，其中供给服务价值、调节服务价值和文化服务价值分别是 2816.6 万元、1037.1 万元和 18.0 万元。贝壳礁单位面积固碳量可达 $2.70kg/m^2$，相当于 $1110hm^2$ 的热带雨林所产生的生态效益（Zhang et al.，2014）。海草床、海藻场和牡蛎礁生态系统服务功能的准确评估依赖于生态系统生物与生态过程的明晰及生态系统服务认知的增强。

根据海洋牧场的功能设计，6～15m 水深区域可设置多营养层次生态增殖区，开展藻类、贝类、鱼类、刺参的增殖。在生物互利机制研究的基础上，研究人员可确定多元化增殖对象，合理搭配增殖生物比例，配置适宜的增殖礁体，实现浅海生态牧场生态多元化增殖。参-贝、参-鱼复合增殖的研究和应用较多，杨红生等（2000）通过烟台四十里湾的养殖效果比较试验，提出贝-藻-参混养的生态效益和经济效益明显高于扇贝单养和贝-藻混养，并确定了各种混养系统中的放养密度。徐永东等（2012）探讨了海湾扇贝对刺参养殖环境的影响，为参-贝生态养殖提供了参考依据。赵永军（2002）研究了刺参在海湾扇贝-太平洋牡蛎混养系统中的生物清除作用。山东威海文登区开展了刺参混养点篮子鱼的尝试，获得了很好的生态效益。中国海洋大学研究团队通过实施"海水池塘高效清洁养殖技术研究与应用"项目，创建并推广刺参-海蜇-对虾-扇贝、对虾-青蛤-江蓠等多种综合养殖模式，取得了显著的经济和生态效益。鱼-贝复合增殖的研究和应用较少，且实验结果存在争议。桑沟湾长牡蛎和鲈综合养殖试验表明，鲈的残饵和粪便分别为长牡蛎提供了 5.59%和 29.27%的食物来源（蒋增杰等，2012）。太平洋牡蛎和大鳞大麻哈鱼的混养促进了鱼、贝的生长（Jones and Iwama，1991）。大西洋鲑与贻贝的混养却不能促进贻贝的生长（Cheshuk et al.，2003）。

增殖设施对于提高增殖效果、实现科学增殖至关重要。增殖设施的研究已从增殖单一物种发展到增殖多元物种。适用于鱼、参、鲍多元混养的增殖礁体实现了鱼、参、鲍等多元综合增殖，提高了产品产量和品质。海龙 I 型底播海水养殖设施可用于海藻、扇贝、刺参、海胆等多物种搭配混养。开展设施总体效果评估、设施附着生物及其诱集效果评估、设施与水体的相互作用研究、设施监测技术及评估方法研究，形成浅海增殖设施操作规范，能够为浅海生态牧场建设提供技术支持。

四、海岸带生物资源高效开发与综合利用技术

（一）耐盐经济植物的高效开发与利用

我国具有丰富的海洋资源和绵长的海岸带，海水侵蚀导致沿海地区土地盐碱化严重。我国现有沿海滩涂 200 多万公顷，并以每年 1 万～2 万 hm^2 的速度增长（范作卿等，2017）。广袤的滩涂盐碱地在加剧可耕地资源短缺的同时，也滋生了大规模的耐盐碱植物。耐盐植物分布广泛，数量巨大，如果对其进行有效开发利用，既可以充分利用当地自然资源，又可创造一定的经济效益，是盐碱地区调整产业结构、改善生态环境、促进经济可持续发展的有效途径。

1. 我国常见耐盐经济植物

我国耐盐植物种类丰富，仅山东报道的野生耐盐植物就有 200 多种，隶属于 40 多个科 100 多个属，其中典型的耐盐经济植物有碱蓬、北美海蓬子、牛蒡及三角叶滨藜等。

碱蓬（*Suaeda glauca*），是藜科（Chenopodiaceae）碱蓬属（*Suaeda*）一年生草本，是重要的盐生植物资源。碱蓬主要生长于海滨、湖边和荒漠等处的盐碱荒地，是一种典型的盐碱地指示植物（范作卿等，2017）。碱蓬按照颜色可分为红碱蓬和绿碱蓬两种，红碱蓬适合生长在盐分含量相对高的土壤中，绿碱蓬适合生长在碱分含量比较高的土质中。全球碱蓬 100 余种，我国大约有 20 种。在我国，碱蓬主要分布在浙江、江苏、山东、河北和辽宁等沿海地带，内陆的黑龙江、新疆、青海、内蒙古等的湖边和盐碱地也有分布（张达等，2016）。

北美海蓬子（*Salicornia bigelovii*），隶属于藜科盐角草属（*Salicornia*）。该属在全世界有 50 多种，其中以欧洲海蓬子分布最为广泛。在我国，欧洲海蓬子植株营养体及种子细小，在江苏、浙江、新疆等均有分布。北美海蓬子是一种典型的喜盐植物，生长于滨海和内陆盐沼中。其植株组织液富含大量盐分而具有高渗透压，可用海水直接灌溉。因而，北美海蓬子已成为一种极具开发潜力的经济作物（吕忠进等，2001）。

牛蒡（*Arctium lappa*），又称恶实、大力子、东洋参等，为菊科（Asteraceae）牛蒡属（*Arctium*）直根系二年生大型草本，其籽粒、叶和根中含有丰富的牛蒡子苷元、牛蒡子苷等多种活性成分（徐传芬和孙隆儒，2005）。牛蒡子是一种传统中药，已被《中华人民共和国药典》收录，其味辛、苦，性寒，入肺、胃经，有疏散风热、清咽利喉、解毒透疹、止痛消肿之功效（高学敏，2002）。牛蒡叶多做外用，有明显的消炎、解毒、镇痛作用。牛蒡根在日本和欧洲已作为蔬菜上市。

2. 耐盐经济植物的开发与利用途径

首先，耐盐植物营养价值丰富，并含有多种生理活性物质，可用于食品和功能保健品的开发利用。例如，牛蒡根鲜嫩多汁，富含菊糖（一种呋喃构型的果聚糖，具备多种生理功能），可用来开发保健食品。牛蒡根提取菊糖后的废弃物——牛蒡渣含有大量优质膳食纤维，尤其是水溶性膳食纤维，是制备膳食纤维的优质资源（董玉玮和苗敬芝，2018）。三角叶滨藜富含多种人体必需氨基酸，可作为沿海滩涂特色海水蔬菜进行产业化开发。周浩等（2012）运用国标法成功在江苏沿海滩涂实现了耐盐蔬菜三角叶滨藜的引种种植。北美海蓬子嫩尖组织中的微量皂苷可中和人体血液中的脂肪酸，降低血管壁上的胆固醇，具有降压、降脂、减肥作用，可作为绿色有机蔬菜、保健食品、保健油等的原料（王海婷等，2012）。许多耐盐植物的茎叶含有丰富的蛋白质和碳水化合物，可直接用作动物饲料。例如，海蓬子的蛋白质含量约35%，可作为饲料蛋白源。实验表明，用海蓬子茎叶部分替代的饲料对绵羊和山羊的增长效果与普通饲料无显著差异（王玉珍和刘永信，2009）。再如，从滨藜鲜叶提取的蛋白质浓缩物，其中粗蛋白含量高达 554.2g/kg，氨基酸组成与动物蛋白接近，且赖氨酸含量丰富，是加工饲料添加剂的优良资源（刘春雨，2001）。

其次，耐盐植物在工业和农业生产中也具有广泛的应用价值。例如，地肤、碱蓬和海蓬子富含油酸、亚油酸等脂肪酸，可提取植物油。芦竹和芦苇富含纤维，其纤维长度仅次于木浆，是造纸和人造纤维的优质原料（王玉珍和刘永信，2009）。海蓬子的秸秆可用于制造高强度人造板，具有广阔的开发利用前景。此外，在沿海地区培育出耐盐性强、有一定经济价值的植物品种可实现海水的灌溉种植，可作为现代农业新的分支，对未来农业发展具有重要意义。随着生物技术的不断发展，近年来世界各国围绕耐盐农业开展了大量研究，在耐盐植物资源挖掘、引种驯化、新种开发等方面多有突破性的进展。美国亚利桑那大学与以色列 Neger 大学联合从世界各地搜集了约 2000 种盐生植物，耗时 20 年驯化出 20 种有开发价值的物种，其中对海盐草的综合开发成果已经接近实用化；意大利用海水浇灌白菜、甜菜等作物，长势良好，并且含糖量有所增加；加拿大耐盐耐寒的紫羊茅品系、美国全海水浇灌的大麦品种、印度耐海水的春小麦等都是利用现有的耐盐或盐生植物品种，经海水浇灌驯化选育而来的（陈莹等，2008）。与之相比，我国海水灌溉盐生植物研究起步较晚，但在耐盐植物育种与栽培、海岸带盐生经济植物种植与产业化等领域取得了初步成果。从我国盐生植物碱蓬筛选培育出的一种可直接浇灌海水的优良碱蓬品种在青岛已种植几百亩。海南大学生物科学技术研究所林栖凤教授利用生物工程技术已获得可用海水直接浇灌的耐盐豇豆、辣椒、茄子和番茄等作物并繁殖到第四代。该研发工作被列为国家"九五"重点科技攻关项目

（王霞和王金满，2003）。

再次，耐盐植物因其特殊的生理结构可在绿化海滩、净化环境及改善土壤等生态环境修复工程中发挥作用。例如，常雅军等（2017）研究发现，碱蓬对滩涂水产养殖尾水中氮、磷的去除率可达 73.2%和 74.4%以上，具有对滩涂养殖尾水进行生物改良的潜力。田菁、甘草、海滨锦葵、三角叶滨藜、野豆子、草木犀等耐盐植物作为绿肥品种，可改善海岸带盐碱土的结构和易耕性，降低土壤盐分含量，增强土壤抗旱防涝能力，提高土壤肥力，促进作物增产（李志杰等，2008）。

（二）水产品加工废弃物的高效开发与利用

水产品加工和综合利用是渔业生产的延续，发展水产品及废弃物的高效开发和综合利用，是支持水产养殖业发展的有效途径。我国有着丰富的水产资源，水产品种繁多，水产品总量约占世界水产品总量的三分之一。然而，我国水产品加工利用与世界水平相比差距明显。目前，发达国家水产品的加工利用率多在 80%以上，而我国水产品的加工利用率仅为 30%，淡水水产品更是不足 10%。由于水产品加工利用不足，产生了大量包括内脏、头、骨和皮在内的无法直接销售的水产加工废弃物，如若处理不当，不仅会带来环境污染，也会造成资源浪费。水产加工废弃物含有丰富的营养物质和活性成分，是一类重要的生物资源。随着现代加工技术的提高和综合利用技术的不断完善，如何有效开发和综合利用这些水产加工废弃物，完善水产品加工和副产物综合化利用产业链，是我国水产加工产业的重要发展议题，也是创造良好经济效益、生态效益和社会效益的必然需求。

1. 水产品加工废弃物的高效开发与利用途径

水产品加工过程中产生的内脏可用来生产鱼油和鱼粉。鱼油中含有丰富的二十碳五烯酸（EPA）、二十二碳六烯酸（DHA）等多不饱和脂肪酸，具有提高免疫力、降低血液低密度脂蛋白并促进脑部发育的生理功效。鱼油的提取方法有有机溶剂法、蒸煮法、压榨法、稀碱水解法、酶解法和超临界流体萃取法，目前常用的是酶解法（邵娜，2012）。同时，内脏经生化处理后可作为可溶性食用蛋白粉、液体蛋白饲料和有机肥的生产原料。此外，内脏中的鱼子、鱼精蛋白、糖蛋白等物质，不仅具有丰富的营养价值，而且具有一定的特殊生理功效，在保健品行业具有广阔的应用前景。

鱼骨是水产品加工过程中的主要废弃物。鱼骨中钙含量丰富，并以磷酸三钙和碳酸钙形式存在，因此可用于加工制备成易被人体吸收的活性钙制剂。同时，鱼骨还可以作为提取硫酸软骨素的良好材料。徐传电（2007）的研究表明，用稀碱浓盐法可从鱼头软骨中提取硫酸软骨素。Ozawa 和 Kanahara（2005）的实验表明，鱼骨粉可清除水中重金属离子，可用于污水处理。鱼鳞中含有丰富的卵磷脂和不饱和脂肪酸，可用于开发鱼鳞凉粉、鱼鳞冻膏、干制鱼鳞等功能食品；从鱼鳞中提取的鱼鳞胶具有和阿胶同等的滋阴补血功效，而取过鱼鳞胶的废鱼鳞用硫化钠和酸处理后可获得可溶性角蛋白，用于轮胎和乳化工业（李兵兵，2009）。水产动物体内胶原蛋白含量丰富，可利用提取胶原蛋白。

水产加工废弃的虾蟹壳中含有的丰富的壳多糖具有优良的抑菌功效，且安全无毒副作用。因此，水产加工废弃的虾蟹壳可作为开发新型食品防腐剂的优良原料。鱼鳔经清洗、浸洗、干燥可制成鱼肚，鱼肚是一种高蛋白质的营养食品。以水产品下脚料或蒸煮液为原料，结合现代生物技术和酶工程技术可开发生产一系列海鲜风味的调料品和休闲食品，如利用扇贝裙边生产海鲜酱油，利用低值鱼虾下脚料生产鱼露、鱼糜及膨化鱼片等食品（赵麟远，2012；邱莲莲和谢超，2009）。

2. 水产品加工废弃物的利用现状与未来展望

近年来，随着高新技术的发展和加工工艺的改革，我国水产品加工水平得到明显提高。利用加工废弃物为原料生产海洋药物、保健品和功能食品已成为新兴的海洋产业。然而水产资源精深加工还存在一些问题，主要表现为：①水产品加工的产品仍以初级产品为主，加工品种简单，精深加工产品少，优质加工产品产量不足总产量的4.5%；②加工企业规模小，加工机械化水平较低；③水产加工产品的科技水平较低，水产加工的基础理论研究投入不足，相关研发人才短缺，设备研发改造跟不上；④环境保护意识薄弱，对加工废弃物的处理不当，易引发环境污染问题。据联合国粮农组织预测，未来30年全球水产品消费量将继续保持增长态势。因此，加工行业可通过开发利用水产品皮骨与内脏等加工副产物中的丰富营养成分生产功能性食品、饲料、肥料及其他精深加工新产品，并建立副产物收集、处理和运输的绿色通道，实现加工副产物的有效供应（夏虹，2016）。

（三）藻类的高效开发与综合利用

藻类是指无根、茎、叶的分化，无维管束，含有光合作用色素的一类自养原植体植物，是低等植物中的一大类。我国海洋面积大，海岸线长，沿岸地形复杂，为海藻的生长提供了十分优异的环境，使得我国的海藻资源不仅存量巨大而且物种丰富度较高。随着海藻种质培育与海上养殖技术的重大突破，我国海藻养殖产业呈现稳定发展的态势。至2018年，我国（除港澳台）海藻养殖面积达到4.42万hm^2，产量为34.39万t（农业农村部渔业渔政管理局，2019）。

近年来，随着对海藻化学成分的深入认识，人们发现海藻在功能食品、海洋药物、化工、生物能源等领域中发挥着越来越重要的作用，体现出海藻巨大的应用潜力和极高的经济价值。藻类中富含人体及生物必需的蛋白质、多糖、脂肪酸、维生素和矿物质，食品和保健品行业可通过现代加工技术，在保留海藻鲜美口感和质地的同时,研制各具特色的海藻食品,如即食海苔、海藻饮品和海藻冻等(Fitzerald et al.,2011)。海藻中多糖、多酚及多肽等生物活性物质具有抗菌、抗病毒、提高机体免疫力、清除机体内重金属、防止动脉硬化和高血脂的活性功能。例如,侯洪宝等(2009)的研究表明,螺旋藻多糖能显著抑制肿瘤生长,抑瘤率>30%。此外,海藻多糖被广泛应用到食品安全、食品涂膜保鲜、食品添加剂等行业,如郭守军等(2010)研究发现,以蜈蚣藻多糖涂膜保鲜的杨梅裂果率、霉烂率、失重率等均明显降低。

在化工行业,海藻胶有许多独特的理化性质(如卡拉胶、琼胶和褐藻胶,可作为增稠剂、稳定剂、澄清剂、胶凝剂和黏结剂等),被广泛应用于化妆品和化工领域(刘骞,2010)。例如,杨亚云(2016)的研究结果表明,浒苔、条斑紫菜和铜藻等有优良的保湿和抗氧化功效,是化妆品功能原料的重要资源。微藻可用于护发用品原料的开发。杨贤庆等(2015)的研究表明,微藻中的糖醛酸衍生物及硫酸化半乳糖等活性物质能够通过离子的相互作用与头发蛋白结合,滋润养护头发。海藻中还含有海藻纤维。由于血液中钠离子可与海藻酸钙中的钙离子交换形成凝胶,起到快速凝血的作用,因此海藻纤维特别适合制备手术用绷带(Miraftab et al.,2003)。目前,日本、美国等已经率先实现海藻纤维的大规模生产。然而由于其生产成本很高,市场接受能力有限,因此阻碍了海藻纤维在纺织领域的用途。

在生物能源产业,利用藻类制备生物燃料一直备受关注,以藻类为原料生产的生物燃料可应对地球温暖化问题、粮食问题及能源安全等问题。藻类由于其低比例的木质素和半纤维素,以及大型海藻含有的大量糖分(≥50%),十分有利于发酵产生生物乙醇。许多藻类能产生大量的脂质存储在体内,有的高达其干重的50%~60%。在酯交换反应中,这些脂类在化学性质上类似于油料作物衍生的脂质,使得藻类成为潜在的生物柴油来源。藻类因生长快速和木质素含量低,成为生物制氢的潜在来源,可用于气体燃料生产或发电。研究表明,红藻石花菜和褐藻海带都是潜在的生物制氢来源(杨丰科和王兴富,2013)。

(四)微生物资源的高效开发与综合利用

海洋中有种类丰富的微生物,目前已发现的微生物类群包括病毒、古菌、细菌、微藻和真菌。海洋微生物资源包括物种资源、基因资源和产物资源,是人类社会的重要战略资源。对海洋微生物资源的开发也将是国家战略性新兴产业的重要组成部分。从海洋微生物中开发新的生物资源、从技术和资源的源头进行创新研究,既是国际上新资源研究与开发的前沿方向,也是我国海洋强国战略的重要关切(高岩和李波,2018)。

海洋微生物的物种多样性决定了其代谢产物的多样性。这为现代工业生产提供了重要的药物资源和酶资源(Arrigo,2004)。海洋来源细菌可产生多种生物活性物质，包括抗氨基糖苷类耐药菌株的新氨基糖苷类抗生素；抗绿脓杆菌和耐药性革兰氏阴性菌的肌醇胺霉素；抗病毒或抗肿瘤活性的八氢内酰亚胺、亚酮乳酰胺、大环内酰亚胺、喹唑啉哈利凯等。海洋真菌次级代谢产物 70%～80% 具有生物活性，包括小分子内酯化合物、真菌毒素、1-十二醇、不饱和烃、酸、酯，以及具有神经活性抑制作用的新物质等。海洋微藻中某些甲藻能形成不寻常结构类型的多醚类抗生素；螺旋藻富含蛋白质、维生素、矿物质、人体必需氨基酸和必需脂肪酸等。利用某些生活在极端环境中的海洋微生物可开发出众多功能丰富的极端酶。例如，从极寒海域提取获得的嗜冷菌富含低温活性的嗜冷酶，可用于工业洗涤和食品保鲜行业；深海嗜压微生物是嗜压酶的重要来源。深海高压环境增加了嗜压酶活性和热稳定性，且使其具有良好的立体专一性，提高了物质的传输速率和反应速率，决定了嗜热嗜压酶在化学工业上的良好应用前景（李艳华和张利平，2003）。

海洋微生物广泛参与海洋环境氮、磷、硫等循环，能够降解海洋有机污染物，以及有效地调控赤潮等海洋灾害的发生，对海洋环境的调控和修复发挥着重要作用。已发现 200 多种能氧化一种或多种水体污染物的微生物，某些霉菌和放线菌去除无机氰化物效率可达到 90% 以上，分解酚类化合物的能力一般都在 95% 以上。Arulazhagan 等（2010）从高盐度环境中分离出一种可以分解多环芳烃有机污染物的耐盐菌群，该菌群在 30g/L NaCl 溶液中 4 天内可降解 95% 以上的多环芳烃；Egan 等（2001）从不同海洋环境中分离出 56 株细菌，其中有 13 株细菌能阻止绿藻孢子的萌发。将毒赤潮藻——塔玛亚历山大藻的藻际细菌富集培养后，藻际细菌可以将藻细胞裂解并在 14 小时内全部死亡，在此过程中细菌丰度和胞外酶活性可上升 50～100 倍（李祎等，2013）。

主要参考文献

曹煊，刘岩，曹璐. 2015. 海洋生态环境监测传感器的应用与发展. 海洋技术学报, 34(3): 48-53.

常雅军，张亚，刘晓静，等. 2017. 碱蓬(*Suaeda glauca*)对不同程度富营养化养殖海水的净化效果. 生态与农村环境学报, 33(11): 1023-1028.

常亚青，田燚，张伟杰. 2013. 我国海洋水产生物遗传育种技术进展. 中国农业科技导报, 15(6): 8-15.

陈金月. 2017. 基于 GIS 和 RS 的近 40 年珠江三角洲海岸线变迁及驱动因素研究. 四川师范大学硕士学位论文.

陈明江，郭卫，曲浩丽，等. 2013. 我国芦苇收获装备现状与发展建议. 中国农机化学报, 34(4): 29-31+41.

陈通. 2015. 半自动化海带收割机设计与优化. 中国海洋大学硕士学位论文.

陈莹，罗健，郑燕玲，等. 2008. 不同浓度海水配制营养液对蕹菜生长和品质的影响. 上海交通大学学报(农业科学版), 26(5): 474-477.

崔保山, 蔡燕子, 谢湉, 等. 2016. 湿地水文连通的生态效应研究进展及发展趋势. 北京师范大学学报(自然科学版), 52(6): 738-746.

崔保山, 谢湉, 王青, 等. 2017. 大规模围填海对滨海湿地的影响与对策. 科技与社会, 32(4): 418-425.

崔伟中. 2004. 珠江河口滩涂湿地的问题及其保护研究. 湿地科学, 2(1): 26-30.

丁家旺, 秦伟. 2014. 电化学传感技术在海洋环境监测中的应用. 环境化学, 33(1): 53-61.

董玉玮, 苗敬芝. 2018. 牛蒡水溶性膳食纤维制备及功能性研究. 徐州工程学院学报(自然科学版), 33(1): 48-54.

范作卿, 吴昊, 顾寅钰, 等. 2017. 海洋植物与耐盐植物研究与开发利用现状. 山东农业科学, 49(2): 168-172.

高学敏. 2002. 中药学. 北京: 中国中医药出版社: 76-77.

高岩, 李波. 2018. 我国深海微生物资源研发现状、挑战与对策. 生物资源, 40(1): 13-17.

宫立新, 金秉福, 李健英. 2008. 近 20 年来烟台典型地区海湾海岸线的变化. 海洋科学, 32(11): 64-68.

郭守军, 叶文斌, 杨永利, 等. 2010. 蜈蚣藻多糖与卡拉胶复合涂膜保鲜剂对杨梅常温贮藏的影响. 食品科学, 31(18): 394-400.

郭云腾. 2014. 四湖流域水文连通度及其对洪水期水文过程的影响. 华中师范大学硕士学位论文.

国家药典委员会. 2010. 中华人民共和国药典 一部. 北京: 中国医药科技出版社.

韩秋影, 黄小平, 施平, 等. 2007. 广西合浦海草床生态系统服务功能价值评估. 海洋通报, 26(3): 33-38.

何洪兵. 2010. 柽柳引种和新品种选育的研究. 山东农业大学硕士学位论文.

侯洪宝, 高世勇, 季宇彬. 2009. 螺旋藻多糖对 S180 荷瘤小鼠肿瘤生长及红细胞免疫功能的影响. 中草药, 40(S1): 200-202.

侯森林, 余晓韵, 鲁长虎. 2012. 射阳河口互花米草入侵对大型底栖动物群落的影响. 海洋湖沼通报, (1): 137-146.

侯西勇, 刘静, 宋洋, 等. 2016. 中国大陆海岸线开发利用的生态环境影响与政策建议. 中国科学院院刊, 31(10): 1143-1150.

侯西勇, 张华, 李东, 等. 2018. 渤海围填海发展趋势、环境与生态影响及政策建议. 生态学报, 38(9): 3311-3319.

蒋增杰, 方建光, 毛玉泽, 等. 2012. 海水鱼类网箱养殖的环境效应及多营养层次的综合养殖. 环境科学与管理, 37(1): 120-124.

李兵兵. 2009. 浅谈淡水水产品废弃物的加工利用. 渔业致富指南, (6): 12-14.

李巧稚. 2001. 海岸带管理信息系统框架研究. 中国海洋大学硕士学位论文.

李岩, 付秀梅. 2015. 中国大型海藻资源生态价值分析与评估. 中国渔业经济, 33(2): 57-62.

李艳华, 张利平. 2003. 海洋微生物资源的开发与利用. 微生物学通报, 30(3): 113-114.

李祎, 郑伟, 郑天凌. 2013. 海洋微生物多样性及其分子生态学研究进展. 微生物学通报, 40(4): 655-668.

李志杰, 马卫萍, 孙文彦, 等. 2008. 现代农业中黄淮海地区适宜绿肥种植模式分析. 现代农业科学, 15(11): 52-54.

栗云召, 于君宝, 韩广轩, 等. 2011. 黄河三角洲自然湿地动态演变及其驱动因子. 生态学杂志, 30(7): 1535-1541.

刘畅, 白强, 唐高, 等. 2018. 中国海洋遥感技术进展. 船舶与海洋工程, 34(1): 1-6.

刘成, 王兆印, 隋觉义. 2008. 黄河干流沿程水沙变化及其影响因素分析. 水利水电科技进展, 28(3): 1-7.

刘春雨. 2001. 开发利用耐盐植物前景广阔. 中国生态农业学报, (4): 82.

刘明洋, 李永, 王锐, 等. 2014. 生态丁坝在齐口裂腹鱼产卵场修复中的应用. 四川大学学报(工程科学版), 46(3): 37-43.

刘骞. 2010. 食品加工中的增稠剂(五) 海藻类胶食品增稠剂. 肉类研究, (2): 67-70, 75.

吕忠进, Glenn E P, Hodges R M, 等. 2001. 全海水灌溉的作物——北美海蓬子(上). 世界农业, (2): 14-16.

马晨, 马履一, 刘太祥, 等. 2010. 盐碱地改良利用技术研究进展. 世界林业研究, 23(2): 28-32.

马田田, 梁晨, 李晓文, 等. 2015. 围填海活动对中国滨海湿地影响的定量评估. 湿地科学, 13(6): 653-659.

农业农村部渔业渔政管理局. 2019. 2019 中国渔业统计年鉴. 北京: 中国农业出版社: 21-56.

邱莲莲, 谢超. 2009. 鲅鳒鱼皮微波膨化休闲食品的工艺研究. 肉类研究, (1): 12-13.

邱天龙. 2013. 刺参生态苗种繁育关键技术原理研究与应用. 中国科学院海洋研究所博士学位论文.

仇乐, 刘金娥, 陈建琴, 等. 2010. 互花米草扩张对江苏海滨湿地大型底栖动物的影响. 海洋科学, 34(8): 50-55.

邵娜. 2012. 草鱼内脏鱼油提取工艺优化及品质测定. 吉林农业大学, 硕士学位论文.

宋超, 章龙珍, 赵峰, 等. 2013. "漂浮人工湿地"的构建及其对鱼类栖息地修复功能研究//中国水产学会渔业资源与环境分会. 中国水产学会渔业资源与环境分会 2013 年学术交流会会议论文(摘要)集.

苏孝敏, 季天华. 2017. 滩涂地芦苇收割机的设计研发. 中国水能及电气化, (4): 65-67.

王成友. 2012. 长江中华鲟生殖洄游和栖息地选择. 华中农业大学博士学位论文.

王海婷, 单宇, 管福琴, 等. 2012. 北美海蓬子总黄酮的抗氧化性质研究. 食品研究与开发, 33(6): 115-117, 121.

王洁, 顾燕飞, 尤海平. 2017. 互花米草治理措施及利用现状研究进展. 基因组学与应用生物学, 36(8): 3152-3156.

王巍萍, 冯丽, 林瑛. 2018. 烟台市海水入侵现状分析及防治措施探讨. 地下水, 40(5): 189-191.

王霞, 王金满. 2003. 海水灌溉农业发展状况及其前景. 新疆农垦经济, (6): 48-51.

王玉珍, 刘永信. 2009. 山东省东营市耐盐植物资源及开发利用. 安徽农业科学, 37(20): 9543-9546.

王遵亲. 1993. 中国盐渍土. 北京: 科学出版社.

吴波. 2016. 基于组合导航的水草清理作业船系统研究与设计. 江苏大学硕士学位论文.

夏虹. 2016. 低值水产品及加工副产物高值化综合利用的研究进展. 农业工程技术·综合版, (11): 65-67.

徐传芬, 孙隆儒. 2005. 牛蒡的研究现状. 天然产物研究与开发, 17(6): 818-821.

徐传屯. 2007. 鲟鱼硫酸软骨素的分离纯化及其部分药用功能的研究. 集美大学硕士学位论文.

徐光来. 2012. 太湖平原水系结构与连通变化及其对水文过程影响研究. 南京大学博士学位论文.

徐勤增. 2013. 牡蛎壳人工礁生态效应与生态系统服务价值评价. 中国科学院海洋研究所博士学位论文.

徐永东, 王芳, 王顺全, 等. 2012. 混养海湾扇贝对刺参池塘养殖环境的影响. 河北渔业, (11): 11-14.

徐兆礼, 陈佳杰. 2009. 小黄鱼洄游路线分析. 中国水产科学, 16(6): 931-940.

徐兆礼, 陈佳杰. 2011. 东黄海大黄鱼洄游路线的研究. 水产学报, 35(3): 429-437.

徐兆礼, 陈佳杰. 2015. 东、黄渤海带鱼的洄游路线. 水产学报, 39(6): 824-835.

杨丰科, 王兴富. 2013. 藻类生物燃料: 未来生物能源的多样性. 化学与生程, 30(10): 1-3.

杨红生. 2017. 海岸带生态农牧场新模式构建设想与途径——以黄河三角洲为例. 中国科学院院刊, 32(10): 1111-1117.

杨红生, 王健, 周毅, 等. 2000. 烟台浅海区不同养殖系统养殖效果的比较. 水产学报, 24(2): 140-145.

杨贤庆, 武琼, 胡晓, 等. 2015. 微藻综合加工利用研究进展. 食品工业科技, 36(10): 360-364.

杨亚云. 2016. 四种大型海藻在化妆品上综合应用研究. 上海海洋大学硕士学位论文.

尹秀丽, 薛钦昭, 秦伟. 2011. 生物传感技术在海洋监测中的应用. 海洋科学, 35(8): 113-118.

于德花, 陈纪香, 毕云霞, 等. 2015. 多花垂枝桎柳的选育及扦插技术. 福建林业科技, 42(4): 137-142.

张达, 孙旭东, 陈彦民, 等. 2016. 碱蓬的经济价值与碱土种植. 农场经济管理, (11): 32-33.

张杰, 包玉海, 马毅, 等. 2017. 基于我国自主卫星的东北亚跨境灾害遥感监测国际合作研究思考——以中蒙、中韩为例. 内蒙古大学学报(自然科学版), 48(4): 481-487.

赵麟远. 2012. 海鲜风味酱系列开发的研究. 中国酿造, 31(9): 183-185.

赵永军. 2002. 刺参的生物清除作用及贝参混养模式的建立. 吉林农业大学硕士学位论文.

周浩, 杨吉平, 别红桂. 2012. 耐盐蔬菜三角叶滨藜营养成分分析与评价. 北方园艺, (14): 27-29.

周云轩, 田波, 黄颖, 等. 2016. 我国海岸带湿地生态系统退化成因及其对策. 中国科学院院刊, 31(10): 1157-1166.

Ali G A, Roy A G. 2009. Revisiting hydrologic sampling strategies for an accurate assessment of hydrologic connectivity in humid temperate systems. Geography Compass, 3(1): 350-374.

Arrigo K R. 2004. Marine microorganisms and global nutrient cycles. Nature, 437(7057): 349-355.

Arulazhagan P, Vasudevan N, Yeom I T. 2010. Biodegradation of polycyclic aromatic hydrocarbon by a halotolerant bacterial consortium isolated from marine environment. International Journal of Environmental Science and Technology, 7(4): 639-652.

Cheshuk B W, Purser G J, Quintana R. 2003. Integrated open-water mussel (*Mytilus planulatus*) and Atlantic salmon (*Salmo salar*) culture in Tasmania, Australia. Aquaculture, 218(1): 357-378.

Costanza R, d'Arge R, de Groot R, et al. 1997. The value of the world's ecosystem services and natural capital. Nature 387: 253-260.

de Groot R, Wilson M A, Boumans R M J. 2002. A typology for the classification, description and valuation of ecosystem functions, goods and services. Ecological Economics, 41(3): 393-408.

Egan S, James S, Holmstrom C, et al. 2001. Inhibition of algal spore germination by the marine bacterium *Pseudoalteromonas tunicata*. FEMS Microbiology Ecology, 35(1): 67-73.

Fitzerald C, Gallagher E, Tasdemir D, et al. 2011. Heart health peptides from macroalgae and their potential use in functional foods. Journal of Agricultural and Food Chemistry, 59(3): 6829-6836.

Huang X W, Wang W, Dong Y W. 2015. Complex ecology of China's seawall. Science 347(6226): 1079.

Jones T O, Iwama G K. 1991. Polyculture of the Pacific oyster, *Crassostrea gigas* (Thunberg), with Chinook Salmon, *Oncorhynchus tshawytscha*. Aquaculture, 92: 313-322.

Ma Z J, Melville D S, Liu J G, et al. 2014. Rethinking China's new great wall. Science, 346(6212): 912-914.

Mattocks S, Hall C J, Jordaan A. 2017. Damming, lost connectivity, and the historical role of anadromous fish in freshwater ecosystem dynamics. Bioscience, 67(8): 713-728.

Miller G R, Cable J M, Mcdonald A K, et al. 2012. Understanding ecohydrological connectivity in savannas: a system dynamics modelling approach. Ecohydrology, 5(2): 200-220.

Miraftab M, Qiao Q, Kennedy J F, et al. 2003. Fibres for wound dressing based on mixed carbonhydrate polymer fibres. Carbohydrate Polymers, 53(3): 225-231.

Ozawa M, Kanahara S. 2005. Removal of aqueous lead by fishbone waste hydroxyapatite powder. Journal of Materials Science, 40(4): 1037-1038.

Pan B Z, Wang H j, Liang X M, et al. 2011. Macrozoobenthos in Yangtze floodplain lakes: patterns of density, biomass, and production in relation to river connectivity. Journal of the North American Benthological Society, 30(2): 589-602.

Pringle C M. 2003. What is hydrologic connectivity and why is it ecologically important? Hydrological Processes, 17(13): 2685-2689.

Robinson E. 2004. Coastal changes along the coast of Vere, Jamaica over the past two hundred years: data from maps and air photographs. Quaternary International, 120(1): 153-161.

Stanica A, Dan S, Ungureanu V G. 2007. Coastal changes at the Sulina mouth of the Danube River as a result of human activities. Marine Pollution Bulletin, 55(10): 555-563.

Zhang L B, Zhang T, Xu Q Z, et al. 2014. An artificial oyster - shell reef for the culture and stock enhancement of sea cucumber, *Apostichopus japonicas*, in shallow seawater. Aquaculture Research, 45(1): 1-10.

第五章　海岸带生态农牧场建设内容与规划布局

摘　要：海岸带生态农牧场是基于生态学原理，利用现代工程技术，陆海统筹构建盐碱地生态农牧场、滩涂生态农牧场和浅海生态牧场，营造健康的海岸带生态系统，形成"三场连通"和"三产融合"的海岸带保护与利用新模式。本章从盐碱地生态农牧场、滩涂生态农牧场、浅海生态牧场、"三场连通"生态农牧场4个方面阐述了海岸带生态农牧场建设内容，通过"三场连通"，实现了海岸带生态系统保护及生态服务价值。根据海岸带不同基质类型，从基岩海岸带、沙砾质海岸带、平原海岸带、红树林海岸带和珊瑚礁海岸带进行了生态农牧场空间布局的介绍。结合第一产业、第二产业、第三产业和"三产融合"发展的理念，阐述了海岸带生态农牧场产业发展规划与布局。根据优先发展领域、重点发展领域和前沿发展领域介绍了海岸带生态农牧场科技规划与布局。

关键词：海岸带生态农牧场，建设内容，三场连通，三产融合，规划布局

第一节　海岸带生态农牧场建设内容

一、盐碱地生态农牧场

土地盐碱化是目前世界土地问题中比较突出的问题之一，严重威胁世界农业的可持续发展。土地中含盐量过高对土壤化学性质、物理结构、作物生长及生物过程等方面造成严重的负面影响。土地的盐碱化还会抑制碱性磷酸酶和 β 葡糖苷酶等水解酶的活性与土壤微生物的呼吸能力。我国是世界人口大国，人口的不断增长必然伴随着资源消耗的增加，人口增长与土地之间的矛盾也愈发明显。目前提高土地生产效率和增加新的土地资源极为迫切。根据联合国教科文组织和联合国粮农组织的不完全统计，我国盐碱地面积为 9913 万 hm^2（李星和李凯锋，2018）。盐碱地的开发利用可作为提高土地利用率的重要手段。科学技术的发展使盐碱地资源的可持续利用成为可能。选取具有较高生态价值和经济价值的海岸带动植物物种，通过常规育种和分子辅助育种等方法可以获得具有抗逆性和生长迅速等优势的优良品种。研发耐盐经济植物的规模化、机械化高产栽培技术，突破盐碱地

池塘水质调控技术，构建具有海岸带特色的盐碱地生态农牧场。沿海地区的盐碱地可因地制宜的发展农林牧渔（杨红生，2017a），必须强调陆地与海洋的和谐，与自然共建的理念（van Slobbe et al.，2013），以环境承载力为依据，在保护生态岸线的基础上，大力发展以牧草种植、耐盐植物高效恢复为基础，柽柳-苁蓉种植、稻-鱼-蟹复合生态种养殖为补充的现代生态农业。在第二产业方面，着重发展生物制品精深加工、中草药开发利用。在第三产业方面，着重开展文化产业建设和生态旅游。

二、滩涂生态农牧场

沿海地区随着经济社会的发展，土地资源的稀缺性日趋显著。国家为解决沿海地区陆海经济发展和环境的矛盾，提出了海陆统筹发展战略。系统优化陆海的经济功能、生态功能和社会功能，综合考虑陆海资源的互补性、产业的互动性、经济布局的关联性及环境本底的特点，协调陆海和谐发展。沿海滩涂是沿海地区重要的土地后备资源，也是重要的湿地资源，蕴藏有丰富的海洋资源，并且具有保护生物多样性和降解环境污染等功能，其合理地开发利用对于经济发展和生态发展尤为关键。我国浅海滩涂分布广、面积大，是极具潜力的土地资源，具有拓展生存空间的巨大潜力。如何在生态保护的基础上利用好滩涂资源已成为重要议题。目前，滩涂开发利用中存在诸多问题，如开发格局比较混乱、综合集成缺乏及动态监测和预警不足等（金志丰等，2016）。1990 年前后，黄河三角洲孤东采油区在北侧五号桩附近引种互花米草（于祥等，2009）。此后的 20 年间，互花米草在黄河三角洲的分布面积变化较小；但从 2010 年开始，互花米草开始生长蔓延，在黄河三角洲的分布范围和面积迅速扩张。至 2015 年，黄河三角洲的互花米草分布面积已超过 20km^2，遍布山东黄河三角洲国家级自然保护区的潮间带区域。互花米草在黄河三角洲的无序扩张对盐沼植被生物多样性、底栖动物和鸟类栖息地质量等造成威胁，同时给海水养殖、航运、石油开采等方面带来诸多负面影响（杨红生，2017a）。滩涂生态系统影响要素多样、作用过程复杂，必须在强调陆海统筹的前提下科学规划，着重开展互花米草控制与生境重建，通过海水蔬菜栽培、光滩畜禽养殖、海产动物健康苗种培育等高效利用局部滩涂，从而恢复大部分湿地的生态功能（杨红生，2017b）。在第二产业方面，着重开展动物食品的精深加工和保健品的开发利用。在第三产业方面，着重开展文化产业建设和生态旅游。

三、浅海生态牧场

我国是一个海域辽阔，岛屿众多的海洋国家，水体营养物质丰富，生物资源充足，重要经济鱼类有 300 多种，具有大规模发展蓝色牧场的巨大潜力。丰富的海洋资源为我国海洋经济的发展提供了丰厚的物质基础。但是，随着我国经济的发展、海洋捕捞技术的进步、捕捞强度的增加及海洋污染范围的不断扩大，尤其是人类活动导致浅海海域富营养化加剧，海洋生境被破坏、浅海湿地生态系统退化和生物资源日益衰退。浅海区域是重要渔业生物的产卵场和幼苗培育场，资源利用和开发潜力巨大，具有非常重要的生态服务功能。浅海生态牧场的建设，可以把海洋从过去的捕捞型渔业，逐渐过渡到放牧型渔业。这既可以解决自然资源不足的问题，又可以解决养殖品质问题。近年来，我国高度重视海洋牧场建设，先后批准建立了 110 个国家级海洋牧场示范区，实现了区域性渔业资源养护、生态环境保护和渔业综合开发，推动了海洋渔业的产业升级（杨红生，2017b）。浅海生态牧场建设应着重开展海草床保护与修复、天然牡蛎礁保护与养护、渔业资源修复与利用等。同时应评估海草床、海藻场和牡蛎礁的生态系统服务功能，研发鱼、参、贝等生态多元化增殖技术，构建浅海生态牧场（杨红生等，2017a）。海草床的保护和修复措施能够为鱼群提供良好的生长、繁殖和索饵的环境，同时海草可以净化海水与底质中的污染物，从而达到改善生境的目的（陈力群等，2006）。牡蛎礁在河口生态系统中发挥着重要功能，牡蛎能够有效地降低河口水体中的悬浮物、营养盐及藻类，对于控制水体富营养化、改善水质具有重要作用，同时牡蛎礁可为许多底栖动物和鱼类提供良好的栖息和摄食场所，因此牡蛎礁的保护和养护对于浅海生态牧场的建设具有重要作用（全为民等，2007）。在浅海生态牧场建设中可以选择适合本地生长繁殖的珍稀海产品（如梭子蟹、鲍、海参、海胆、真鲷、牙鲆、中国对虾等）进行放牧饲养，有助于丰富渔业资源，提高生态物种多样性。通过浅海生态牧场建设，建立健康的近海生态系统，同时筛选适宜的生物修复种类（如藻类、滤食性贝类、沉积食性动物）开展规模化增养殖，可对水质和底质起到有效的调控和修复作用（杨红生等，2016）。通过生境修复和改造，为海洋生物提供产卵场、育幼场和索饵场，并实施增殖放流和有效的资源管理补充和恢复生物资源，同时发展第二产业（如功能肥料开发、海珍品精深加工），第三产业（如休闲渔业、休闲旅游等产业），实现一二三产业融合发展。

四、"三场连通"的海岸带生态农牧场

海岸带兼具陆地和海洋双重性质，仅重视近海生态保护与环境利用而忽略了陆海之间的生态连通性，阻碍了海岸带的保护和持续利用。例如，黄河三角洲及其毗连海域作为我国北方典型海岸带区域，面积广阔，每年新增上万亩土地；其毗连海域也是渤海重要渔业生物的产卵场和育幼场，资源利用和开发潜力巨大，具有非常重要的生态服务价值。目前，该区域盐碱地农业仍以棉花种植等为主，滩涂利用以池塘养殖刺参和对虾为主，近海资源开发以传统捕捞为主，而海洋牧

场建设刚刚起步。由于陆海区域相对独立，连通性受阻，生态岸线保护和经济岸线开发的综合效益难以进一步提升（贾敬敦等，2012；杨红生，2017b）。

目前，相对独立发展的盐碱地农业、滩涂养殖和海洋牧场建设已无法满足现代农业的发展要求，亟待查明陆海生态连通性的影响机制和调控途径，因地制宜地开展盐碱地生态农牧场、滩涂生态农牧场和浅海生态牧场新设施、新技术的研发与集成应用，研发现代海岸带生态农牧场环境保障与预警预报平台，建成陆海联动的现代化海岸带生态农牧场，构建海岸带保护与持续利用新模式（杨红生，2017a）。

必须在系统评估陆海生态连通性现状的基础上，强化海岸带建设和开发活动的工程示范，保证陆海生态系统结构和功能稳定，建立海岸带各区域相互连通、融合发展的生态农牧场，实现"三场连通"，提升海岸带开发利用空间和综合效益。强化基础研究的原创驱动作用，构建"盐碱地（盐度<10‰）—滩涂（盐度<20‰）—浅海（盐度<30‰）"生态农牧场（杨红生，2017a）。阐明海岸带水盐运移的时空演变与近岸水动力变化的关系，揭示近岸营养盐的来源通量及迁移规律；增加生境斑块之间的生态连通性，改善重要生物类群的栖息环境，提高海岸带营养盐的利用率和固碳能力（杨红生，2017a）。强化三场的生态功能相互支撑：盐碱地生态农牧场将为滩涂生态农牧场提供优质饲料，滩涂生态农牧场将为浅海生态牧场提供健康苗种支撑，浅海生态牧场将为盐碱地生态农牧场和滩涂生态农牧场提供功能肥料支持（杨红生，2017a）。通过"三场连通"，实现了生态系统保护及生态服务价值，同时构建农牧渔业、精深加工业和旅游业"三产融合"的黄河三角洲高效生态经济新模式（杨红生，2017a）。

第二节 海岸带生态农牧场规划与布局

一、空间发展布局

（一）基岩海岸带生态农牧场空间布局

基岩海岸带多由不同山岩组成，地势陡峭，水深，岸线曲折，常伴有深入陆地的海湾和海岬，所包含的海域宽度窄，附近多岛屿、礁石（庞姗姗等，2016），水产资源丰富。其形成主要受波浪作用，岩石长期被波浪和风等侵蚀，使基岩海岸呈现出奇特不一的景观，形成海蚀洞、海蚀柱、海蚀崖、海蚀拱桥等自然景观，为旅游资源的开发奠定了良好基础。人类活动较少涉足的岸段植被与森林覆盖率较高，蕴藏了林业、草坡地资源，还蕴藏多种类型的矿产资源（黄金森，1989）。基岩海岸带在我国主要分布在辽东半岛南端、胶东半岛、山海关—葫芦岛、连云港、杭州湾以南、台湾东部等沿海地区（黄金森，1989）。

根据基岩海岸带资源类型的特征。宜以港湾、旅游资源的开发为基础，进行综合利用。优良港址的选择，既要考虑深水良湾，也要考虑陆域用地及腹地，通常应该坚持深水深用的原则。基岩海岸带具有深入陆地的海湾和海岬，为港湾的建设提供了良好的基础（黄金森，1989）。基岩海岸带旅游资源开发潜力大，投入少，见效快。可以与沙砾质海岸带组合考虑，以丰富旅游内容，提高旅游服务质量。在基岩海岸带旅游资源开发的同时，生态环境的保护也尤其重要。旅游资源的开发利用必须以生态保护为前提，不能影响和破坏环境。基岩海岸带对水产业的作用也不容忽视。众多的港湾、星罗棋布的岛屿、肥沃的水质、通畅的水流是海参、鲍、扇贝底播增养殖的重要场所。而且，此类海岸水深 20～30m，是主要的浮筏养殖基地，可为旅游业提供所需的海鲜珍品。同时，草坡地可以发展畜牧业，可以选择适宜的果树（如杨梅、柚类、柿等）建设水果林带。在基岩海岸带还可发展生态型经济林。生态型防护林可以优化土地利用，发挥水土资源和生物资源的生产力，实现防护林体系多林种的合理配置组合，充分发挥多林种、多树种生物群体的多功能、多效益，建成功能完善、生物学稳定、经济高效的人工生态系统（康志雄等，1995；王质彬，1993；杨忠信等，1994）。基岩海岸带主要的造林树种有湿地松、木麻黄、桉树、香樟、柏木等（蒋妙定等，1995）。

（二）沙砾质海岸带生态农牧场空间布局

沙砾质海岸带主要受波浪的长期作用，是波浪将海底沉积物输运过来，堆积在潮间带上形成的（庞姗姗等，2016）。沙砾间多夹杂有大量的碎贝壳。沙砾质海岸带与基岩海岸毗邻，常伴有陡峭的崖石，陡崖下部滩面长期被海水淹没，突出特点是滨海砂矿资源较丰富。沙砾质海岸带沙滩平缓、宽阔，砂质细腻均匀，无泥无石，海水清澈。我国沙砾质海岸带分布广泛，辽宁、山东、江苏、福建、广东、广西、台湾沿海均有分布。

沙砾质海岸带的开发应以旅游、砂矿和港湾资源开发为基础，进行综合利用（黄金森，1989）。海岸带陆地可以以田园综合体的形式开发，进行娱乐、休息、参观等活动。由于沙砾质海岸带与基岩海岸带相间出现，可组合开发旅游资源，可以进行休闲渔业的开发，如垂钓、拾贝、冲浪等。开发旅游业的同时，应处理好砂矿开采与旅游开发的矛盾。沙砾质海岸带发展旅游业别具一格，北方的海滩可开发海滨浴场，南方的沙滩可开发冬泳场所等。在沙砾质海岸带，还可以选择耐旱抗风的树种建设海岸防护林，可以在防护林间发展水产、饲养畜禽（黄金森，1989）。

（三）平原海岸带生态农牧场空间布局

平原海岸带，也称淤泥质平原海岸带，由河流泥沙充填与潮流挟沙落淤共同作用形成，岸线平直，地势平坦，微向海倾斜。平原海岸带与沙砾质海岸带和基岩海岸带相比，地质、生态环境通常更脆弱，无论是自然因素的变化还是人类活动干扰，均可对该海岸产生明显影响。平原海岸带正面临着不断加剧的地质灾害。特别是大规模的取用地下水、围海造陆等人类活动，引发岸线侵蚀、沿海低地地面下沉、潜水位向陆地倾斜、风暴潮与内涝致灾危害增加等，凸显出人与自然相互影响的现代地质过程的复杂性和不确定性（王颖和王宏，2016）。我国平原海岸带分布较广，约占全国海岸线长度的 25%，主要分布在渤海湾、苏北、长江口及浙江与福建的基岩岸的湾内，辽东与珠江口也有分布（黄金森，1989；韩茜，2011）。

平原海岸带开发以海水增养殖、盐田为主，同时也是湿地保护和芦苇产区、特色旅游业开发的场所。在植被方面，北方的芦苇、南方的红树林等植物可因地制宜地进行人工栽种（黄金森，1989）。而芦苇滩是飞禽珍兽栖息之地，可建立自然保护区。平原海岸带自然保护区和生态海岸的建立，也为旅游业增添了新内容。在养殖方面，可进行立体化养殖，以贝类（如牡蛎，扇贝、蛤贝和蚶等）养殖为主，同时可选择经济价值高的养殖品种（如对虾和鲆鲽鱼类等）进行养殖。平原海岸带是我国海盐的主要产区，闻名全国的四大盐区都分布在平原海岸带（黄金森，1989）。

（四）红树林海岸带生态农牧场空间布局

红树是生长于潮间带的乔木和灌木的通称。中国红树林海岸带主要分布于海南、广西、广东和台湾。红树林海岸带的主要特点是：与平原海岸带毗邻，分带性明显，呈潮沟系发育。海岸带种植红树林也是应对全球气候变化和降低人类活动干扰的重要方式之一（张乔民和张叶春，1997）。红树林作为海岸带生态关键区域，应该重点保护。全球变暖导致海平面上升给许多低平海岸带来重大威胁，然而红树林捕沙促淤的生物地貌功能使得潮滩不断淤高滩面，可在一定程度上适应或抵消海平面上升增加淹没强度的负面影响（张乔民等，1999）。

红树林海岸带的开发应强调利用水产资源和生物护岸效应，以保护为主，适度开发利用。红树林本身是一种特殊的森林资源。红树植物的树皮含单宁，是良好染料的原材料。有的红树品种还具有药用价值。作为海洋生物（如底栖动物、鱼类、水鸟等）的理想生活居所，红树林林业凋落物可为海洋底栖生物、鸟类与鱼类等提供丰富饵料，林下可作为鱼、虾、蟹、贝等动物的主要栖息地、理想的繁衍场所。红树林可以通过吸收、吸附沉降等作用，清除污染物里的大量氮和磷，降解有机物和污染物，实现水质净化。红树林护岸效益显著，可避免海洋近海湿地径流所带泥沙的流失，实现促淤造陆，缓解海浪对海洋近海湿地的侵蚀。作为滨海绿色屏障的红树林，在国防上也有一定的价值（黄金森，1989）。红树林自然保护区也为旅游业增添了新内容，可乘坐小型游艇沿潮沟观赏其盘根错节的风景（黄金森，1989）。然而，由于乱砍滥伐，我国红树林已经成为濒危林，红树林海岸面临着消失的危机。因此,除完善现有的红树林自然保护区外,适当的增设红树林自然保护区很有必要。此外,还可以考虑人工引种,逐步扩大红树林的覆盖率。人为创造红树林生态体系不仅可扩大红树林的护岸作用,还可为生态海岸提供另一种特殊的类型。

(五)珊瑚礁海岸带生态农牧场空间布局

珊瑚礁海岸带是热带海洋一种特殊的生物海岸。珊瑚礁是岸边珊瑚虫死亡之后,其后代又在其残骸上繁殖、死亡,如此长期骨骼遗骸积聚积累形成(冯伍法等,2006;韩茜,2011)。绚丽多彩的珊瑚礁虽然只占海洋的1%,却是生物多样性最高的地方,为数以万计的物种提供了栖息地,被誉为"海洋中的热带雨林"。珊瑚礁生态系统不仅为人类的生产和生活提供了丰富的生物资源,而且具有巨大的生态功能和生态价值,对保障生物多样性、生物生产力和生态平衡有重要作用。珊瑚礁海岸带广泛分布着各种鱼类、腔肠动物、海绵动物、软体动物、甲壳动物及棘皮动物等,组成一个复杂而脆弱的生态系统(傅秀梅等,2009)。珊瑚礁海岸带不仅海洋生物资源丰富,而且礁区是我国重要渔业。南海诸岛基本由珊瑚礁构成,被誉为"南海明珠"。珊瑚礁在我国主要分布在海南和台湾,广东和广西部分岸段也有分布。

珊瑚礁海岸带的开发,应以旅游和水产为基础,以生态旅游带动珊瑚礁修复,形成良性循环,积极创建海洋公园或自然保护区。以往,我国对于珊瑚礁资源的开发都是以过量开采珊瑚作为陈列装饰品为主,挖礁炸礁用以烧制石灰,严重破坏了珊瑚礁生态平衡,导致礁区渔场退化,海岸侵蚀,海岸线后退(黄金森,1989)。应该加强以珊瑚礁与增殖放流为主的海洋牧场建设,利用自然的海洋生态环境,因地制宜,将人工放流的经济海洋生物聚集起来,科学地进行海上放养鱼、虾、贝等经济生物,建立大型人工渔场。珊瑚礁海岸带水下成片的珊瑚群千姿百态,争奇斗艳,形成独特的海底百花园,引人入胜,为开辟旅游业奠定了良好的基础。因此,可以充分利用珊瑚礁的生态景观效应,在一定区域开展有控制的水下珊瑚景观观赏旅游项目,并建立配套旅游设施,开展系统的生态旅游模式,带动珊瑚礁修复,形成良性循环(史海燕,2012)。利用已建立的珊瑚礁自然保护区,向学生和沿海居民开展身临其境、深入浅出的海洋生态学知识和海洋环境保护知识宣传和教育,提高民众对海洋环境保护的意识(史海燕,2012)。将珊瑚礁海岸带建设成国家海洋公园,对保护热带珊瑚礁生态系统、合理有序开展旅游、科考、普及全民的海洋意识及扩大内需都有重大意义(王路,2009)。

以蜈支洲岛珊瑚礁海岸带生态农牧场建设为例,经过多年努力,蜈支洲岛海洋牧场已投放的人工鱼礁遍布蜈支洲岛周边海域,已形成4个功能区:珊瑚礁修复型人工鱼礁Ⅰ区、珊瑚礁修复型人工鱼礁Ⅱ区、资源养护型人工鱼礁Ⅰ区和资源养护型人工鱼礁Ⅱ区。礁体投放5年后,珊瑚分布区域增加了20%以上,人工鱼礁上也形成了健康的珊瑚群落。同时，在人工鱼礁区通过底播增殖珍珠贝、扇贝等滤食性贝类，水体悬浮颗粒物含量降低了 30% 以上，海水透明度显著增加，提升了珊瑚群落光合营养效率，促进了珊瑚的生长。与此同时，相关机构先后开展珊瑚移植 8000 余株，一定程度上促进了珊瑚的恢复。蜈支洲岛海洋牧场的建设养护了野生热带鱼类资源，促进了退化珊瑚礁的自我修复，营造了生机勃勃的珊瑚礁生态系统。蜈支洲岛旅游区也因此形成了以海洋牧场为核心的休闲海钓、鱼礁潜水、海底漫步、海底拾贝、海底婚礼等一系列旅游项目，形成了独具特色的热带海洋休闲旅游模式，为游客提供了优质的旅游体验。蜈支洲岛海洋牧场因其丰富的鱼类资源，2015 年有幸成为"相约海南 游钓蜈支洲"全国海钓大赛的举办地。

二、产业发展规划与布局

（一）第一产业发展规划与布局

在第一产业方面，盐碱地生态农牧场重点开展牧草-畜牧种养，稻-鱼-蟹复合生态种养殖，菊芋、苜蓿、田菁等耐盐植物种植，芦苇等生物资源保护与利用（杨红生，2017a）。在盐碱地栽培选育耐盐碱的优质牧草，并在发展种植业的同时配合发展畜牧养殖，就地消化牧草，而畜牧养殖所产生的动物粪便又可作为牧草良好的生物肥料，这不仅能够减少畜牧养殖过程中的饲料运输成本，还可以优化产业结构，提高土地的利用效率，增加经济收入（王恭祎等，2010）。在盐碱地种植耐盐性水稻，利用稻田内的水、肥、杂草等为鱼、蟹提供特定的生活条件，实现稻-鱼-蟹高效的生态混养模式，改变了单纯的种植、养殖模式，从而达到"稻养鱼蟹，鱼蟹养稻，种植增产，养殖增收"的目的（苏秀文，2005）。引种和培育适应盐碱环境的植物来利用盐碱土已经成为许多国家进行盐碱地开发的新模式，这种方法摒弃了过去通过大量投入来改变水土性质和生态环境以适应农作物生长的盐碱地开发模式，具有高效、降低盐碱地开发利用成本及保护生态环境的优势。已经筛选出的耐盐碱性的生态经济型植物有菊芋（薛志忠等，2014）、苜蓿（康金花等，1996）、田菁（杨群英，1991）等，这些植物具有改良盐碱土的作用，在盐碱地区具有很高的推广应用价值。

滩涂生态农牧场重点开展互花米草控制与生境重建、柽柳-苁蓉种植、海水蔬菜栽培、光滩畜禽养殖、蔬菜-海珍品种养、海产动物健康苗种培育等内容。互花米草是全球海岸滩涂湿地生态系统最成功的入侵植物之一，对中国沿海湿地土壤生态系统也产生了重大影响，致使航道被淤、滩涂被占，原有滩涂生态遭到严重破坏（曾艳等，2011）。在滩涂地区对互花米草进行控制，有助于滩涂区的生境重建，恢复滩涂的生态系统，提高滩涂生态物种的多样性。在滩涂地区开展柽柳-

苁蓉种植，不仅能够满足人们对柽柳-苁蓉日益增长的需求，还能够大大增加经济效益。在滩涂的开发利用规划中，应充分利用滩涂资源，发展农、林、牧、渔等，使进入潮滩的肥分重新进入海滨生态系统的物质循环中，以利于我国农业基础资源的开发（宋达泉，1988；张长宽和陈欣迪，2016）。

浅海生态牧场重点开展海草床保护与修复、天然牡蛎礁保护与养护、渔业资源修复与利用等。海草床作为全球滨海湿地中重要的生态系统，有着不可替代的生态功能与巨大的经济价值，可为许多动物提供栖息地、育幼场和食物，在保护海岸、固定底质和改善水质中扮演着重要角色（Costanza et al.，1997；吴瑞和王道儒，2013）。开展海草床的保护与修复有助于生态系统的恢复、重建和可持续发展。由于过度采捕和环境污染，许多温带河口区的牡蛎群数量和现存量急剧下降，改变了河口生态系统的结构与功能，使近岸海域的富营养化问题日益严重（Jackson et al.，2001；全为民等，2007）。世界各地已经陆续开展了牡蛎礁的恢复工程，并取得了阶段性成果。美国在南卡罗来纳州海岸开展了一系列牡蛎增殖放流和牡蛎礁恢复试验，结果显示，牡蛎礁的恢复对于水质的改善和生态系统结构的修复产生了明显的有利影响（Breitburg et al.，2000；全为民等，2007）。根据农业农村部关于积极推进建立水产种质资源保护区的要求，在理论研究和科学论证的基础上建立海洋自然保护区、水产种质资源保护区，为国家重点海洋生物物种提供良好的产卵场、育幼场、索饵场、越冬场和洄游通道等，为海洋植物提供需要的生态环境，可保护生态系统的稳定和生物多样性，保证生态效益与经济效益并行发展。

（二）第二产业发展规划与布局

在维持优良生态环境的基础上，保证经济增长较快较稳发展，保证人民生活富足安康，就要求在产业结构调整和优化过程中合理规划第二产业发展，使第二产业既能起到拉动经济的作用，又能使其对环境的破坏程度降到最低。与自然和谐相处是亘古不变的主题，要因地制宜地依托环境条件的优势，发展特色第二产业。盐碱地生态农牧场重点开展生物制品精深加工和中草药开发。盐碱地独有的自然环境为耐盐碱中草药提供了良好的生息场所，为中草药的开发利用提供了良好的基础条件。菊芋、碱蓬等耐盐经济植物可开发为营养特膳、菊粉-阿胶与菊糖-壳寡糖等多元化功能产品（杨红生，2017a）。滩涂生态农牧场重点开展保健品开发和动物食品精深加工。利用现代科学技术搞精加工，比如有效中药成分的提取、中药颗粒饮片的制造等，进行药品、保健品、食品等系列产品多元化、产业化开发。利用鱼、虾、蟹、贝的加工废弃物进行胶原蛋白、动物多糖、脂类、生物钙等活性成分的再利用，深度开发功能食品、化妆品、涂料等相关产品。利用从藻类中提取藻胆蛋白、功能多糖、膳食纤维等活性成分的方法与技术，筛选具有特殊功能的保健食品和适合特殊人群的食物资源（杨红生，2017a）。浅海生态牧场重点进行功能肥料开发和海珍品精深加工。针对海岸带盐碱地、潮间带、近海、养殖区等典型环境中的微生物资源及其代谢产物，构建海岸带特色菌种库，筛选具有抗癌、抗菌活性的药用先导化合物，开发固氮、杀菌、杀虫及促生长农用菌剂或功能肥料，研制污染物降解、酶制剂等功能产品。开发冷冻调理海洋食品，主要应用制冷、气调、鱼糜加工等技术和食品营养学知识生产既安全、美味、好看，又营养健康的冷冻调理食品。研究开发即食海珍品，主要是根据海珍品特性的不同，改进加工工艺，在保证产品保质期的同时最大限度地减少海珍品的营养损失。分离提取海珍品中活性成分，采用现代生化分离和波谱分析手段从海珍品本体及其共附生微生物次级代谢产物中分离提取活性成分。开发海珍品功能食品，应用蛋白酶解技术，从海珍品蛋白中寻找具有特有功效的肽段，设计合适的加工工艺，生产海洋功能食品。查明海洋牧场产品副产物中皂苷、多糖、糖蛋白等活性成分的提取方法、结构和功能，运用酶法回收技术、醇法脱盐技术、涡旋流体技术对海珍品进行有效活性组分的提取及制备，优化制备工艺参数，提高海珍品的综合利用率，减少加工过程中"三废"的排放。大力发展海洋牧场产品深加工，不仅可以增加附加值，而且也能为打入国际市场创造有利条件。

（三）第三产业发展规划与布局

与工业、农业相比，第三产业的发展对于环境的破坏相对较弱。大力发展生态型第三产业，对我国经济可持续发展具有重要意义。在盐碱地和滩涂生态农牧场可大力发展文化产业和生态旅游。在浅海生态牧场大力发展文化产业和休闲渔业。在发展第三产业的同时，我们应从优化投资环境、美化居住环境、强化经济社会可持续发展的高度，树立起"防止污染先于治理，综合利用先于最终治理"的环境保护超前意识，使第三产业发展既不浪费资源，也不影响和破坏环境，又要丰富人民群众的业余生活（蔺栋华，2001）。生态旅游已成为世界旅游发展的潮流，也是许多国家经济发展的支柱产业之一（蔺栋华，2001）。

开展海洋生态旅游需在空间和时间上注重和谐发展。根据区域内的旅游资源、客源、渔民及渔村生态环境和社会经济发展情况等基本条件，制定海洋牧场可持续发展规划，将海洋自然区域、渔业经济发展区域和旅游综合发展区域有机结合到一起。生态旅游中涉及的短期不可能恢复的自然资源和渔村历史文化资源，一旦造成破坏将不利于海洋生态旅游的可持续发展，也将间接影响海洋牧场发展建设。生态旅游是我国发展旅游业选择的最佳发展战略，因为其以生态保护为前提，不影响和破坏环境，又使游客远离工业化的繁忙和嘈杂，尽享大自然之美。积极开拓红树林生态旅游，建立以红树林为主的生态公园，为人们提供直接观赏大海和红树林景色的旅游观光胜地。建立以海洋、海岸生物及与其生境为主的生态旅游区，开展海洋度假、海上运动、潜水、观鲸、海洋垂钓和欣赏海洋动物等旅游项目，丰富市民的业余生活，逐步建立海岸带生态农牧场第三产业开发的新模式。

（四）"三产融合"发展规划与布局

构建农牧渔业、精深加工业和旅游业"三产融合"的黄河三角洲高效生态经济新模式（表 5-1）。强化第一、第二、第三产业的合理布局和结构优化。在第一产业方面，盐碱地生态农牧场重点开展牧草-畜牧种养、稻-鱼-蟹复合生态种养殖、菊芋等耐盐植物种植、芦苇等资源保护；滩涂生态农牧场重点开展互花米草控制与生境重建、柽柳-苁蓉种植、海水蔬菜栽培、光滩畜禽养殖、海产动物健康苗种培育；浅海生态牧场重点开展海草床保护与修复、牡蛎礁保护与养护、渔业资源修复与利用等（杨红生，2017a）。在第二产业方面，重点开展生物制品精深加工、动植物食品精深加工、保健品开发、功能肥料开发等。在第三产业方面，重点开展生态旅游、休闲渔业和文化产业（杨红生，2017a）。

表 5-1　海岸带生态农牧场布局、功能与产业模式

盐土特征	主控因子	生态功能	产业功能	第一产业	第二产业	第三产业
盐碱地（盐度＜10‰）	水盐平衡	•淡水循环 •盐分变化 •营养盐运移 •污染物迁移转化 •耐盐植物分布	盐碱地生态农牧场	•柽柳-苁蓉种植 •稻-鱼-蟹种养殖 •菊芋、苜蓿、田菁种植 •芦苇等资源保护	•生物制品精深加工 •中草药开发	•生态旅游 •文化产业
滩涂（盐度＜20‰）	径流和潮汐	•泥沙沉积 •污染物净化 •灾害缓冲 •动物栖息地 •盐生植物生长	滩涂生态农牧场	•互花米草控制与生境重建 •柽柳-苁蓉种植、海水蔬菜栽培 •光滩畜禽养殖 •海产动物健康苗种培育	•保健品开发 •动植物食品精深加工	•生态旅游 •文化产业
浅海（盐度30‰左右）	动力过程和陆源输入	•陆源物质运移转化 •渔业资源捕捞 •三场一通道 •海草（藻）床	浅海生态牧场	•海草床保护与修复 •牡蛎礁保护与养护 •渔业资源修复与利用	•功能肥料开发 •海珍品精深加工	•休闲渔业 •文化产业

三、科技发展规划与布局

（一）优先发展领域科技规划与布局

优先发展海岸带农、牧、渔结合新模式，推进海岸带生态农牧场的全过程管理与创新发展，构建海岸带生态农牧场发展新模式。主要措施包括以下几个方面。

1. 增加农作物和耐盐植物种植

选取具有较高生态价值和经济价值的海岸带植物物种，通过常规育种和分子辅助育种等方法获得具有抗逆性和生长迅速等优势的优良品种。研发耐盐经济植物的规模化、机械化高产栽培技术，突破盐碱地池塘水质调控技术，构建具有海岸带特色的盐碱地生态农牧场（杨红生，2017a）。

耐盐植物是指具有较强耐盐能力，可以在盐渍环境中保持良好生长状态的一类植物的总称。地球上的耐盐植物种类繁多。据统计，目前全世界有 1560 余种耐盐植物，其中我国有 500 多种（王聪丽，2015）。我国筛选的耐盐碱植物主要有怪柳、白刺、蔓荆、罗布麻、碱蓬、滨藜、沙枣、枸杞、竹柳、芙蓉葵、海滨锦葵、八棱海棠、刚毛怪柳、盐地怪柳、中国怪柳、多枝怪柳、西伯利亚白刺、二色补血草等。耐盐植物用途广泛，其中部分可用作粮食、牧草等用途，部分可用作纤维、化工及医药等的原材料，均能表现出一定的经济利用价值。然而，目前有相当一部分耐盐性较强且具有较大经济价值的耐盐植物并没有得到足够的开发和利用。因此，在掌握这些耐盐植物耐盐能力的前提下，可根据这些植物的耐盐能力，将其引种到不同盐渍化程度的土壤上，充分发挥其经济和生态效益（王聪丽，2015）。紧紧围绕海洋牧场盐碱地开发战略，系统开展耐盐植物资源的挖掘、引进与评价，耐盐植物盐碱地直插，耐盐植物无性快繁，耐盐植物新品种选育和困难立地条件种植等技术的研究。筛选出优质耐盐碱植物品种，建立主要耐盐植物的快繁技术体系，解析盐碱地主栽品种——柳树耐盐的生理生化机理，确立耐盐植物早期鉴定技术体系，为海岸带特色盐碱地生态农牧场的构建提供重要的技术支持。

2. 着重对海洋牧场初级生产力和承载力进行评估和发展

初级生产是海洋生态系统的源生产过程，该过程中初级生产者通过各种生理生态过程维持全球的海洋生态系统平衡，其丰度的变化影响着海洋渔业资源与环境的变化。海洋初级生产所产出的有机物是海洋生态系统食物网的基点，是海洋中一切有机体直接或间接的食物来源。在海洋牧场建设中，浮游植物和大型海藻是海洋牧场的主要初级生产者，它们通过光合作用生产的有机物是海洋牧场生态系统生产过程的起点。藻类的光合固碳作用是海洋初级生产力的基础，是藻类生理生态研究领域的重要部分，对认识藻类在海域物质循环中的作用有重要意义（胡凡光等，2011）。食物链是海洋牧场生态系统中的重要功能，能量通过食物链传递可以进行食物生产。来自藻类等的初级生产力，通过食物链层层传递，形成贝、虾、鱼等各级动物性生产，从而为人类提供丰富的渔业资源。滤食性贝类是海洋牧场的主要类群。大型海藻能为微生物提供附着环境和营养，对生态系统中的浮游生物和微生物产生直接和间接影响。大型海藻释放的溶解有机物可被表面和周围海水中的细菌吸收，海水中的溶解有机物在气-液界面转换成颗粒态或者被无机颗粒物吸附，这些颗粒物是浮游和底栖无脊椎动物及一些贝类的丰富饵料。大力发展贝藻复合增殖技术，不仅可以通过藻类的吸收去除水体的营养盐，达到生物修复和生态调控养殖环境的目的，而且可以显著提高养殖生物的产量。养殖水域的承载力即为养殖承载力，指养殖活动在海区生态环境承载范围内，维持养殖业健康、可持续的前提下，获得最大效益时的最适产量。养殖承载力受水域物理因子、化学因子和生物因子的影响。养殖技术和模式，如养殖品种的搭配、养殖区的合理布局及养殖管理技术的改进等，都会改变养殖承载力。养殖承载力与初级生产力密切相关，海洋牧场建设是在养殖承载力的基础上依靠自然生产力获取高质量渔业资源。因此优化养殖结构，合理搭配养殖品种及对养殖管理技术进行改进，对海洋牧场的建设尤为重要。初步研究结果表明，合理的混养结构可以提高混养体系的养殖承载力。例如，桑沟湾海带养殖可以提高扇贝的生态养殖承载力（陈康，2012）。Ren 等（2012）通过量化养殖系统内各因子的相互作用及对 C、N、P 的需求量，基于动态能量收支理论和区域划分的概念构建了生态系统水平的多营养层次综合养殖系统数值模拟模型。通过模拟，获得网箱养殖鱼类、大型藻类、刺参（均为干重）的合理配比为 1∶1.02∶0.17。模型的构建对于确定合适的苗种投放种类、投放时间、投放密度、营养物质的利用效率等具有重要的指导意义，有助于阐明养殖生态系统动态变化的过程和机理，最终为相关政策的制定提供科学基础。

3. 构建良好的生物栖息环境

良好生境的构建是海洋牧场建设的基础，包括对环境的调控与改造工程及对生境的修复与重建工程。海藻床和海草场的构建不仅为渔业生物提供良好的生长、繁殖和索饵的栖息环境，同时繁茂的海藻、海草可以净化海水与底质中的污染物，从而达到改善生境的目的。在海藻床中，大型海藻是重要的物质供给者，它通过光合作用形成的有机质主要通过被直接牧食、颗粒态有机质释放和溶解态有机质扩散等途径提供给海洋牧场的其他消费者。大型海藻对矿质营养盐具有很高的吸收率，从而使得海藻床可显著控制海洋牧场海域水体的营养水平。另外，海藻床可以为种类繁多的海洋生物提供栖息场所。大型海藻的叶片是底栖硅藻、细菌、真菌、附生藻类、原生动物等微型生物良好的附着基，这也吸引了以这些微型生物为食的端足目、等足目、虾类、腹足类、线虫和桡足类等无脊椎动物在海藻叶片上栖息，继而为更高一级的消费者提供食物来源。海藻床除上述功能外，还可通过光合作用吸收溶解态 CO_2，释放溶解氧，改善水体溶解氧状况。海藻床也是天然的防波堤，对波浪具有显著的消减作用，可改变浅海海流的动力学特征，使海藻床内形成相对稳定的海域，海域内水温变动较小，更有利于小型海洋生物，特别是幼体的栖息，并成为其天然的避难场所。海藻床还具有促进沉降、稳定海洋牧场区域海岸的作用。海草是地球上唯一一类可完全生活在海水中的被子植物，其种类极其稀少。海草床面积尽管只约占海洋总面积的 0.15%，但却拥有极高的初级生产力。海草床还能够降低周围海水中悬浮物浓度，较高效地吸收水体和表层沉积物营养盐（Fonseca and Fisher，1986；Hemminga et al.，1991）。海草床拥有极高的生产力和复杂的食物链结构，为众多种类的渔业生物（如刺参、贝类、虾蟹类和鱼类等）提供重要的栖息场所、繁衍场所、庇护场所，也有利于海鸟的栖息。海草床也被证明是地球上最有效的碳捕获和封存系统，其贮存碳的效率比森林高达 90 倍，是全球重要的碳库。因此，海藻床和海草床的恢复和重建具有重要的生态意义。近几十年来，国内外针对海藻床恢复与重建集中了大量的精力，研发了适用于不同区域的海藻床恢复与重建技术。但是，海藻床人工恢复难度很大，对技术要求高，在特定区域的海洋牧场开展海藻床恢复重建，必须按照一套系统的程序操作，且并非所有的海洋牧场都能构建海藻床。海藻床修复技术主要包含以下几种要素：①增加新的着生面，构建藻类能够着床的海底基质；②减小食藻生物摄食的压力；③海藻幼苗的培育和移植；④增加营养盐浓度以促进海藻床的生长。各个环节均需着重考虑并形成对策，才能保证海藻床修复的成功。

4. 提高人工鱼礁技术

人工鱼礁建设工程是海洋牧场系统工程的重要组成部分，为海洋生态系统的修复作出了重要贡献。人工鱼礁是将人工构造物有目的地投放于海底，用来改善海域生态环境、保护和增殖渔业资源的人工设施（李真真等，2017）。人工鱼礁的建设不仅可以诱集鱼类前来索饵、产卵，同时也为鱼类提供避敌、栖息和繁育的场所（王强等，2017）。人工鱼礁可以改善投礁海域的生态环境。人工鱼礁上可以附着大型藻类，藻类可以吸收海水中的氮、磷等营养物质，从而净化水质，降低附近海域的富营养化程度和赤潮的发生频率。人工鱼礁也可以改善渔场的底质环境，使鱼种较少的沙泥底质环境变成生产力较高、鱼种较多的岩礁环境，增加附近渔场的资源量。人工鱼礁的投放还可以促进海底营养盐的循环，形成良好的饵料场。人工鱼礁投放后，可以诱集、培育大量鱼类，且经过数年以后能形成一个天然礁区，可为观光游钓业的发展提供良好的场所。人工鱼礁的生态效益评价指标包括水质、沉积物、环境生物和渔业资源。评价方法包括鱼礁区和非鱼礁区对比、投礁前后资源量对比。渔业资源评估方法包括各种作业网具捕捞结果对比等。目前有关人工鱼礁选材、选址、铺设与管理等方面有较多的报道（袁小楠等，2017；李真真等，2017；王强等，2017），为人工鱼礁的建设提供了一定的科学指导。我国人工鱼礁建设经过几十年的发展，取得了明显成效，但相比发达国家还存在较大的差距。在人工鱼礁建设方面还缺少很多相关研究。比如，人工鱼礁建设管理体系不完善，缺乏统筹规划；人工鱼礁建设规模小，效果不明显；人工鱼礁制造、投放不科学，缺乏持续的管护等诸多问题。接下来要优先发展人工鱼礁的开发利用技术，包括人工鱼礁构筑材料和形体结构设计等研究；深水人工鱼礁制作、投放、固定等技术研究；人工鱼礁对渔场生态环境，尤其是提高海域生产力水平的研究；人工鱼礁区流态研究；鱼礁集鱼机理研究；人工鱼礁渔场捕捞技术研究等（张健和李佳芮，2014）。根据各海区的环境特点，对人工鱼礁建设的自然条件、选址、类型设置、效果调查与研究、增殖放流等建设内容、技术和方法提出有针对性的对策和措施（张健和李佳芮，2014）。

（二）重点发展领域科技规划与布局

重点推动海岸带生态农牧场向规范化、科学化方向发展。制定盐碱地生态农牧场、滩涂生态农牧场和浅海生态牧场融合发展的技术规程和标准，规范生态农牧场承载力评估、布局规划、设计建设、监测评价、预警预报，陆海联动，完善海岸带生态农牧场建设标准体系，指导和规范行业发展（杨红生，2017b）。具体措施包括以下几个方面。

1. 加强对环境的监测力度

为保障海洋牧场的安全生产和海产品质量，必须加强对海洋牧场的环境监测力度，从而保证海洋牧场的健康可持续发展。海洋牧场水文和水质监测指标主要包括海流、盐度、温度、浊度、叶绿素、溶解氧、总氮、pH、溶解无机氮、无机磷、总磷、活性磷酸盐、化学耗氧量等。盐度、温度、浊度、溶解氧、叶绿素和pH通过现场采样获取，其余水质指标通过实验室测定获取。海洋沉积物的监测主要选取的指标有沉积物粒度、常见重金属（Pb、Zn、Cr、Cd、Cu等）、总有机碳、石油烃、硫化物、多氯联苯和大肠菌群等。此外，沉积物耗氧量也是一项重要的监测指标，可用于分析海洋牧场水体氧收支平衡和水环境质量评价。以上指标可通过现场采样并带回实验室测量获得。生物指标的监测主要包括浮游动物、浮游植物、底栖生物。实验室采用显微镜或解剖镜鉴定生物种类，并对不同物种的数量以生物量进行测定。对不同营养级海洋生物进行功能类群划分，在不同功能类群中选取贡献率较高的优势种和关键种作为指示生物，以指示生物的物种多样性指数、丰富度指数等参数评价海洋牧场生物多样性现状，进而对海洋牧场饵料生物状况进行评估。此外，现场取得的水体和沉积物中的沉积物样品，通过常规培养和现代基因测序技术获得主要微生物类群和丰度。

2. 构建水产品安全追踪体系

民以食为天，食以安为先，食品安全问题一直是公众最关心的话题之一。然而，近年来食品安全问题时有发生，多宝鱼硝基呋喃、畜牧产品三聚氰胺残留等食品安全事件都牵动着生产从业人员和广大消费者的神经（辛珐，2015）。因此海洋牧场产品质量安全保障尤为关键。水产品安全公共信息追溯系统将为构建运转高效、安全优质、节能降耗、环境友好、达到国际先进水平的水产品供应链提供强大的信息技术支撑。各个环节的数据采集也将对水产品品质与商品性能的提升、水产品保鲜运输及加工体系的完善、水产品检测技术的改进产生直接或间接的作用。健全水产品溯源体系是顺应国际水产品安全趋势的必然,有利于促进我国水产品市场的规范化、标准化。建立水产品安全公共信息追溯系统是确保水产品安全的有力保证,开展水产品质量安全的可追溯系统研究,对增强水产品生产管理水平,提高水产品产业竞争力,推进水产品产业的发展,加强水产品质量安全有着深远的意义(袁晓萍,2011)。目前,国内外主要采用标签技术进行水产品生产、加工、流通过程中的标识,主要包括条形码技术、二维码技术、电子标签技术等。养殖产品的个体标识编码方案设计是实现海洋牧场产品质量追溯的关键环节之一。在海洋牧场产品标签标识开发方面,需要设计开发集流通、追溯、监管、防伪于一体的水产品追溯专用标签。产品标签可以使用一维、二维或一维和二维联合技术,采用追溯码和防伪码相结合的设计。标签材料应满足防水、防潮、拉不断、防伪、条形码定影稳定、不变色等要求。在使用方面,对于包装的水产品,标签可以直接加贴于产品外包装上;对于鲜活水产品,标签可加帖于纸质产品流转记录上向下一环节传递,也可以把标签直接固定在海洋牧场产品身上。海洋牧场产品养殖环节安全信息追溯的主要内容包括以下几个方面。①养殖环境管理:对盐度、潮流、温度、水深等指标的管理。②水质管理:对透明度、溶解氧、pH、氨氮、磷酸盐、亚硝酸盐等对养殖生产有影响的指标的管理。③苗种管理:对苗种的来源、品种、价格、密度、产品检验检疫等日常管理。④放养管理:对于每个海域放养的数量、规格、种类、日期进行记录管理。⑤饲料投喂:对养殖品种觅食/生长情况、饲料品种、投喂情况进行记录。⑥产品编码的生产与打印:针对海洋牧场产品基于水产品的属性、包装形式、生产方式,生成与产品唯一对应的条形码,实现对海洋牧场产品的身份标识,进行海洋牧场产品质量信息安全溯源。

(三)前沿发展领域科技规划与布局

着重研究发展海岸带生境检测核心装备和关键技术。研发快速、灵敏、高选择性的海岸带典型污染物新型传感器技术,研制具有自主知识产权的新型污染物现场、快速监测设施,集成创制陆地和海洋环境多参数在线监测系统;结合数据采集与无线通信技术,将观测/监测数据发送至远程数据控制中心,实现环境多参数的原位、在线、一体化监测;基于遥感影像定量提取与快速识别技术,建立海岸带灾害的遥感监测与区域预报预警技术;研发海岸带多源数据融合和同化与数据挖掘及标准化模型方法,发展融合人工智能、专家系统、知识工程等现代科学方法和技术智能管理的信息系统(杨红生,2017b)。具体措施包括以下几个方面。

1. 构建区域性海洋环境立体监测平台

目前国内有关海洋牧场的项目正不断投入建设和应用，但针对海洋牧场水质监测的研究和应用相对滞后，国内多数海洋牧场无法实现海洋环境参数长时间在线监测，不能为海洋牧场提供有效的技术支撑和安全保障（花俊等，2014）。海洋环境参数主要包括水文、气象、动力等，近年来生态和水质参数也成为海洋环境监测的重要内容。目前各国大力发展海洋环境立体观测系统，即由陆上岸站、浮标、潜标、无人机、环境遥感卫星和地波雷达等组成的实时立体监测系统（戴洪磊等，2014）。该监测系统具有实时性、全方位、立体化、全覆盖、网络化等特点，可以长期获得海水水文、海水动力学和水质环境等数据，从而为海洋环境保护、灾害预警及海水安全生产提供支撑。因此，要保障海洋牧场安全生产，必须构建区域性海洋环境立体监测平台，从而为海洋牧场的运营和发展保驾护航。

2. 加强信息技术在海洋牧场建设和管理中的应用

计算机模拟技术在波浪和水流对养殖设施结构影响中的应用（Fredriksson et al.，2003；Tsukrov and Kachanov，2000；Colbourne and Allen，2001），为海洋牧场关键设施布局优化提供了依据；基于无线传感器网络的水产养殖水质监测系统，通过传感器节点负责水质数据采集功能，并通过无线传感器网络将数据发送给汇聚节点后将数据传送给监测中心，结合基于物联网 Android 平台的水产养殖远程监控系统的应用，实现了对海洋牧场环境的远程实时监测（黄建清等，2013；李慧等，2013）；基于射频识别（RFID）技术和产品电子代码（EPC）等物联网的水产品供应链可追溯技术，实现了对海洋牧场的养殖管理、加工管理、配送管理、销售管理、查询监管的全程跟踪与追溯，提升了海洋牧场的食品安全保障水平（颜波等，2013）。

3. 加强卫星遥感技术在海洋牧场建设中的应用

卫星遥感技术是一门综合性的科学技术，主要集成利用空间、光学、电子、计算机通信和地学等技术获取相关数据。卫星遥感具有覆盖面积大、快速、全天时和全天候的特征。通过对卫星遥感所获得的水温、水深、气象因素等数据进行分析，可以用于指导渔业生产、海洋灾害预警、海洋生态污染及灾害的监测，有着广泛的应用前景（林晓鹏，2006）。近年来，我国空间卫星技术发展迅速，卫星遥感资料的应用领域已从海洋水色要素、海水温度、赤潮监测等发展到水质监测、CO_2 监测和海岸带生态健康评价等领域（潘德炉和龚芳，2011）。卫星遥感技术可以为海洋牧场提供实时有效的海洋灾害、生态和污染监测数据，如赤潮、浒苔和溢油等数据，为牧场提供安全预警；可以指导海洋牧场的渔业生产。沙滩、海草、砾石及淤泥等不同底质类型对光谱的反射率不同，通过卫星遥感检测反射率的变化可以鉴别海草等底质类型（杨顶田，2007）。遥感和航拍都是较大尺度的藻类群落研究手段，通过遥感和航拍获得图像，通过分析图像得到海藻床的分布特点，可以为海藻床水平分布特征提供细致和长期的数据（Long et al.，1994）。

4. 推进无人机技术在海洋牧场建设中的应用

无人机是一种新型的遥感监测手段，具有机动性强和效率高等优点，能够有效弥补现场监测、卫星遥感和航空遥感等监测手段的不足。无人机获取的遥感影像分辨率能够达到0.1m，远高于卫星遥感影像的分辨率，能够为海域动态监测管理系统提供大量重要的信息源。无人机可为全面了解海洋牧场的海域使用状况、赤潮等生态灾害监测提供影像数据支持，从而提高海洋牧场管理的效率与机动性（李忠强等，2014）。无人机还可用于海洋牧场生态灾害预警、预报和应急管理。在赤潮、浒苔、海冰、风暴潮等海洋灾害频发时段利用无人机加强对牧场海域的巡检，调查上述海洋灾害的分布范围和程度，进一步预测海洋灾害的走向并及时发布灾害预警。另外，无人机获取的海洋牧场实时遥感影像，还可用于指挥赤潮和绿潮等消灾减灾任务（曹洪涛等，2015）。

5. 提高水声探测设备的应用技术

利用水声探测可以绘制海底的详细拓扑结构，其背向散射数据可用于沉积物类型和生境类型的判定（Medialdea et al.，2008）。植被、水体、海底等反射声波的能力不同，在回声信号中可依据回声强度、水深、海底之上的厚度等区分出植被信号进而提取盖度及高度等信息。水声学探测不受水体透明度影响，在较大面积的海草/海藻床研究中优势明显。可选的仪器有回声探测仪、侧扫和多波束声呐等。回声探测仪最初应用于鱼群分布特征的探测和海底地形的测绘（MacLennan and MacKenzie，1988），它可以发射特定频率段的声学信号和测量反射自海底及其他物体的信号。回声探测仪使用方便、性价比高，经常被应用在海底植被空间分布特征的研究中，如应用在刚毛藻（*Cladophora* sp.）（Depew et al.，2009）、大叶藻（*Zostera marina*）（Komatsu and Tatsukawa，1998）、马尾藻（*Sargassum* sp.）（Minami et al.，2012）等不同回声强度的海底植被研究中；也应用在漂浮性浒苔（赵宪勇等，2009）的研究中。不同的仪器频率适宜研究的生物种类不同，200kHz的仪器频率在藻类探测中使用较多（Quintino et al.，2010）。相比回声探测仪，多波束声呐和侧扫扫描区域广，也能够将海藻床与其他海底底质进行区分，在海藻或海草床的水平分布特征研究中优势明显（De Falco et al.，2010）。虽然我国在水声学领域取得了一定的研究成果，但与国外相比，仍有较大的差距。因此应大力加强海洋水声环境建设，开展对海区海洋水文气象、海洋水声环境的研究；提高水声探测设备性能，加强对舰船自身降噪技术的研究和应用推广；在已有的水声探测设备条件下，努力提高人员的训练水平，特别是目标识别训练水平，加大训练难度，提高识别准确率；应加强对水声探测设备的管理和维护，挖掘潜能，使其性能得以充分发挥（余越和程一超，2016）。

6. 构建多功能海洋牧场平台

近年来，我国海洋牧场企业开发研制了一种新型的多功能海洋牧场平台。该平台型宽 20m、型长 20m、型深 2m，采用 4 条长 35m 的圆柱形桩腿及液压插销式升降系统，通过太阳能、风能绿色能源进行供电（图 5-1）。通过在该平台安装各种化学传感器、声学探测设备、视频监测设备，实现对海洋牧场水质环境的实时在线监测。通过联合无人机和卫星遥感监测，可以构建"天-空-海-地"等多源观测体系，以及海洋生态牧场大数据采集和分析平台，实现对海洋牧场环境的实时预警、预报，完善海洋生态牧场可持续发展决策支持系统，为海洋生态牧场的理论构建提供依据。此外，可以通过开发该平台在监测、管护、补给、安全、旅游、环保等方面的功能，将其应用于海上水质观测、海上旅游休闲、海上养殖、海上垂钓娱乐、海上观光酒店等各种领域。该多功能海洋牧场平台的投入使用将有效解决海洋生态牧场在建设和管理过程中遇到的安全管护、环境及生物监测、休闲环保等诸多难题。

图 5-1 多功能海洋牧场平台（山东蓝色海洋科技股份有限公司供图）

主要参考文献

曹洪涛, 张拯宁, 李明, 等. 2015. 无人机遥感海洋监测应用探讨. 海洋信息, (1): 51-54.

陈康. 2012. 基于动力学模型的桑沟湾和海州湾栉孔扇贝养殖容量评估. 中国科学院海洋研究所博士后研究工作报告.

陈力群, 张朝晖, 王宗灵. 2006. 海洋渔业资源可持续利用的一种模式——海洋牧场. 海岸工程, 25(4): 71-76.

戴洪磊, 牟乃夏, 王春玉, 等. 2014. 我国海洋浮标发展现状及趋势. 气象水文海洋仪器, (2):

118-121.

冯伍法, 潘时祥, 张朝阳, 等. 2006. 中国海岸带分布规律及其海部要素变化检测. 测绘科学技术学报, 23(5): 370-373, 377.

傅秀梅, 王长云, 邵长伦, 等. 2009. 中国珊瑚礁资源状况及其药用研究调查Ⅰ. 珊瑚礁资源与生态功能. 中国海洋大学学报(自然科学版), 39(4): 676-684.

韩茜. 2011. 基于遥感技术的我国潮滩资源现状研究. 南京师范大学硕士学位论文.

胡凡光, 王志刚, 王翔宇. 2011. 脆江蓠池塘栽培技术. 渔业科技进展, 32(5): 67-73.

花俊, 胡庆松, 李俊, 等. 2014. 海洋牧场远程水质监测系统设计和实验. 上海海洋大学学报, 23(4): 589-593.

黄建清, 王卫星, 姜晟, 等. 2013. 基于无线传感器网络的水产养殖水质监测系统开发与试验. 农业工程学报, 29(4): 183-190.

黄金森. 1989. 我国不同类型海岸的开发. 海洋与海岸带开发, (3): 18-21.

贾敬敦, 蒋丹平, 杨红生, 等. 2012. 现代海洋农业科技创新战略研究. 北京: 中国农业科学技术出版社.

蒋妙定, 高智慧, 康志雄, 等. 1995. 浙江省沿海基岩海岸主要树种的调查研究. 浙江林业科技, 15(2): 3-8.

金志丰, 王健, 张宝, 等. 2016. 陆海统筹下沿海滩涂生态系统健康评价研究. 国土资源情报, (7): 51-56.

康金花, 关桂兰, 沈艳芳. 1996. 苜蓿根瘤菌耐盐碱性试验. 干旱区研究, 13(3): 74-77.

康志雄, 高智慧, 蒋妙定, 等. 1995. 浙江省基岩海岸生态型经济林的调查与研究. 浙江林业科技, 15(2): 9-15.

李慧, 刘星桥, 李景, 等. 2013. 基于物联网 Android 平台的水产养殖远程监控系统. 农业工程学报, 29(13): 175-181.

李星, 李凯锋. 2018. 土壤盐渍化开发利用研究进展. 农业科技通讯, (6): 244-246.

李真真, 公丕海, 关长涛, 等. 2017. 不同水泥类型混凝土人工鱼礁的生物附着效果. 渔业科学进展, 38(5): 57-63.

李忠强, 唐伟, 张震, 等. 2014. 无人机技术在海洋监视监测中的应用研究. 海洋开发与管理, (7): 42-44.

林晓鹏. 2006. 卫星遥感在海洋监测中的应用. 福建水产, (1): 58-61.

蔺栋华. 2001. 生态环境与第三产业. 生态经济, (2): 22-26.

潘德炉, 龚芳. 2011. 我国卫星海洋遥感应用技术的新进展. 杭州师范大学学报(自然科学版), 10(1): 1-10.

庞姗姗, 刘洪洋, 张帅, 等. 2016. 基于遥感影像的大连海岸带分类体系研究. 科技资讯, 14(1): 5-7.

全为民, 张锦平, 平仙隐, 等. 2007. 巨牡蛎对长江口环境的净化功能及其生态服务价值. 应用生态学报, 18(4): 871-876.

史海燕. 2012. 广西北海涠洲岛珊瑚礁海域生态环境监测与评价. 中国海洋大学硕士学位论文.

宋达泉. 1988. 我国海岸带土地、生物资源的开发利用. 自然资源学报, 3(2): 114-120.

苏秀文. 2005. 黄河三角洲稻田高效生态种养技术. 齐鲁渔业, 22(12): 34.

王聪丽. 2015. 沧州滨海区耐盐植物引种筛选及种植试验研究. 河北农业大学硕士学位论文.

王恭祎, 李树卿, 武惠肖. 2010. 创建盐碱地上的生态产业. 林业实用技术, (2): 13-15.

王路. 2009. 王路: 建立西沙珊瑚礁国家海洋公园. 前进论坛, (4): 12.

王强, 鄢慧丽, 徐帆. 2017. 人工鱼礁建设概述. 水产渔业, 34(3): 149-151.

王颖, 王宏. 2016. 淤泥质海岸带研究的意义(序言). 地质通报, 35(10): 1567-1570.

王质彬. 1993. 生态经济型防护林体系是三北防护林工程建设的核心. 防护林科技, (4): 33-36.

吴瑞, 王道儒. 2013. 海南省海草床现状和生态系统修复与重建. 海洋开发与管理, 30(6): 69-72.

辛珐. 2015. 严格监管强化共治——新修订《食品安全法》解读. 江淮法治, (13): 41-42.

薛志忠, 杨雅华, 李可晔, 等. 2014. 菊芋耐盐碱性研究进展. 北方园艺, (9): 196-199.

颜波, 石平, 黄广文. 2013. 基于 RFID 和 EPC 物联网的水产品供应链可追溯平台开发. 农业工程学报, 29(15): 172-183.

杨顶田. 2007. 海草的卫星遥感研究进展. 热带海洋学报, 26(4): 82-86.

杨红生. 2017a. 海岸带生态农牧场新模式构建设想与途径——以黄河三角洲为例. 中国科学院院刊, 32(10): 1111-1117.

杨红生. 2017b. 海洋牧场构建原理与实践. 北京: 科学出版社.

杨红生, 邢丽丽, 张立斌. 2016. 现代渔业创新发展亟待链条设计与原创驱动. 中国科学院院刊, 31(12): 1339-1346.

杨群英. 1991. 田菁籽的综合利用研究. 河南预防医学杂志, 2(3): 732-733.

杨忠信, 党兵, 张永贤. 1994. 毛乌素沙地生态经济型防护林体系海流滩试验区建设初报. 水土保持通报, (1): 62-71.

于祥, 田家怡, 李建庆. 2009. 黄河三角洲外来入侵物种米草的分布面积与扩展速度. 海洋环境科学, 28(6): 86-111.

余越, 程一超. 2016. 浅谈海洋水声环境对水声探测设备使用的影响. 科学技术创新, (26): 174-174.

袁小楠, 梁振林, 吕振波, 等. 2017. 威海近岸人工鱼礁布设对生物资源恢复效果. 海洋学报, 39(10): 54-64.

袁晓萍. 2011. 基于 RFID 的水产品追溯系统的研究与实现. 中国海洋大学硕士学位论文.

曾艳, 田广红, 陈蕾伊, 等. 2011. 互花米草入侵对土壤生态系统的影响. 生态学杂志, 30(9): 2080-2087.

张长宽, 陈欣迪. 2016. 海岸带滩涂资源的开发利用与保护研究进展. 河海大学学报(自然科学版), 44(1): 25-33.

张健, 李佳芮. 2014. 我国人工鱼礁建设概况、问题及建设途径. 河北渔业, (3): 59-61.

张乔民, 刘胜, 隋淑珍, 等. 1999. 香港吐露港汀角砂砾质海岸红树林生物地貌过程研究. 热带地理, 19(2): 107-112.

张乔民, 张叶春. 1997. 华南红树林海岸生物地貌过程研究. 第四纪研究, (4): 344-353.

赵宪勇, 倪汉华, 刘永利, 等. 2009. 浒苔声反射特征的实验测定. 中国水产科学, 16(6): 905-913.

Breitburg D L, Coen L D, Luckenbach M W, et al. 2000. Oyster reef restoration: convergence of harvest and conservation strategies. Journal of Shellfish Research, 19(1): 371-377.

Colbourne D B, Allen J H. 2001. Observations on motions and loads in aquaculture cages from full scale and model scale measurements. Aquaculture Engineering, 24(2): 129-148.

Costanza R, Arge R, De G R, et al. 1997. The value of the world's ecosystem services and natural capital. Nature, 387(6630): 253-260.

De Falco G, Tonielli R, Di Martino G, et al. 2010. Relationships between multibeam backscatter, sediment grain size and Posidonia oceanica seagrass distribution. Continental Shelf Research, 30(18): 1941-1950.

Depew D C, Stevens A W, Smith R E, et al. 2009. Detection and characterization of benthic filamentous algal stands (*Cladophora* sp.) on rocky substrata using a high-frequency echo-sounder. Limnology and Oceanography, Methods, (7): 693-705.

Fonseca M S, Fisher J S, 1986. A comparison of canopy friction and sediment movement between four species of seagrass with reference to their ecology and restoration. Marine Ecology Progress Series, (29): 15-22.

Fredriksson D W, Swift M R, Irish J D, et al. 2003. Fish cage and mooring system dynamics using physical and numerical models with field measurements. Aquaculture Engineering, (27): 117-146.

Hemminga M A, Harrison P G, van Lent F. 1991. The balance of nutrient losses and gains in seagrass meadows. Marine Ecology Progress Series, 71(1): 85-96.

Jackson J B, Kirby M X, Berger W H, et al. 2001. Historical overfishing and the recent collapse of coastal ecosystems. Science, 293(5530): 629-637.

Komatsu T, Tatsukawa K. 1998. Mapping of *Zostera marina* L. beds in Ajino Bay, Seto Inland Sea, Japan, by using echo-sounder and global positioning systems. Journal de Recherche Océanogra-phique, (23): 39-46.

Long B G, Skewes T D, Poiner I R. 1994. An efficient method for estimating seagrass biomass. Aquatic Botany, 47(3): 277-291.

MacLennan D N, MacKenzie I G. 1988. Precision of acoustic fish stock estimates. Canadian Journal of Fisheries and Aquatic Sciences, 45(4): 605-616.

Medialdea T, Somoza L, León R, et al. 2008. Multibeam backscatter as a tool for sea-floor chara-cterization and identification of oil spills in the Galicia Bank. Marine Geology, 249(1): 93-107.

Minami K, Hamano A, Tojo N, et al. 2012. Estimation of the spatial distribution of a Sargassum bed in Kuruminose, Yamaguchi, Japan, using an acoustic method. Nippon Suisan Gakkaishi, 78(2): 171-179.

Quintino V, Freitas R, Mamede R, et al. 2010. Remote sensing of underwater vegetation using single-beam acoustics. ICES Journal of Marine Science, 67(3): 594-605.

Ren J S, Stenton-Dozey J, Plew D R, et al. 2012. An ecosystem model for optimising production in integrated multitrophic aquaculture systems. Ecological Modelling, 246: 34-46.

Tsukrov I, Kachanov M. 2000. Effective moduli of an anisotropic material with elliptical holes of arbitrary orientational distribution. International Journal of Solids and Structures, 37(41): 5919-5941.

van Slobbe E, de Vriend H J, Aarninkhof S, et al. 2013. Building with Nature: in search of resilient storm surge protection strategies. Natural Hazards, 66(3): 1461-1480.

第六章 辽河口海岸带生态农牧场模式预测与效益分析

摘 要： 辽河口是我国高纬度海域最具代表性的海岸带生态系统，也是环渤海经济圈的建设核心区之一。辽河口富含矿产和生物资源，是我国东北经济振兴和社会发展的关键区域。然而，在全球气候变化和海岸带过度开发及水稻种植和水产养殖等人类活动的影响下，辽河口已成为生态环境的脆弱带，景观和生境破碎化程度增强，生物多样性丧失，陆海生态连通性严重受损。因此，亟待构建辽河口"生态优先、陆海联动、融合发展"的资源可持续利用新模式。本研究以辽河口陆海生态系统连通性的演变规律与驱动机制为理论驱动，利用海岸带生境立体化监测、受损生境修复和调控、经济生物苗种培育及种养殖、生态多元化增殖、生物资源高效开发利用等核心设施与关键技术，在辽河口海岸带建成"盐碱地—滩涂—浅海"三场连通的生态农牧场；依据辽河口生态承载力，在优先保护生态岸线的前提下，着力发展以芦苇、翅碱蓬等耐盐植物高效种植与利用为基础，以稻（苇）-蟹（鱼）-碱蓬-沙蚕-贝类综合生态种养殖为模式的海岸带生态农牧场。辽河口海岸带生态农牧场的模式构建与实践能完善辽河口生态系统的结构和功能，促进陆海联动，显著增加生态连通性，使生态系统的服务价值产生"正"的变化，显著增加海岸带生态系统服务的价值（其增量可以通过工程示范区的建设和实践进行评估）。无疑，在辽河口进行海岸带生态农牧场的模式构建和系统规划可以在生态、经济和社会等方面取得较大的综合效益。

关键词： 辽河口，生态连通性，陆海联动，海岸带生态农牧场，稻（苇）-蟹（鱼）-碱蓬-沙蚕-贝类，模式预测，效益分析

第一节　辽河口资源现状及环境与生态问题

一、概况

(一)历史形成

辽河流经河北、内蒙古、吉林、辽宁，于辽宁盘锦和营口注入渤海。辽河有东西两源：西辽河的老哈河为正源，发源于河北平泉县的光头山；东辽河源出吉林东辽县萨哈岭。东、西辽河于辽宁铁岭福德店汇合后称辽河。

历史上，由于人类活动的影响，辽河经历了较大的地形、地貌变迁。1894 年人工疏浚开挖双台子潮沟，辽河分为双台子河和大辽河入海；1958 年在六间房堵截外辽河后，原辽河干流来水全部由双台子河注入辽东湾，形成大量泥沙淤积；1968 年修建盘山闸后，入海径流量和泥沙量明显减少，大凌河、小凌河及大辽河入海泥沙通过沿岸流和潮流向辽河口搬运，导致河口地貌淤积加快；1999 年辽河截流后，纳潮量与落潮流速均减小，随涨潮进入河口潮道的泥沙迅速堆积，之后便很难被重新启动搬运，致使辽河口处于淤积的状态（谌艳珍等，2010）。至此，辽河口海岸带区域地形、地貌格局基本形成。

(二)地质地貌演变

历经 100 多年，辽河口已经演变成一个具有喇叭形边界形态、拦门沙发达的堆积型河口。在河流、潮流、波浪等因素共同影响下，河口地貌沉积变化频繁。总体上，辽河口海岸线受河流沉积的影响不断向海淤进，由平缓淤泥质岸线逐渐变为凹凸规则岸线。海岸面积增加最快时期主要受河流沉积影响。20 世纪 80 年代以来，围堤、养殖等人类活动对海岸线变迁的影响愈加显著，逐渐成为海岸变迁的主控因素。而辽河口河道受河流和海洋水动力作用，其平面形态极不稳定，滩槽置换频繁，岸滩心滩不断淤涨扩大，河床淤浅（中国海湾志编纂委员会，1998）。

二、资源与开发现状

(一)自然与生物资源

1. 湿地资源

辽河口面积约 4900km^2，资源丰富，经济较发达，在环渤海经济圈乃至全国的社会经济发展中有着重要的作用（刘容子，2012）。湿地是辽河三角洲的典型生境，具有类型多样、面积大、分布复杂的特点。湿地主要集中于大凌河与双台子河之间，景观结构复杂多样（刘红玉等，2001）。盘锦总湿地面积 37 万余公顷，其中以红海滩为主的天然湿地面积为 159 919hm²，潮间带滩涂湿地 60 400hm²，人工湿地面积为 154 938hm²。

2. 生物资源及现状

辽河口由于年平均气温低、土壤盐碱化严重、冬季气候恶劣和冰封期长等不利于生物生存的自然环境条件，形成了以翅碱蓬为单一植被的地貌特征，并因此得名"红海滩"。天津厚蟹在每年 4 月初海冰完全消融后从附近海区迁移，并在红海滩完成繁殖过程，直至冬季形成了动物单一优势种群，其分布上限与高潮线密切相关，分布密度沿潮沟两侧递减。

辽河湿地为鱼类和蟹类提供食物、掩蔽所和水源，是鱼类上溯到湿地内产卵、孵化及栖息的场所，也是河蟹等幼体优良的成长地。辽河流域的主要渔获品种有鲫、雅罗鱼、白鱼、鳊、鲶、鲚、棱鱼、鲈等，蟹类以盘锦河蟹最出名。辽河中下游地区的河流附属水体多。近年来积极保护和恢复以水库、湖泊为主体的河川渔业，使得银鱼、鲚资源有所回升，但仍需加强产卵繁殖保护（刘洋等，2014）。

另外，辽河三角洲为迁徙水禽及其他湿地生物提供了丰富的食物、水源和安全的隐蔽场所及繁殖地。该三角洲不仅是亚洲东部重要的鸟类迁徙路线上关键的停歇站，同时也是珍稀鸟类的繁殖地。据统计，该地区有野生水禽 144 种，其中白鹳、黑鹳、白头鹤、白鹤、丹顶鹤为国家一级重点保护野生鸟类，丹顶鹤等 11 种为世界濒危鸟类，黑嘴鸥为世界自然保护联盟（IUCN）易危物种。

（二）油气资源

辽河油田滩海勘探项目区位于辽东湾北部，横跨盘锦、葫芦岛和营口。地域范围西起葫芦岛、东至鲅鱼圈连线以北、水深 5m 以内的滩海地区。由陆滩、海滩、潮间带和极浅海 4 部分组成，矿产登记面积为 3475km²，实际勘探面积约为 2141km²。目前，滩海地区投入开发的油田主要为海滩部分，油品的性质均为稀油。累计动用含油面积 16.1km²，石油地质储量 2523×10⁴t，可采储量 620×10⁴t（于开才，2008）。

三、环境与生态问题

（一）盐生湿地逐渐退化

湿地景观受到自然因素和人文因素的影响，大片的芦苇沼泽因地势变高缺少必要的积水和适宜的土壤盐度导致苇田退化。随着湿地面积的减少，湿地能纳洪蓄水的面积也不断减少，蓄水调洪能力亦不断下降。油田铺路、采油及苇田修路等人类活动导致湿地水禽栖息地面积急剧缩小,对湿地水禽活动产生很大影响。

(二)环境污染较为严重

辽东湾北部海域水动力过程较弱,海水的自净能力差,营养要素(如氮、磷等)的含量较高,污染物得不到有效的稀释和自净,有毒有害物质累积及潜在的风险较大(Yuan et al.,2015)。据《2017年中国海洋生态环境状况公报》[①],辽河口海水中化学耗氧量、无机氮、活性磷酸盐和石油类的含量较高,四类和劣四类水质面积占比较大,是我国富营养化程度最严重的海域之一。同时,从营养盐结构看,辽河口的氮磷比(平均值30,峰值可达50)失衡,表明该海域除营养盐显著增加之外,营养物质的结构也发生了变化(梁玉波,2012)。就沉积物质量而言,辽河口沉积环境中石油类含量超过第三类海洋沉积物质量标准(Yang et al.,2015),而且沉积环境中的重金属,特别是铜、镉、锌、铅(Yang et al.,2015;Zhang et al.,2017),以及持久性有机污染物(Zhang et al.,2016;Yuan et al.,2017)等的污染也不容忽视。

(三)海洋生物资源利用不可持续,生物多样性降低

历史上,辽河口渔业资源非常丰富,曾是小黄鱼、带鱼、对虾等经济动物的重要渔场,而近年来仅有海蜇、毛虾、棱子蟹等渔获(中国海湾志编纂委员会,1998)。目前,辽河口天然湿地面积逐渐缩小,虽芦苇湿地斑块化有所改善,但辽河口陆海连通性受阻严重,物种多样性明显降低(林倩,2009;赵雪,2017;Zhang et al.,2016)。

第二节 辽河口农牧业现状与发展需求

一、产业现状

20世纪50~60年代随着盘锦垦区的成立,辽河口在农林副业方面有了较大的发展(张耀光,2001)。辽河口是我国重要的粮食、造纸原料的生产基地,现有水田面积 $11×10^4hm^2$,年产粮食 $8.5×10^8kg$;苇田面积 $8×10^4hm^2$,年产芦苇 $40×10^4t$,所产造纸原料占辽宁造纸原料的一半以上。另外,辽河口矿产资源丰富,是我国重要的石油化工生产基地,拥有地下蕴藏井盐约 $16×10^8m^3$,海盐产量居全省前列(赵阳国等,2016)。

辽河口为缓混合型陆海双向河口,长年积累的淤泥、沙形成了广阔的冲积平原和近海潮滩。辽河口淤积和潮汐重塑形成的盐沼区及曲折的海岸线交叉构成了

---

① 该公报涉及的全国性统计数据均未包括港澳台数据。

该区域具有巨大潜能的海岸地带,为鱼、蟹类提供了充足的食物和良好的掩蔽所。辽河口营养盐类含量丰富,有利于鱼虾产卵和苗种培育。同时芦苇具有调蓄洪水、净化污水、调节气候、防止盐水入侵陆地等功能,该区域芦苇丛生,为鱼、禽、蟹的繁育提供了良好的水域生态环境(于长斌和刘新宇,2012)。

辽河口渔业资源丰富。20 世纪 80 年代辽河口水产养殖业逐步兴起,农林牧副渔五业兴旺(张耀光,2001)。1996 年,盘锦被确定为全国首批生态建设示范区,围绕水稻、水产、林苇等主导产业,按照"优粮、增菜、强畜、扩渔、改苇、兴林"的思路,积极调整农业内部结构,从最初的石油农业逐步向以设施为主的现代农业转变。以稻田河蟹养殖、稻田泥鳅养殖为代表的稻、蟹互利共生养殖模式,以及以文蛤繁育、南美白对虾养殖等为主的水产生态养殖模式陆续出现。依托辽河口湿地资源的优势,在苇田中将鱼、蟹和对虾的养殖有机融合,实施和推广苇-虾-鱼-蟹生态循环经济模式,利用物种互惠共生的生态学原理,实现了生物间的协调共存,充分发挥了生态系统本身的自控、调节和反馈作用(宋洪海,2010),成为保护辽河口湿地资源可持续利用的重要模式。

近年来,辽河口区域得天独厚的芦苇和湿地旅游资源促使以休闲观光为主的旅游业发展迅猛。鉴于芦苇具有净化油田污染的特征,利用辽河口独特的油田资源优势,将工业发展与旅游业相结合,实现自然景观和人造景观的完美结合,推进该区域第一、第二、第三产业进一步融合发展(于长斌和刘新宇,2012)。目前已累计投入资金超过 2 亿元,完成湿地观景廊道、苇海迷宫等景区设施建设。2014年 8 月苇海湿地旅游景区开始正式营业,据统计在旅游黄金期平均每天有近万名游客进园参观。

二、发展需求

在辽河口经济快速发展过程中,由于忽略了陆海之间的生态连通性,辽河三角洲出现了生物栖息地退化和碎片化、生物多样性降低、陆海生态系统的分离度日益严重等一系列问题。研究发现,辽河口湿地生态系统处于亚健康状态,湿地生态结构比较完整,具备一定的系统活力,但外界压力较大,接近生态阈值(林倩等,2010;刘玉松,2012)。随着现代农业瓶颈问题的不断出现,辽河口区域生态系统服务功能呈现逐年下降的趋势,海岸带的可持续利用程度受损。

近年来,辽河三角洲苇田工程的建设和水利设施的修建,使得以前自然潮汐的苇田灌溉变成了由水利设施控制的人工灌溉,导致自然潮汐无法自由进入到内河,阻碍了鱼蟹天然的洄游通道,阻断了原有的陆海连通,进而引起芦苇湿地内鱼蟹数量急剧减少,养殖经济也停滞不前。随着近 20 年辽河三角洲地区农业区域的不断扩大,很多自然湿地被水稻田所代替,原有大片连续的湿地被格田或围坝所取代，生态连通性受到非常大的破坏，辽河口芦苇和翅碱蓬湿地面积逐年减少，湿地生态资源失衡。此外，辽河口区域滩涂利用以贝类、海蜇和海参养殖为主，资源利用潜力大，但利用率不高，与陆源稻田开发、水利工程建设及油田开发相比，该区域的海水养殖业发展相对较缓。

辽河口生境的退化及破碎化导致海洋生物资源及其栖息的生境遭到破坏，生物多样性降低，资源退化严重；另外辽河口区域已有的农业、养殖业相对比较单一，这些都无法满足现代农业的发展要求。杨红生（2017a）以我国黄河三角洲为例提出的建成"陆海联动、三场连通"的现代化海岸带生态农牧场，为解决辽河口区域海岸带保护与持续利用指引了方向。结合辽河口纬度高、冬季结冰期长、水动力过程弱的特点，因地制宜地构建适合芦苇、碱蓬生长的盐碱地生态农牧场，结合滩涂和浅海生态牧场建设，建成适应于辽河口独特生境特征的现代化海岸带生态农牧场成为辽河口湿地保护和持续利用的新模式。

第三节 辽河口海岸带生态农牧场的基本设想与初步规划

一、基本设想

海岸带既是陆-河-海相互作用显著的区域，又是人类经济社会活动高度密集的区域（Primavera，2006）。持续的开发利用活动致使海岸带的陆海生态连通性受损，生态系统服务功能下降。由于仅重视近海生态保护与环境利用而忽略了陆海之间的生态连通性，生态岸线保护和经济岸线开发的综合效益难以进一步提升（贾敬敦等，2012）。因此，在辽河口构建现代化海岸带生态农牧场，必须坚持"生态优先"的根本原则，以生态学原理为指导进行科学设计和规划，依托具有环境保障和预警预报功能的现代化平台，在滩涂、盐碱地和浅海建成"陆海联动、三场连通"的生态农牧场，构建辽河口海岸带生态系统保护与持续利用的新模式。

根据辽河三角洲海岸带资源和环境资源开发利用现状，借鉴我国典型海岸带区域——黄河三角洲发展海岸带生态农牧场新模式的设想与途径（杨红生，2017a），我们提出在辽河口海岸带构建生态农牧场必须要遵循生态系统管理理念，统筹发展"三场连通"的滩涂湿地生态农牧场、盐碱地生态农牧场和浅海生态牧场，在辽河口实现"三产融合"的海岸带保护和持续利用新模式。辽河口海岸带生态农牧场的构建设想包括以下4个方面的内容。

（一）坚持陆海联动，建设滩涂生态农牧场

辽河口湿地资源面积大、类型多，滩涂湿地是典型生境。在辽河口的典型生境构建生态农牧场必须坚持陆海统筹的根本原则，对辽河口不同类型滩涂湿地的

功能区域进行科学规划，对被破坏的天然湿地进行修复与重建，在光滩开展畜禽养殖，同时培育辽河口代表性水产动物——文蛤、河蟹的优良苗种，扩繁沙蚕等优质饵料，实现对潮间带滩涂和人工湿地的高效利用，从而恢复大部分湿地"自然之肾"的生态服务功能。

（二）坚持生态优先，发展盐碱地生态农牧场

辽河三角洲具有广阔的适合芦苇、碱蓬生长的盐碱地，分别形成了世界第二大苇场和举世闻名的红海滩。在发展盐碱地生态农牧场时，必须强调陆海统筹、人与自然和谐共建的理念（van Slobbe et al.，2013），基于辽河口盐碱地的环境承载力，首先对辽河口生态岸线进行优先保护，然后开展芦苇、翅碱蓬等耐盐植物的高效种植与利用，着力发展以稻（苇）-蟹（鱼）-碱蓬-沙蚕-贝类为特色的复合生态种养殖。

（三）坚持融合发展，构建浅海生态牧场

辽河口近岸海域污染严重，渔业资源逐渐枯竭。通过治理石油烃污染、恢复近海初级生产力和改善海洋生物栖息环境，为辽河口鱼、蟹、贝等海洋动物提供繁殖、育幼、觅食等生命活动所必需的场所，通过人工增殖放流，资源动态监管，补充和恢复渔业资源，并发展以垂钓、珍稀水禽观赏为特色的休闲旅游产业，实现"三产融合"发展，从而在辽河口建成可持续发展的浅海生态牧场。

（四）坚持工程示范，构建保护与利用新模式

辽河支流众多，沟渠纵横交织。辽河口海岸带生态农牧场的构建必须在系统评估辽河口干流和主要支流陆海生态连通性的基础上，在陆海统筹的前提下，通过强化海岸带滩涂、盐沼等湿地的保护利用和蓄积淡水等生态工程建设，旅游开发，蓄积淡水等建设工程，保证辽河口海岸带具有稳定的生态系统结构和功能，确定海岸带的主体功能区，建立海岸带各区域相互连通、融合发展的生态农牧场，科学规划资源开发的空间布局，在辽河口海岸带建成现代生态农牧场，提升该区域开发利用的广度、深度及综合效益。

二、发展模式预测

近年来，我国高度重视海洋牧场建设，已建成 110 个国家级示范区，初步在浅海区实现了生态环境的保护、生物资源的养护和持续利用，推动了海洋渔业的产业升级（杨红生，2017b）。然而，目前在海岸带的盐碱地、滩涂和浅海进行的相对割裂的开发建设已阻滞了我国现代农业的发展，杨红生首次提出在阐明影响

陆海生态连通的机制及其调控途径的基础上，因地制宜研发适用于海岸带农牧化的新设施、新技术并集成应用，以现代工程技术平台为支撑，建成陆海联动的现代化海岸带生态农牧场（杨红生等，2016）。

原创性的基础研究是推进辽河口"盐碱地—滩涂—浅海"三场连通的生态农牧场构建的内源驱动力。构建辽河口海岸带生态农牧场的首要任务是系统认知在自然因素（如气候变化）和人类活动作用下辽河三角洲陆海生态连通性的现状特征、演变规律与驱动机制，阐明辽河口海岸带水盐运输转移的时空演变与近岸水动力变化的关系，揭示近岸氮、磷等营养盐和石油烃的来源通量及其迁移规律。以此为驱动，利用先进的海岸带环境监测和生态修复方法、装备、技术，增强辽河口不同类型生境斑块间的生态连通性，为辽河口海岸带生态系统能流中的重要生物种群和关键种提供适宜的繁衍栖息环境，提高海岸带生物利用营养盐、固定 CO_2 的能力，建立海岸带生态系统保护和持续利用新模式。

根据辽河三角洲的自然特征和主要生境的开发利用现状，在辽河口发展"三场连通"和"三产融合"的生态农牧场，首先要优化三产结构与布局。在辽河口海岸带发展第一产业，应着重开展耐盐牧草-畜牧种养，稻（苇）-蟹（鱼）-碱蓬-沙蚕-贝类复合生态种养殖，翅碱蓬和芦苇等耐盐植物的高效种植、保护与利用，构建具有海岸带特色的盐碱地生态农牧场；滩涂生态农牧场重点开展滩涂湿地生境修复与重建、光滩畜禽养殖、文蛤等特色海产动物健康苗种的培育与产业化，建设以贝类增殖为特色的滩涂型海洋牧场；浅海生态牧场重点开展海草场保护与修复、渔业资源恢复与持续利用，评估海草场的生态系统服务功能，构建辽河口浅海生态牧场。辽河口第二产业的发展应着重利用辽河口生物资源进行生物制品（食品）的精深加工、保健品和功能肥料的开发，一是用碱蓬、芦苇等耐盐经济植物开发营养特膳、药用材料等多元化功能产品；二是再利用鱼、蟹、贝加工后的废弃物，从中提取分离胶原蛋白、动物多糖、脂类、生物钙等活性成分，深度开发功能食品、化妆品、涂料等产品；三是筛查辽河口海岸带典型环境（盐碱地、滩涂湿地、浅海养殖区、潮间带）等中的微生物资源及其代谢产物，构建特色菌种库，挖掘具有抗癌、抗菌活性的药用先导化合物，研发固氮、杀虫、促生长及降解污染物等功能的产品。辽河口第三产业重点发展辽河口红海滩特色景观旅游、文蛤河蟹采捕等休闲渔业及珍稀水禽保护与观赏等生态旅游。与此同时，要强化辽河口海岸带生态农牧场生态功能的相互支撑，盐碱地生态农牧场作为牧草种植场将为滩涂生态农牧场提供优质饲料供给，滩涂生态农牧场作为苗种培育场将为浅海生态牧场提供健康苗种（如耐低温苗种）支撑，浅海生态牧场作为营养盐供应场将为盐碱地生态农牧场和滩涂生态农牧场提供功能肥料支持。在辽河口海岸带实现"盐碱地—滩涂—浅海"三场连通，充分体现生态系统保护及生态服务价值，同步构建农牧渔业、精深加工业和旅游业"三产融合"的辽河三角洲高效生态经济新模式。

第四节　辽河口海岸带生态农牧场建设的科学问题和关键技术

一、科学问题

辽河口海岸带区拥有芦苇沼泽湿地国家级自然保护区，被誉为我国的"湿地之都"。辽河口湿地景观生态系统的地理位置、空间分布及环境功能独特，是海岸带区域重要的土地覆被类型，表现出整体性的特征。通过分析湿地景观格局的时空变化可以反映景观生态过程，揭示辽河口海岸带陆海生态系统连通性的演变规律和驱动机制，从而预测景观的变化趋势，实现资源的可持续利用。

辽河口湿地景观生态系统变化的驱动因素主要是自然因素与人为因素。自然因素主要包括气候、水文、土壤、植被、地质、地貌等，一般在较大时空尺度和全球变化背景下作用于湿地景观；人为因素主要表现在政策、经济、人口等方面，常常是在较小时空尺度单元上影响湿地生态变化的主要驱动力。

（一）自然因素

水是湿地景观生态系统物质循环、能量流动和信息传递的主要载体，是维系景观生态结构、功能和空间特征的重要支点。因此，区域内水环境是促使湿地景观形成和演变的直接动力。大气降水是湿地最主要的补给水源，降水量的充沛与否会直接影响湿地的面积，对湿地景观的生态变化影响重大。辽河口湿地地处中纬度地带，属于北温带大陆性半湿润季风气候，四季分明，雨热同季；年平均气温为 $8.3 \sim 8.4℃$，年平均降水量为 $611.6 \sim 640.0$mm。降水主要集中在夏季，夏季降水量占全年降水总量的 63%（中国海湾志编纂委员会，1998）。冬季降水量最小，占全年降水总量的 2.2%。各月降水以 7 月最多，1 月最少。湿地年蒸发量大于年降水量，年平均蒸发量为 $1392 \sim 1705$mm，约为年降水量的 2.5 倍（中国海湾志编纂委员会，1998）。除却降水，气温也是影响湿地景观生态变化的重要因素。气温不仅作用于植被的种类分布、生长发育和生物量，还对地表与水面蒸发的过程和强度有持续影响。因此，在全球变暖的背景下，辽河口海岸带区域的"暖干化"趋势（即气温升高与降雨量减少），是导致自然湿地景观退化的重要原因。

（二）人为因素

近年来，随着社会经济的发展，人类对自然资源的长期过度开发给辽河口海岸线带来了巨大的生态压力，对湿地景观的影响也越来越大。大量的自然湿地被开垦成具有更高经济效益的人工景观或人工湿地，主要表现在：①交通运输、城镇居民等城镇化建设；②以油气开发和芦苇造纸为主的工业生产活动；③以水产养殖和水田开发为主的农业生产活动。作为叠加于自然因子之上的外在胁迫因子，近现代的人类经济活动与区域开发加速了湿地生态演变的进程，并使之偏离了湿地原生演化轨迹。因此，人口增长与区域经济的综合开发是影响辽河口海岸带区域湿地景观变化的主要驱动力。

综上所述，近年来受全球气候变化与人类活动的共同影响，辽河口海岸带生态环境变迁的速率和强度远超自然演替，陆海生态系统的连通性受阻，海岸带湿地生态系统正遭受严重威胁，因此亟待开展陆海统筹的保护与修复。研究阻碍辽河口陆海生态连通性的关键因素并明确解决途径，是建设辽河口海岸带生态农牧场所面临的首要科学问题。因此，在系统调查海岸带的生态类型及其生态连通性阻隔因子的时空分布信息的基础上，揭示辽河口生态连通性的演变规律与驱动机制，查明生境退化的主控因素，通过时空异质性分析，开发分区式修复技术，从而在生态系统整体水平上改善辽河口海岸带生境质量，提高生态系统功能，精准制定陆海统筹的海岸带保护与修复措施。

二、关键技术

杨红生（2017a）在构建黄河三角洲海岸带生态农牧场模式时，提出一系列与海岸带生境监测及修复与调控、经济生物种养殖及生态增殖、生物资源高效开发与利用相关的关键技术，同样也适用于辽河口海岸带生态农牧场建设。

（一）辽河口海岸带生境立体化在线监测

研发具有高选择性快速检测辽河口海岸带典型污染物的新型传感器，研制具有自主知识产权的辽河口新型污染物原位快速监测设施，集成创制陆海环境多参数在线监测系统；综合运用数据采集与无线通信技术，将观测与监测数据实时传送至远程数据控制中心，实现辽河口海岸带环境多参数一体化的原位和在线监测。

（二）辽河口海岸带预报预警平台和智能管理信息系统

基于 RS 与 GIS 的定量提取和快速识别，建立辽河口区域海冰灾害的遥感监测与预警预报技术，优化资源与环境实时监测装备和预警预报平台；研发海岸带湿地生态信息融合、同化、数据挖掘及标准化模型，发展可融合人工智能、专家系统、知识工程的智能管理信息系统，推进辽河口海岸带生态农牧场的全局化管理与创新。

（三）辽河口海岸带受损生境修复与综合调控

研究辽河口海岸带重要资源生物物种现状、种群动态长期变化特征及其环境驱动因子，揭示辽河口滨海湿地生境退化机制；查明辽河口海岸带生态系统的食物链和食物网演变特征及食物产出过程，解析关键资源种及衰退种群修复机理；陆海统筹研究典型污染物和新型污染物在海岸带生境的分布通量、迁移转化规律和生物富集特征，评估海岸带生境变化和生态风险；建立海岸带自然湿地生境退化与生物多样性演变的诊断方法，以生境适应与调控、生态网络重组与优化为核心研发海岸带湿地生境修复和功能提升技术。

（四）辽河口海岸带动植物种养殖与生态农牧场建设

通过选择育种和分子辅助育种技术，获得具有抗逆性和生长优势的水产动物优良品种或者具有较高生态价值和经济价值的辽河口海岸带动植物物种；研发湿地经济植物的规模化与机械化高产栽培技术，突破盐碱地池塘生态调控技术，构建以稻（苇）-蟹（鱼）-碱蓬-沙蚕为特色的辽河口湿地生态农牧场；在保护滩涂生态环境的基础上，建设以贝-藻复合增殖为特色的滩涂型海洋牧场，从而综合构建现代化浅海生态农牧场。

（五）辽河口海岸带生物资源高效开发与综合利用

辽河口湿地的植物多样性及物种功能型变化明显。潮上带优势群落为芦苇，植物多样性指数较高；潮间带以盐生植物为主，优势种为盐地碱蓬，植物多样性指数较低。因此，应利用苇田湿地在调节气候、净化污水、促淤防蚀、维持生物多样性等方面发挥重要作用的特点，进行立体开发。主要用于造纸的芦苇不直接参加食物链，不造成二次污染，在保护和改善生态环境方面具有特殊的意义。鱼、蟹粪便肥水、肥田，不仅有利于芦苇的生长发育，还可促生各种浮游生物供鱼、蟹、虾食用。利用碱蓬、芦苇等湿地经济植物的药用价值、食用价值和饲料价值，开发中草药、营养特膳等多元化功能产品；收集贝、虾、蟹的加工废弃物，进行生物钙、脂质、多糖及寡糖等营养功效成分的再利用；针对辽河口海岸带湿地、潮间带、近海养殖区等典型环境中的微生物资源及其代谢产物，构建海岸带特色菌种库，筛选具有抗癌或抗菌活性的药用先导化合物，开发固氮、杀菌、促生长的农用菌剂或功能肥料，研制污染物降解系列功能产品。

第五节 辽河口海岸带生态农牧场的生态价值服务和综合效益分析

一、生态系统结构与功能的演变预测

辽河口海岸带生态农牧场的建设必须坚持"生态优先、陆海统筹"的原则（杨红生，2017b），强调陆海和谐、与自然共建的理念，打通陆海生态连通"最后一公里"，从而改良资源保护和利用方式。由于辽河口海岸带的农场（如水稻、芦苇种植业）、牧场（如河蟹、海参及贝类养殖业）的相对独立发展，以及辽河口油田开发、道路、农田和池塘等生境分化，导致河口生态系统生境破碎化、连通性弱化、结构简单化、功能弱化。在辽河口海岸带构建"三场连通"的生态农牧场，必然会优化辽河口海岸带生态系统的结构与功能。合理实施陆海一体的海岸带生态农牧场将会增加不同生境间的有机联系，使生态系统结构上完整性增强，信息流、物质流和能量流等生态系统的功能逐渐得到强化。生态系统的结构和功能逐渐演变到既能获得人类所需的生态产品，也能逐渐实现人与自然的和谐发展。

二、生态系统服务价值的潜在变化评估

生态系统服务（ecosystem service）是指人类直接或者间接从生态系统获得的所有惠益，包括供给、调节、文化及支持四大服务（Costanza et al.，1997）。生态系统结构是生态系统内部关系，而生态系统功能是生态子系统外部关系；生态系统中的各个组分（结构）是生态系统服务的主要来源；生态系统服务是在生态系统中通过一系列生态过程（功能）所形成及所维持的人类赖以生存的自然效用（de Groot et al.，2002）；通过分析生态系统不同组分的分布、结构和动力学特征，评价海岸带生态服务功能，建立可持续利用海岸带资源和环境服务的管理政策（Herrera-Silveira and Morales-Ojeda，2009）。

近年来，科研工作者为评估海岸不同子区域生态系统的健康状况，开发出 EEI（ecological evaluation index）（Orfanidis et al.，2003）、QISubMac（quality index of subtidal macroalgae）（Le Gal and Derrien-Courtel，2015）、RICQI（rocky intertidal community quality index）（Díez et al.，2012）等评价指标体系，主要以海草和大型海藻为指示生物。这些评价指标体系主要评价海岸潮间带及以下区域，关于海岸带的生态系统服务价值的评估，则选择具有更完善评价因素的千年生态系统评估体系（MA，2003）。该体系甄别和分析河口生态系统提供的生态系统服务主要有四大类14种（表6-1）。①有机质的生产与生态系统产品：提供鱼类、贝类等水产品及生物原材料。②生物多样性的产生与维护：维护基因、物种及生态系统多样性。③空间资源：港口、航运、锚地、临海工业、海洋运输等。④海水养殖：为海水养殖提供的空间和其他营养物质。⑤气候调节：吸收 CO_2，释放 O_2，其他温室气体的吸纳。⑥风暴防护和侵蚀控制：河口的泥滩、沙滩等生境具有的抗风和消浪性有防洪、防潮、稳定岸线的功能。⑦污染处理与控制：河口湿地可以有效过滤、转移和分解有害化学物质、营养盐和化合物，从而维持海洋环境质量。⑧生态控制：

控制有害物种数量，维持海洋生态平衡。⑨景观服务：提供的美学或审美价值反映在旅游业及海洋公园建设等。⑩休闲娱乐：提供重要的休闲娱乐服务，如沙滩、浴场、海岸带游乐场等。⑪科学和教育服务：河口生态系统的结构、过程及开发为社会正式和非正式的教育及科学研究提供了基础。⑫初级生产：提供初级生产力。⑬养分调节：在营养盐（N、P、S）的贮存和循环中的作用。⑭生境维持：河口生态系统为鸟类、海洋哺乳动物、鱼类与贝类等提供繁殖与栖息地，并维持商业性物种的收获。

表 6-1　辽河口海岸带生态农牧场建设对主要生态系统服务的变化影响预测

主要生态系统服务		生态系统服务的变化情况
供给服务	有机质的生产与生态系统产品	++
	生物多样性的产生与维护	+
	空间资源	−
	海水养殖	+++
调节服务	气候调节	+
	风暴防护和侵蚀控制	+
	污染处理与控制	++
	生态控制	+++
文化服务	景观服务	+
	休闲娱乐	++
	科学和教育服务	+
支持服务	初级生产	+
	养分调节	+
	生境维持	+

注：+表示影响程度；−表示基本无影响。

可以预见，随着岸带生态农牧场的逐步实施和完善，辽河口生态系统的服务价值将发生较大的变化，尤其是在养分调节、污染处理与控制、生物多样性的维护及休闲娱乐服务和科学研究等方面均产生"正"的变化，显著增加海岸带生态系统服务的价值。其具体的生态系统价值的增量可以通过工程示范区的建设和实践进行评估。对海洋生态系统服务价值的评估方法已经较为成熟，有市场价格法、生产率变动法、费用支出法、机会成本法、影子工程法、防护和恢复费用法、旅行费用法、享乐价格法、条件价值法和群体价值法等，生态系统服务的具体适用方法见表 6-2。

三、综合效益分析

海岸带生态农牧场建设投资大、周期长，不仅需要有国家的金融支持，而且

表 6-2 生态系统服务价值评估方法

生态系统服务	常规市场法			替代市场法					假想市场法	
	市场价格法	生产率变动法	费用支出法	机会成本法	影子工程法	防护和恢复费用法	旅行费用法	享乐价格法	条件价值法	群体价值法
食品供给	***	***								
原材料供给	***	***								
基因资源	*		***						**	*
气候调节		**		*	***	***		*	*	
空气质量调节		**		**	***	***		*	*	
水质净化调节		**		**		***		**	*	
生物调节与控制			***	**	***				*	*
干扰调节		**	*			***			*	
旅游休闲娱乐服务	*		**				***		**	
初级生产	**	*							*	*
物质循环		**							*	***
生物多样性						**			***	***
提供生境		*		***		**			*	

注：*表示该方法可以评价此项服务功能，星号越多表示该方法越适用。

也要广泛吸纳社会层面的资本参与生态农牧场的运营、维护、管理和科技创新。因此，海岸带生态农牧场示范建设完成后，需要对生态效益、经济效益和社会效益进行长期的跟踪分析，才能真正实现人与自然和谐发展。牧场管理系统需要定性研究和整合生态经济分析（Nathan，2004）。在辽河口建成新型海岸带生态农牧场后，从定性角度效益体现在 3 个方面：一是生态层面，辽河口海岸带生态农牧场的建设能够有效增加不同生境间的连通性，增加系统的稳定性，强化污染物质的处理能力，维持物种保护和多样性；二是经济层面，能够显著增加农产品（如水稻）和渔业产品（如河蟹、沙蚕、文蛤等）的产出，获得经济上的良好收益；三是社会层面，通过海岸带生态农牧场的建设，可以有效引导当地政府和从业人员转变发展理念，以生态优先的发展方向建设富有特色的"田园湿地"经济体，体现出巨大的社会效益。

第六节　辽河口海岸带生态农牧场发展策略与途径

海岸带生态农牧场是一个新的生态和经济业态，综合考虑了环境保护和经济发展，在理论上有很大的创新空间；而辽河口是我国纬度最高的河口，具有冬季冰期长（Gu et al.，2013）、生境和生物资源特色鲜明等特点，非常适合作为我国海岸带农牧化的示范区域探索基于"生态优先、陆海统筹"的生态农牧场构建模式。可以预见，辽河口海岸带生态农牧场的构建理论和模式创新及实践任重而道远，但必将引领和支撑我国海岸带生态农牧场的健康发展。为此，我们提出以下发展策略与途径。

一、辽河口生态农牧场的发展策略

（一）宣传贯彻优先，使海岸带生态农牧场的理念深入人心

目前，在学界，海岸带生态农牧场尚属新生事物，地方政府、企业界和民众中更是缺乏足够的认识。在辽河口进行海岸带生态农牧场的规划和实践需要实行"宣贯优先"的策略，可以利用学术会议、专题讲座对地方政府、企业家进行宣传，并利用电视台、当地报纸及网络对当地民众进行普及教育；使政府、企业及民众逐渐认识到在辽河口进行海岸带生态农牧场建设的先进理念、生态保护及经济收益的好处，从思想上促进和解决海岸带生态农牧场建设的阻力。

（二）基于当地资源，探索出一条我国寒冷地区的海岸带生态农牧场模式

辽河口具有丰富的生境和生物资源优势，特别是稻-蟹、芦苇-鱼、碱蓬-沙蚕及滩涂贝类和近海鱼类资源均具有较大的经济价值和开发空间。因此，在辽河口实施海岸带生态农牧场建设，必须以当地资源为依托，以湿地保护为首要条件，坚持生态优先的策略，符合辽宁功能区规划和渤海生态红线制度，逐步探索出一条适合我国寒冷地区的海岸带生态农牧场新模式。

（三）基础研究先行，为辽河口生态农牧场建设夯实理论根基

辽河口海岸带生态农牧场构建的基础是辽河口海岸带生态系统连通性的现状、演变及驱动机制的系统认知，以及辽河口海岸带水盐运移的时空演变与近岸水动力变化的关系。因此，基础性、区域性的研究要走在前列。以原创研究为驱动，构思增强辽河口不同类型生境斑块间的生态连通性的方式、方法和技术体系，建立我国寒冷地区的海岸带生态农牧场新模式。

（四）融合产业发展，以产业发展促进辽河口海岸带生态农牧场建设

当前国情下，辽河口海岸带生态农牧场的研究和建设离不开当地政府、企业和利益相关者的参与和带动。在此，我们提出以产业发展带动海岸带生态农牧场的理念，通过广泛取得当地政府的支持、产业涉及企业和民众的深度参与，将辽河口海岸带生态农牧场的建设与当地政府的环保愿景与企业的经济发展结合起来，借助辽河口农场、牧场的融合发展来建设生态农牧场。

二、辽河口生态农牧场的发展途径

（一）构建适用于我国高纬度河口保护和利用的理论及技术体系

辽河口作为我国纬度最高的河口，具有典型的北方湿地特征，具有冬季冰期长、生境多样和生物资源丰富的特点。另外，其水盐运移的时空演变与近岸水动力变化、生态系统连通性的演变及驱动机制均有一定的代表性。因此，在辽河口发展生态农牧场的首要任务是系统揭示辽河口海岸带陆海生态连通性的影响机理；然后以此理论基础为指导，在辽河口海岸带研制农牧渔三业结合的新范式，提升在农作物和耐盐牧草种植、畜禽养殖、生境修复与重建、水产增养殖及其资源养护、生物制品精深加工等方面的技术水平；再通过研发用于实时监测海岸带资源环境的装备和预警预报平台，从全局层面推进辽河口"盐碱地—滩涂—浅海"三场连通生态农牧场的全过程监管与创新发展；最终为我国高纬度河口海岸带实现生态农牧化的资源利用新模式奠定理论基础和工程技术保障。

（二）构建完备的建设辽河口生态农牧场的标准规范体系

海岸带生态农牧场的发展必须要按照规范化、标准化和科学化来进行。因此根据辽河口海岸带生态农牧场的规划和建设，实施基于生态系统的海岸带管理，因地制宜地制定辽宁省地方技术规程和标准用于规范辽河口"盐碱地—滩涂—浅海"三场连通生态农牧场的环境承载力评估、布局规划和预警预报，在陆海联动的前提下完善海岸带生态农牧场建设标准和监测评价体系，从而推进辽河口海岸带生态农牧场的融合发展和规范发展。

（三）形成"政产学研用"一体化的辽河口生态农牧场产业体系

要在辽河口形成链条完整的生态农牧场产业体系，辽宁省级和相关市级政府部门必须发挥引导和扶持作用，大力推进相关科研院所、高校科研力量的优势互补和技术成果的共享，强化企业在辽河口海岸带"三产融合"发展等方面技术创新的主体地位，提高河口养殖户、农民、渔民等直接利益相关者的参与热情。加快推动形成以科研院校为支撑、相关企业为主体、农（渔）民密切合作的产业技术创新联盟，促进辽河口海岸带生态农牧场构建相关成果的转化应用和农牧场管理方式方法的转变。

（四）创新河口生态农牧场经营管理体系

在我国海岸带建成现代生态农牧场，不仅需要投入大量的资金，而且建设周期也长，辽河口也不例外。因此，先期国家应设立专项发展基金以财政性资金和政策性金融支持的形式用于我国海岸带生态农牧场的构建，启动海岸带生态农牧场工程示范建设；然后逐渐拓展融资渠道，用于获得海岸带生态农牧场的使用权；与此同时，广泛吸纳社会民间资本及外资参与生态农牧场的运营、维护、管理和科技创新，使海岸带生态农牧场的运营真正有益于企业发展和受益于公众。

主要参考文献

谌艳珍, 方国智, 倪金, 等. 2010. 辽河口海岸线近百年来的变迁. 海洋学研究, 28(2): 14-21.

贾敬敦, 蒋丹平, 杨红生, 等. 2012. 现代海洋农业科技创新战略研究. 北京: 中国农业科学技术出版社.

梁玉波. 2012. 中国赤潮灾害调查与评价(1933-2009). 北京: 海洋出版社.

林倩. 2009. 辽河口湿地景观演变与生态系统健康评价研究. 大连理工大学硕士学位论文.

林倩, 张树深, 刘素玲. 2010. 辽河口湿地生态系统健康诊断与评价. 生态与农村环境学报, 26(1): 41-46.

刘红玉, 吕宪国, 刘振乾. 2001. 环渤海三角洲湿地资源研究. 自然资源学报, 16(2): 101-106.

刘红玉, 吕宪国, 刘振乾, 等. 2000. 辽河三角洲湿地资源与区域持续发展. 地理科学, 20(6): 545-551.

刘容子. 2012. 中国区域海洋学——海洋经济学. 北京: 海洋出版社: 434.

刘洋, 宋子恒, 陈颖. 2014. 辽河保护区生物多样性分析及保护行动. 沈阳农业大学学报(社会科学版), 16(1): 109-112.

刘玉松. 2012. 辽河口湿地生态系统健康评价及承载力分析. 辽宁工程技术大学硕士学位论文.

毛飞飞. 2016. 辽河口生态经济区发展战略研究. 广西大学硕士学位论文.

宋洪海. 2010. 芦苇湿地优化养殖与建立经济模式研究. 现代农业, (4): 92-93.

孙伟. 2007. 特高含水期油田开发评价体系及方法研究. 中国石油大学博士学位论文.

肖笃宁. 1994. 辽河三角洲的自然资源与区域开发. 自然资源学报, 9(1): 43-50.

杨红生. 2017a. 海岸带生态农牧场新模式构建设想与途径——以黄河三角洲为例. 中国科学院院刊, 32(10): 1111-1117.

杨红生. 2017b. 海洋牧场构建原理与实践. 北京: 科学出版社.

杨红生, 邢丽丽, 张立斌. 2016. 现代渔业创新发展亟待链条设计与原创驱动. 中国科学院院刊, 31(12): 1339-1346.

杨友伦, 刘开莉, 李华. 1993. 辽河口海岸带开发的潜能与对策. 海洋与海岸带开发, (4): 31-33.

于长斌, 刘新宇. 2012. 辽河三角洲湿地生态循环经济模式探讨. 湿地科学与管理, 8(4): 37-39.

于开才. 2008. 辽河石油勘探局可持续发展战略研究. 中国地质大学(北京)博士学位论文.

张淼. 2008. 辽河三角洲海洋经济区产业的发展与布局. 海洋开发与管理, 25(3): 63-67.

张耀光. 2001. 辽河三角洲土地资源利用结构优化与持续利用对策. 自然资源学报, 16(2): 115-120.

赵雪. 2017. 辽河口芦苇湿地生态环境修复遥感监测研究. 中国地质大学(北京)硕士学位论文.

赵雪, 刘大为, 李家存, 等. 2018. 基于RS的辽河口三角洲现代沉积体形态演变研究. 海洋开发与管理, 35(1): 73-78.

赵阳国, 白洁, 高会旺. 2016. 辽河口湿地生态修复理论与方法. 北京: 海洋出版社.

中国海湾志编纂委员会. 1998. 中国海湾志 第十四分册(重要河口). 北京: 海洋出版社:

386-432.

Costanza R, d'Arge R, de Groot R, et al. 1997. The value of the world's ecosystem services and natural capital. Nature, 387(1): 3-15.

de Groot R S, Wilson M A, Boumans R M J. 2002. A typology for the classification, description, and valuation of ecosystem functions, goods, and services. Ecological Economics, 41(3): 393-408.

Díez I, Bustamante M, Santolaria A, et al. 2012. Development of a tool for assessing the ecological quality status of intertidal coastal rocky assemblages, within Atlantic Iberian coasts. Ecological Indicators, 12(1): 58-71.

Gu W, Liu C, Yuan S, et al. 2013. Spatial distribution characteristics of sea-ice-hazard risk in Bohai, China. Annals of Glaciology, 54(62): 73-79.

Herrera-Silveira J A, Morales-Ojeda S M. 2009. Evaluation of the health status of a coastal ecosystem in southeast Mexico: assessment of water quality, phytoplankton and submerged aquatic vegetation. Marine Pollution Bulletin, 59(1-3): 72-86.

Le Gal A, Derrien-Courtel S. 2015. Quality Index of Subtidal Macroalgae (QISubMac): a suitable tool for ecological quality status assessment under the scope of the European Water Framework Directive. Marine Pollution Bulletin, 101(1): 334-348.

MA (Millennium Ecosystem Assessment). 2003. Ecosystems and Human well-being: a framework for assessment. Washington, D C: Island press.

Nathan F S. 2004, Viewpoint: the need for qualitative research to understand ranch management. Journal of Range Management, 57(6): 668-674.

Orfanidis S, Panayotidis P, Stamatis N. 2003. An insight to the ecologicalevaluation index (EEI). Ecological Indicators, 3(1): 27-33.

Primavera J H. 2006. Overcoming the impacts of aquaculture on the coastal zone. Ocean & Coastal Management, 49(9-10): 531-545.

Swain H M, Bohlen P J, Campbell K L, et al. 2007. Integrated ecological and economic analysis of ranch management systems: an example from south central Florida. Rangeland Ecology & Management, 60(1): 1-11.

van Slobbe E, de Vriend H J, Aarninkhof S, et al. 2013. Building with Nature: in search of resilient storm surge protection strategies. Natural Hazards, 66(3): 1461-1480.

Yang X L, Yuan X T, Zhang A G, et al. 2015. Spatial distribution and sources of heavy metals and petroleum hydrocarbon in the sand flats of Shuangtaizi Estuary, Bohai Sea of China. Marine Pollution Bulletin, 95(1): 503-512.

Yuan X T, Yang X L, Na G S, et al. 2015. Polychlorinated biphenyls and organochlorine pesticides in surface sediments from the sand flats of Shuangtaizi estuary, China: levels, distribution, and possible sources. Environmental Science and Pollution Research, 22(18): 14337- 14348.

Yuan X T, Yang X L, Zhang A G, et al. 2017. Distribution, potential sources and ecological risks of two persistent organic pollutants in the intertidal sediment at the Shuangtaizi estuary, Bohai Sea of China. Marine Pollution Bulletin, 114(1): 419-427.

Zhang A G, Wang L L, Zhao S L, et al. 2017. Heavy metals in seawater and sediments from the northern Liaodong bay of China: levels, distribution and potential risks. Regional Studies in Marine Science, 11: 32-42.

Zhang A G, Yuan X T, Yang X L, et al. 2016. Temporal and spatial distributions of intertidal macrobenthos in the sand flats of the Shuangtaizi estuary, Bohai sea in China. Acta Ecologica Sinica, 36(3): 172-179.

第七章 黄河口海岸带生态农牧场模式预测与效益分析

摘 要：黄河口海岸带是典型的河口湾和滨海湿地生态系统，空间资源、生物资源、矿产资源丰富，水域初级生产力较高，农业种植业、石油业、海水养殖业较为发达。因全球气候变化和人类活动的影响，以及盐碱地农业、滩涂养殖和海洋牧场建设相对独立发展，使黄河口区域的生态脆弱性突出，面临滨海湿地退化严重、陆海生态连通性受损、生态系统服务功能下降等诸多严峻挑战。2009 年以来，《黄河三角洲高效生态经济区发展规划》和《山东半岛蓝色经济区发展规划》两大国家战略的实施及黄河三角洲农业高新技术产业示范区的设立，对现代农业发展提出了更高的要求。在黄河口区域生态化开发的经验积累基础上，探索海岸带生态农牧场建设新理念、新模式，研发与集成应用新设施、新技术，修复陆海生态连通性，建立基于生态系统管理理念的海岸带生态农牧场模式，对提升海岸带开发利用空间、提升综合效益具有重要意义。本章预测了海岸带生态农牧场建设模式，并利用生态系统服务功能价值评估方法评估了该模式达到的开发效果。

关键词：黄河口，海岸带生态农牧场，发展模式，预测，效益

第一节 黄河口资源现状及环境与生态问题

一、概况

（一）历史形成

现代黄河入海口处于北纬 37°05′～38°20′、东经 118°30′～119°30′，位于山东东营垦利县黄河口镇，是我国主要河口之一。黄河入海口位于渤海湾与莱州湾的湾口，系弱潮、多沙、摆动频繁的堆积性河口（郑珊等，2018）。1855 年（清咸丰五年），黄河改道于山东流入渤海湾后，每年携带大量泥沙注入渤海，河口区流

速缓慢，大量泥沙淤积，逐渐形成了宁海为顶点、北起套儿河口、南至南旺河口的近代黄河三角洲。黄河三角洲岸线长约 200km，面积约 5400km²（庞家珍和司书亨，1979）。宁海以下至口门为河口段，以河流水文为基本特征，长约 80km，感潮河段一般 20km 左右。滨海区指三角洲外侧 20km 海域，岸线长约 180km，水深多在 20m 以内。

（二）地质地貌演变

黄河口海域整体位于大陆架上，地势西高东低，坡度平缓，自然比降 1/12 000～1/8000。从高潮线开始，陆地平缓伸展至水深 10～22m，形成宽阔的潮间带和辽阔的海底平原，面积 3000km²。海岸由黄河尾闾多次摆动入海泥沙沉积而成，具有典型的冲积平原海岸特征，属淤积型泥沙海岸，岸线顺直，多沙土浅滩，宽广平缓。黄河三角洲海域水深较浅、坡度较缓，只有东北部的神仙沟附近海域水较深、坡度较陡（《东营市海洋与渔业志》编纂委员会，2004）。海底基本为泥沙质，沉积物以粉砂和淤泥质粉为主。

黄河口的海岸线和土地一直处于动态变化中，主要原因是黄河输入河口的泥沙总量逐年递减与海洋对河口沿岸的侵蚀作用。自 1855 年黄河夺大清河道入渤海至 1975 年，黄河口海岸线发生了很大的变化。依据史籍记载、历史地图、卫星照片等进行推算，120 年里近代黄河三角洲面积增加了 2840km²（详见表 7-1）。

表 7-1　1855～1975 年黄河三角洲不同时期陆地面积变化情况［引自郭永盛，1980（原表无标题）］

时间	陆地增长面积/km²	陆地后退面积/km²	陆地净增面积/km²	比例*/%	备注
1855～1935 年	1350		1350	47.5	推测数据
1935～1955 年	730	35	695	24.5	量测数据
1955～1975 年	850	55	795	28.0	量测数据
总计	2930	90	2840	100.0	

*表示原表无文字表述。应为不同时期陆地净增面积占 1855～1975 年陆地净增总面积的百分比。1935～1955 年和 1955～1975 年比例疑似有误，本书作了修改。

1976 年黄河第 1 次人工改道到 1988 年，河水的径流量可达 491×10⁸m³/a，输沙量最高可达 10.2×10⁸t/a，河口区土地面积增加 19 549hm²；1988～2000 年，黄河径流量与输沙量明显减少，河水径流量最大只有 266×10⁸m³/a，输沙量最高只有 8.12×10⁸t/a，河口区土地面积减少 3507hm²（王三和侯杰娟，2002）。而 1973～2014 年黄河口海岸线总长度增加了 298.8km（王集宁等，2016）。小浪底水库运行后，2002 年调水调沙以来，入海泥沙平均约为 1.3×10⁸t/a，黄河口门平均延伸速度为 0.3km/a，远低于小浪底水库运行前的 1.4km/a，除行河河口附近海岸向海淤进外，黄河三角洲浅海海岸都是蚀退的（余欣等，2016）。

人类活动是以上两大自然驱动力外的第三驱动力。盐田和港口建设及海水增养殖活动改变了传统的海岸线（带）。20 世纪 80 年代末以来的海水养殖池塘建设、进入 21 世纪以来的人工岸段建设等活动，也使部分岸段的海岸线不断向海洋扩展增加。

（三）特征

黄河口是径流水沙与海洋动力互相作用的关键地带，具有以下突出的特点。

（1）泥沙含量高。黄河平均含沙量 15g/L，年平均输沙量为 10.8 亿 t，是世界上泥沙含量最高的河流之一（Milliman and Meade，1983）。而在河口切变锋和河流动能快速耗散（王厚杰等，2006）的作用下，入海泥沙中的 80% 以上沉积在河口三角洲区域（孙效功等，1993；陈彰榕，1997）。

（2）陆相弱潮堆积性河口。黄河口的感潮河段距离口门向上仅 10~20km，仅相当于长江口的 1/30、辽河口的 1/7（胡春宏和曹文洪，2003）。河口海域潮汐为不规则半日潮，潮速弱，平均潮差为 0.73~1.77m（Hu et al.，1998）。

（3）入海水沙变异受人类活动影响显著。1986 年以来黄河口的水沙量大幅度下降，其原因并不是降水的减少。随着近年来黄河流域社会经济的快速发展，人类活动对黄河的影响越来越明显，黄河已不是真正意义上的天然河流。而作为流域最后出口的河口区域，受到的影响最大。

（4）水体碳酸盐含量高。黄河流域面积中，富含碳酸盐的黄土覆盖面积占比高达 44%（刘东升等，1964），水体中优势离子为 Ca^{2+} 和 HCO_3^-，碱度较高（陈静生和于涛，2004）。2004 年 4 月至 2005 年 3 月黄河花园口水文站溶解无机碳浓度高达 42.11~50.45mg/L，平均 46mg/L（苏征等，2005）。

（四）气候与环境

1. 气候

黄河口属暖温带半湿润大陆性季风气候区，季风影响显著，四季分明。春季干旱多风，夏季炎热多雨，秋季天高气爽，冬季大气干冷。全年降水日数为 98.4 天，年均降水量约为 533.1mm（王楠，2014）。该区域常有旱、涝、风、霜、雹和风暴潮等自然灾害，是雹灾和风暴潮的多发区。夏季在热带风暴、台风等影响下出现偏南大风，冬季在冷空气影响下偏北大风频繁。冬季偏北大风是本区灾害天气的主要成因（中国海湾志编纂委员会，1991）。

2. 海洋环境

黄河口海域海水与淡水交汇，受低盐黄河冲淡水和大陆气候的影响，海域环境影响因子复杂多变。

温度季节变化明显，夏季最高为 25~26℃，冬季表层最低为 -1~0.5℃（李泽刚，2000）。春、夏季各有两个高温区，分布在黄河口以南及湾湾沟以西。受黄河径流量减少的影响，20 世纪 80 年代前后近海春季水温较 60 年代低 0.5～1.0℃（王立红，2000）。

盐度季节变化和径流性明显（李泽刚，2000），盐度跃层较强。盐度年均29.15‰，年变幅为 2.07‰（崔毅等，1996）。黄河口海域附近常存在一低盐水舌，春季偏南，夏季伸向东北，秋季伸向东南（《东营市海洋与渔业志》编纂委员会，2004）。

潮流表现为明显的半日潮型，河口附近潮流为平行于海岸的往复流（何孝海，2006）。在黄河海港外存在 M_2 分潮无潮点（侍茂崇和赵进平，1985），两侧潮差分别增大，至神仙沟和五号桩海域时潮汐性质变为不规则半日潮，继续增大则进入半日潮海域（黄海军和樊辉，2004）。平均潮差不超过 1.77m，故黄河口属弱潮河口（Hu et al.，1998）。受风力影响，波浪生成快、消失快，很少出现波周期 10s以上的大浪（陈友媛，2006）。生成大浪的风场主要是偏东北大风（吴秀杰等，1989；何孝海，2006）。

冬季有 3 个月的结冰期（吴秀杰等，1989）。一般年份于 12 月上旬开始结冰，3 月上旬海冰消失。除岸边附近结有固定冰外，海上流冰现象比较严重。盛冰期沿岸固定冰的宽度一般为 1～3km，最宽可达 10km 以上；海上流冰外缘离岸 15～25km，流冰的漂流方向大致与海岸平行，速度一般在 1 节[①]以内（刘艳霞等，2012）。

3. 海洋环境质量

受黄河入海影响，该海域海洋生态环境各项指标变动较大。随着黄河流域多项环境保护措施的实施，尤其是小浪底水库运行后，黄河三角洲海域环境质量逐步改善。但因流域内工业和农牧业的产业规模较大，海域水体富营养化严重，无机氮含量高且氮磷比失调，部分海域仍然有镉、铅等重金属和石油烃等有机物污染的潜在威胁。

二、资源与开发现状

（一）自然与生物资源

1. 湿地和自然保护区

黄河三角洲湿地是典型的河口湾和滨海湿地生态系统，总面积约 5000km²，是我国暖温带最广阔、最完整、最年轻的湿地生态系统。20 世纪八九十年代，受黄河断流等因素影响，黄河三角洲湿地面积逐年减少，湿地生态系统失衡。近年来，随着小浪底水库运行后调水调沙维持黄河不再断流，黄河三角洲湿地的生态

---

① 1 节=1 海里/h≈1852m/h。

环境得到极大改善，湿地面积得到恢复性增长。

黄河三角洲自然保护区 1992 年 10 月经国务院批准为国家级自然保护区，包括 1976 年以前引洪的黄河故道和现黄河入海口两部分，位于北纬 37°35′～38°12′、东经 118°33′～119°20′，总面积约 1530km²，其中核心区面积约 790km²，缓冲区面积约 110km²，实验区面积约 630km²。保护区以保护新生湿地生态系统和珍稀、濒危鸟类为主体，生态类型独特，拥有大面积的浅海滩涂和沼泽，以及华东沿海保存最完整、面积最大的自然植被区，生物资源丰富。保护区有植物 393 种、鸟类 368 种、水生生物 800 多种，其中国家重点保护的野大豆等濒危植物，以及丹顶鹤、白头鹤、白鹳、金雕等鸟类，文昌鱼、江豚、松江鲈等水生生物有较广分布。

以多样性、代表性、稀有性、自然性、面积适宜性及脆弱性与人类威胁等 6 项指标作为生态评价的指标评价生态质量等级，山东黄河三角洲国家级自然保护区生态质量较好（田静等，2017）。但由于该区域生态系统发育时间短、成分简单，且环境复杂多变、自然灾害频繁，生态系统非常脆弱，极易受到破坏。黄河三角洲区域是《黄河三角洲高效生态经济区发展规划》和《山东半岛蓝色经济区发展规划》交汇区，区域经济发展压力较大，加之石油开采需求强烈，使得保护与开发的矛盾突出，自然保护区的管理难度和压力较大。

2. 水生生物资源

黄河及附近的小清河等河流携带大量营养盐和有机质入海，因此，黄河三角洲附近海域初级生产力较高，水生生物资源丰富。栖息的水生生物大多为广温广盐性种类，优势群落主要是底栖生物、游泳生物及浅海浮游生物。黄河三角洲水域是黄渤海渔业生物的主要产卵、孵幼和索饵场所，迁移种一般是季节性出现（Chen et al.，2000）。渔业捕捞对象主要是鱼类、甲壳类和底栖贝类。

浮游植物 约 116 种，生物量较高，分布不均匀且受河流径流量影响较大。季节变化明显，5 月种类量多、群落结构最复杂，其中硅藻最多，占 88%，其次为甲藻（田家怡，2000）。

浮游动物 约 78 种，隶属于 4 门 44 科，以节肢门种类最多。优势种为强壮箭虫、中华哲水蚤等，8 月多样性和均匀度最高、种类最多、群落结构最复杂（焦玉木和田家怡，1999）。

鱼类 黄河口近海有鱼类 114 种，隶属于 15 目 50 科，其中鲈形目种类占有较大比重（朱鑫华等，2001）。以暖温种占优势，多为洄游性种类，地方性种类少。20 世纪黄河口海域的鱼类群落在五六十年代以营底栖生活的带鱼和小黄鱼为主，八九十年代以赤鼻棱鳀和斑鲦等中上层鱼类为主（金显仕，2001），发生了很大变化。

底栖动物　黄河口近海是高生产力的底栖生态系统，其平均生物量高于我国大部分海域（除黄海外）（张志南等，1990），有潮间带动物193种，隶属于13门15纲40目94科，以节肢动物、软体动物和环节动物为优势种群（蔡学军和田家怡，2000）。该海域贝类约40种，其中经济价值较高的有文蛤、毛蚶、四角蛤蜊、光滑河蓝蛤等10种。

虾蟹类　主要有中国明对虾、中国毛虾、脊腹褐虾、脊尾白虾、口虾蛄、三疣梭子蟹和中华绒螯蟹等。20世纪80年代以来，对虾、中华绒螯蟹、三疣梭子蟹资源量直线下降，口虾蛄的生物量明显增多，虾蟹类群落结构偏向低质化。

其他经济种类　黄河口水域还有火枪乌贼、长蛸、短蛸等头足类，以及沙蚕、海蜇、海胆等其他水生生物资源。

（二）油气资源

黄河三角洲是一个大型复式石油、天然气富集区，胜利油田就是在此基础上发展成为我国第二大油田的。胜利油田主体位于东营市境内的黄河入海口两侧，工作范围还包括滨州、德州、济南、潍坊、淄博、聊城、烟台等市的部分县（区）。自1961年打出第一口工业油流井以来，胜利油田累计探明石油地质储量53.87亿t，探明天然气地质储量2676.1亿m^3。

距离黄河入海口最近的孤东油田和孤岛油田位于黄河入海口北侧，是胜利油田的主力油田，含油面积约180km^2，石油地质储量约7.2亿t，天然气地质储量91.5亿m^3。

石油勘探过程中发现，黄河三角洲地热资源丰富，地下深层还埋藏着煤、岩盐和石膏（许学工，1995）。

（三）开发现状

黄河三角洲地区是我国最年轻的陆地区域，大部分陆地区域的社会发展仅百余年历史。中华人民共和国成立前后，当地仅有较为原始和简单的种植业、渔业等，20世纪60年代勘探发现丰富的石油资源，胜利油田建立后迅速发展成为我国第二大油田，石油产业也逐步发展成为当地经济发展的支柱，带动了区域经济的快速发展。近年来，区域经济结构变化较为显著，以黄河入海口旅游、三角洲湿地生态旅游等休闲旅游业为代表的第三产业逐步兴起，与种植业、养殖业有机结合，形成了新的经济增长点，成为新兴经济的良好典范。

由于土地资源优势突出，石油产业、湿地等自然资源较为丰富，具有发展高效生态经济的良好条件。黄河三角洲的区域发展一直受到中央和地方政府的重视和支持。尤其是《黄河三角洲高效生态经济区发展规划》和《山东半岛蓝色经济区发展规划》经国务院批复以来，两大规划在东营融合交汇、叠加聚焦，黄河口区域迎来跨越发展的重大历史机遇。

三、环境与生态问题

作为典型的海岸带区域，黄河三角洲冲淤演变剧烈，形成了暖温带最完整、最广阔、最年轻的湿地生态系统，毗连海域也是渤海重要渔业生物的产卵场和育幼场，具有重要的生态服务功能。近 30 年来，黄河三角洲作为我国海岸带区域发展的典型和缩影，遭受了全球气候变化和人类活动的显著影响，生态脆弱性异常突出，面临诸多严峻挑战（骆永明，2017；杨红生，2017a）。

（一）陆-河-海相互作用显著，冲淤演变剧烈

黄河水少沙多，河口及近海沉积动力现象明显。黄河年均径流量 320 亿 m^3，而黄河干流的年均输沙量为 8.11 亿 t（据 1950～2002 年利津水文站资料统计），使黄河三角洲河口具有典型的快速变化特性及沉积动力现象。从 2001 年开始，每年进行的调水调沙会改变河口落潮动力，影响泥沙沉积过程。黄河来水来沙的减少已经对黄河生态环境产生了严重影响（Yu，2002）。与此同时，黄河流路变迁频繁，河口三角洲冲淤演变剧烈。每次改道入海，泥沙都会在河口处形成大沙嘴，而废弃河道在海洋动力作用下不断蚀退，使得黄河流路一直处于"淤积—抬高—漫流—摆动—改道"的循环变迁状态。

（二）互花米草大规模入侵，威胁近海生物多样性

互花米草繁殖能力强、耐盐耐淹、扎根深、抗风浪，可以有效防止海岸侵蚀（Simenstad and Thom，1995）、促进泥沙的快速沉降和淤积（Bertness and Shumway，1992），于 1979 年作为生态工程引入我国（Chung，2006；Zuo et al.，2012）。1990 年前后开始在北侧五号桩附近引种，之后的 20 年间，互花米草在黄河三角洲的分布面积变化较小，但从 2010 年开始蔓延，至 2015 年互花米草分布面积已超过 $20km^2$，遍布山东黄河三角洲国家级自然保护区的潮间带区域。互花米草在黄河三角洲的无序扩张对盐沼植被生物多样性、底栖动物和鸟类栖息地质量等构成威胁，同时给海水养殖、航运、石油开采等方面带来诸多负面影响（Simberloff et al.，2013）。

（三）陆海生态连通性受损，生态系统服务功能下降

陆海生态连通性是指陆地—潮间带—浅海区域通过水文、生物、地质和地球化学过程的耦合连通，对维护生物多样性、恢复和重建濒危种群、保护和持续利用生物资源等具有重要作用。受气候变化和人类活动等影响，黄河三角洲陆海生态系统的破碎度及分离度日益严重，导致栖息地退化、生物多样性丧失等一系列

问题。例如，近年来黄河三角洲集约化的围填海活动隔断了湿地的生态连通性，使浅海湿地生物失去陆地食物源，同时陆域湿地栖息地逐渐消失，影响湿地生物栖息地的完整和生物多样性的维持，导致滨海湿地生态系统服务功能下降。

（四）人类活动影响加剧，滨海湿地退化严重

由于人类活动干扰较强、自然灾害频繁发生，湿地退化现象普遍存在（El-Asmar and Hereher，2011；Rodríguez et al.，2017）。油田开发、围垦养殖、农业开垦等人类活动是导致黄河三角洲滨海天然湿地面积逐渐减少的主要因素。1976~2015 年，黄河三角洲地区天然湿地面积减少了 $1627km^2$，主要转化为旱地、养殖池和盐田，平均每年的减少率为 3.4%，天然湿地破碎化程度增强、斑块形状复杂度增加；人工湿地（盐田、养殖池等）面积则由 $163km^2$ 增加到 $3054km^2$，年平均增长率为 2.4%。同时，在潮水作用、淤积增长速率减慢和黄河断流等自然因素，以及油田开发、围垦养殖等人类活动影响下，黄河三角洲滩涂面积明显减小。

（五）环境污染因素复杂，生态安全面临威胁较大

随着黄河三角洲区域城镇化、工业化的不断加快，对环境具有潜在影响的因素日趋复杂多样。黄河三角洲农业、畜牧业等行业的化肥、农药等普遍过量施用，远高于国际公认的 $225kg/hm^2$ 安全上限，而这种情况下约 65% 的化肥和 50%的农药会进入土壤和地下水（刘兆德，2000）；多年设施蔬菜种植区地下水硝酸盐污染严重（张丽娟等，2010）；石油勘探、钻井、开采及运输、加工的各个环节排放出烃类、二氧化硫、氮氧化物、一氧化碳等多种污染物（李慧婷等，2017）。以上多种因素对黄河三角洲区域的陆、海环境构成了较大威胁，而输油管破裂、化工厂排污等事故加剧了对生态系统安全的损害。

第二节　黄河口农牧渔业现状与发展需求

一、产业现状

（一）农牧业

中华人民共和国成立后，黄河口区域农业开发规模快速扩大，尤其是 1983 年东营设市后速度不断加快，目前已成为山东省重要的棉花、畜禽等生产区，建成了棉花、小麦、冬枣、瓜菜生产基地和畜牧标准化养殖小区，认证无公害农产品、绿色食品、有机食品生产基地规模达到 154.1 万亩。全市农业龙头企业达到 489

家，带动 72%的农户进入产业化链条经营、70%以上的农产品实现了加工升值。黄河口冬枣、黄河口蜜桃等通过农业部农产品地理标志登记认定，认证"三品" 264 个，农产品商标注册达到 234 件（钱萌，2012）。

（二）渔业

黄河口区域水域辽阔，渔业资源丰富，海水、淡水和半咸水渔业生产都可以进行（马媛，2006）。渔业以刺参、虾蟹类的池塘养殖和工厂化养殖，以及贝类的滩涂养殖为主，还包括鲈梭等鱼类的海水池塘养殖，黄河口鲫、中华绒螯蟹和大银鱼等淡水品种的养殖。

黄河口所在的东营市先后在沿海滩涂规划建设了河口 50 万亩生态渔业示范区和以发展刺参养殖为主的 30 万亩现代渔业示范区，在内陆地区规划建设了 10 万亩黄河口大闸蟹养殖基地和 25 万亩"上农下渔"渔业园区。各类现代渔业园区已发展到 57 处。市级以上渔业龙头企业达到 39 家，其中省级渔业龙头企业达到 5 家，渔民专业合作社 97 家，辐射带动渔民 8000 多户。休闲渔业成为渔业经济新的增长点，全市现有休闲渔业点 30 余处，有专业垂钓型，养钓结合型，浅海垂钓型，垂钓、餐饮、观光娱乐型多种渔业模式（史大磊，2017）。

黄河口大闸蟹、黄河口文蛤、黄河口海参等黄河口品牌特色突出，知名度近年来逐步提升。

（三）农牧渔业发展理论研究进展

黄河口自 20 世纪 80 年代初开始探索与实践现代生态农业。在黄河口土地盐碱化严重的地区，农民开创了"枣粮间作"、"菜果套种"、"菜粮套种"、"上农下渔"和"稻田养鱼"等生态农业模式（曹俊杰，2010）。近 30 年的经验积累，初步总结出"整体、协调、循环、再生"的黄河三角洲型生态农业系统发展模式，为充分利用盐碱地和改善农业生产条件摸索出了宝贵经验。根据实践总结出的市郊型生态农业的最简便可行的良性物质循环模式、"人工牧场基鱼塘"模式、一般农业区的生态模式（马传栋，1985），概括了黄河三角洲区域涉及种植业、畜牧业、淡水渔业的陆基主要生态农业模式，并提出发展渔产品养殖业、捕捞业及加工业。根据自然生态区划将黄河口地区划分为高效农业开发区、盐碱地改良区、草场封育改良区及其他生态保护区，合理开发农业资源，科学发展农林牧渔业，适度发展生态旅游业，促进区域农业经济的持续发展（曹俊杰等，2014）。为更好地发展高效生态经济，盐碱地农业利用必须坚持绿色主题，兼顾资源环境约束，发展水肥一体化设施栽培，培育绿色产业链（高明秀和吴姝璇，2018）。

二、发展需求

（一）国家发展战略需要

2009 年 12 月和 2011 年 1 月，国务院相继批复了《黄河三角洲高效生态经济区发展规划》和《山东半岛蓝色经济区发展规划》，黄河三角洲地区迎来了重大发展机遇。加快黄河三角洲地区的高效、生态开发，不仅关系到环渤海地区整体实力的提升和区域协调发展的全局，也关系到环渤海和黄河下游生态环境的保护。国务院指出，要把《黄河三角洲高效生态经济区发展规划》实施作为应对国际金融危机、贯彻区域发展总体战略、保护环渤海和黄河下游生态环境的重大举措，把生态建设和经济社会发展有机结合起来，促进发展方式根本性转变，推动这一地区科学发展。黄河三角洲可以在借鉴其他地区发展经验的基础上发挥后发优势，发展高效生态经济，为我国可持续发展、科学发展提供宝贵的经验和财富。

2015 年 10 月，国务院批复设立黄河三角洲农业高新技术产业示范区，使东营拥有了全国第二个国家级农业高新技术产业示范区。黄河三角洲农业高新技术产业示范区规划总面积 200km^2，按照布局集中、产业集聚、用地集约、特色鲜明、规模适度、配套完善的要求，深入实施创新驱动发展战略，在盐碱地综合治理、发展现代农业、建立新型科研平台等方面增强自主创新能力，推进新型城镇化、新型工业化、农业现代化、信息化、绿色化同步发展，带动东部沿海地区农业经济结构调整和发展方式转变。黄三角农高区建设规划中提出，围绕耐盐植物、草食畜牧、海珍品等特色品种，以生物技术、蓝色海洋、深加工、设施装备和休闲服务为支撑，以现代种业、功能农业、智能装备制造、农业高端服务业、文化旅游业为主导产业，一二三产业融合发展，建设生态智慧、高端高效、产镇融合的国际一流农业高新技术产业示范区。

（二）环境保护需求

在国家颁布多项政策大力发展黄河口地区的同时，我们也要兼顾黄三角区域生态环境的发展与保护。黄三角区域是典型的海岸带区域，陆海相连、生产力内外双向辐射，是社会经济、沟通交流的"黄金地带"。海岸带支撑着全球 60%的人口，提供了约 90%的世界渔获量，是传统农渔业经济活动的重要地区，我国 40%以上的人口、60%以上的国内生产总值集中在沿海 11 个省、自治区和直辖市。

海岸带生态系统具有复合性、边缘性、活跃性和脆弱性等特征，同时受人类活动影响最为明显。随着黄三角区域社会经济的快速发展，该区域的海岸带生态系统所面临的区域生态环境破坏、生物多样性减少、渔业资源退化等压力逐渐加大，生态系统健康、生态服务功能已经或者正在发生显著变化。因此，形成环境友好的生产方式和开发模式，以期在保障经济社会发展的同时逐步修复受损的黄三角生态环境、恢复生物资源，保障黄河三角洲海岸带的可持续发展，是目前应予以重视并加快研究的重要问题。

第三节　黄河口海岸带生态农牧场发展模式预测

一、发展趋势

黄河三角洲地区的海洋渔业产业发展潜力巨大，但近年来由于受黄河入海流量减少及区域社会经济快速发展等因素的影响，黄河三角洲区域淡水和近岸海水水质下降明显，海洋生物多样性降低，人工岸段、河流涵闸的建设，以及具有重要生态功能的湿地面积持续萎缩，陆海之间的生态连通性受阻，阻碍了海岸带的保护和持续利用。

黄河三角洲区域陆地、滩涂、浅海的开发利用特点鲜明。陆地为盐碱地，主要用于棉花种植，滩涂主要开发为海水池塘养殖对虾、刺参，浅海以底栖贝类、鱼类捕捞为主要开发方式。在空间上互不影响、物质流动上相对独立的陆地、滩涂和近海开发方式与现代农业的发展要求尚有较大差距。因此，为提升海岸带开发的综合效益、拓展海岸带开发利用空间，必须陆海统筹、融合发展，基于生态系统管理理念构建海岸带保护与持续利用新模式。

2015年以来，为推动海洋渔业的产业升级，我国加大了海洋牧场建设投入，至2019年底已批准建立了110个国家级海洋牧场示范区，有效地提高了生态环境保护、渔业资源养护水平和渔业综合开发能力。考虑到国家发展战略要求、黄河口区域环境条件和产业基础，应因地制宜地研究盐碱地、滩涂和浅海之间陆海生态连通性的影响、调控机制，进而开展生态牧场相关新技术、新设施、新模式的研发与集成应用，建设海岸带环境保障与预警预报平台，形成陆海联动的现代化海岸带生态农牧场。

二、发展原则

海岸带生态农牧场是基于生态学原理，利用现代工程技术，陆海统筹构建盐碱地生态农牧场、滩涂生态农牧场和浅海生态牧场，营造健康的海岸带生态系统，形成"三场连通"和"三产融合"的海岸带保护与利用新模式。杨红生（2017a）在提出这一概念的同时，还提出了海岸带生态农牧场的4个建设理念。

（一）坚持生态优先，发展盐碱地生态农牧场

必须强调陆地与海洋的和谐、与自然共建的理念，以环境承载力为依据，在

保护生态岸线的基础上，大力发展以牧草种植、耐盐植物高效恢复为基础，柽柳-苁蓉种植、稻-鱼-蟹复合生态种养殖为补充的现代生态农业。

（二）坚持陆海联动，建设滩涂生态农牧场

必须在强调陆海统筹的前提下科学规划，开展互花米草控制与生境重建，通过海水蔬菜栽培、光滩畜禽养殖、海产动物健康苗种培育等，高效利用局部滩涂，从而恢复大部分湿地的生态功能。

（三）坚持融合发展，构建浅海生态牧场

通过生境修复和改造，为海洋生物提供产卵场、育幼场和索饵场，实施增殖放流和有效的资源管理，补充和恢复生物资源，同时发展加工利用、休闲旅游等产业，实现一二三产业融合发展。

（四）坚持工程示范，构建保护与利用新模式

必须在系统评估陆海生态连通性现状的基础上，强化海岸带建设和开发活动的工程示范，保证陆海生态系统结构和功能稳定，建立海岸带各区域相互连通、融合发展的生态农牧场，实现"三场连通"和"三产融合"，提升海岸带开发利用空间和综合效益。

三、发展模式预测

（一）产业布局和结构

在原有产业内容的基础上，按照盐碱地、滩涂、浅海不同的环境特点和资源优势，以第一产业为基础，合理布局产业内容、优化产业结构。第一产业：盐碱地生态农牧场，重点开展经济作物种植、畜禽养殖和牧草种植、芦苇等耐盐碱植物种植，以及稻田养蟹等模式的优化与应用；滩涂生态农牧场，重点开展以互花米草控制和柽柳等耐盐植物种植为主的生境修复和重建，海水池塘的健康养殖和海水蔬菜栽培，以及光滩畜禽养殖；浅海生态牧场，重点开展以滩涂贝类为主的渔业资源修复，以近江牡蛎为代表的牡蛎礁生境重建与养护，以及海草床的修复与保护等。第二产业，重点开展动植物产品的精深加工、功能肥料开发，以及保健品、海洋药物等生物制品研发等。第三产业，以黄河口生态特色为依托，重点开展生态旅游、休闲垂钓及特色文化产业等。

（二）陆海连通与相互支撑

研究海岸带区域水盐平衡的动态变化与近岸水动力特征之间的关系，明确陆

海间的物质循环、能量流动的特点规律，采用有效手段增加生境斑块之间以及陆地、滩涂、浅海的生态连通性，改善重要功能生物类群的栖息环境，提高营养盐的转化、利用效率，提高黄河口生态系统的固碳能力；充分发挥盐碱地、滩涂、浅海的生态系统服务价值，有效实现三种生态农牧场生态功能的相互支撑：盐碱地生态农牧场产出的动植物可作为滩涂生态农牧场畜禽饲料和水产饵料的原料；滩涂生态农牧场生产的动植物种苗，可支撑浅海生态牧场恢复资源、修复环境；浅海生态牧场可为盐碱地、滩涂的生态农牧场提供功能肥料、饲料和添加剂等的原料。

例1 稻-蟹生态养殖，盐碱地生态农牧场发展模式

稻田及灌溉形成的水环境可为河蟹提供栖息场所，适当密植的水稻有利于河蟹躲避敌害、安全蜕壳。河蟹可摄食稻田里的杂草、水生动物，起到疏松土壤、清除杂草、预防虫害的作用，减少了农药使用。河蟹的排泄物、残饵作为肥料可促进水稻生长、提高土壤肥力、减少肥料使用。对稻田的适当改造、对河蟹养殖方式的适当调整，形成种植业和养殖业有机结合的稻-蟹生态养殖模式，有效利用了土地资源、水资源和生物资源。降低投入，提高产出，也可以与休闲观光旅游结合，适于黄河三角洲区域盐碱地生态农牧场发展。

例2 海蓬子栽培，滩涂生态农牧场发展模式

沿海滩涂无法种植常规植物，可种植海蓬子等耐盐植物，发展耐盐蔬菜产业。海蓬子生长期约220天，富含维生素C，可食可入药，成熟种子可榨油，具有较高的经济价值。在黄河三角洲空旷滩涂、海水池塘边坝等处种植海蓬子等耐盐植物，既可以提高产出、提高空间利用率，也可为多种生物提供栖息地，有利于提高滩涂的生物多样性、控制土地的荒漠化。种植对淡水资源依赖较少的耐盐植物，能够解决沿海滩涂的生态问题、改善当地的农业结构，具有较高的经济效益、社会效益和生态效益。

第四节 黄河口海岸带生态农牧场建设的科学问题和关键技术

一、科学问题

黄河口海岸带生态农牧场建设所面临的主要科学问题，是阻碍陆海生态连通性的关键因素与解决途径。20世纪70年代以来，人类活动和气候变化加大了黄河口海岸带生态环境变迁的速率和强度，尤其是湿地的逐渐萎缩和斑块分布、入

海径流剧烈变化等因素极大影响了陆海生态系统的连通性，使海岸带生态系统遭受严重威胁。阻碍陆海生态连通性的关键因素包括：海岸带生态系统类型及陆海生态连通性阻隔因子的时空分布信息，陆海生态系统连通性的演变规律与驱动机制；解决这一问题，需要在科学诊断基础上，筛选、确定生境退化的主要控制因素并进行时空异质性分析，从而提出具有针对性的分区式修复技术，制定和实施陆海统筹的海岸带保护和修复策略与措施，在生态系统整体水平上改善海岸带生境质量，提高海岸带生态系统功能（杨红生，2017b）。

二、关键技术

建设黄河口海岸带生态农牧场，形成有利于区域生态系统保护和持续利用的新模式，需要研究建立生态修复和生物利用的新技术、新装备、新工艺，完善产业内容、延伸产业链条，促进海岸带空间资源、生物资源利用的生态化水平和效率，保障区域生态文明建设和社会可持续发展。

（一）动植物种养殖与生态农牧场建设

以黄河口本地原有物种为主，选育具有优良抗逆性状和生长性状的动植物品种，优化稻-蟹生态养殖等复合生态种养殖模式，构建具有区域特色的盐碱地生态农牧场；集成和完善池塘水环境调控技术，研发耐盐碱经济植物的大规模高效栽培技术，建设以池塘养殖、耐盐碱植物种植为特色的滩涂型生态农牧场；在本底调查的基础上科学规划、合理布局，修复自然贝类资源、评估海草床和牡蛎礁的生态系统服务功能，研究立体、多营养层次的增养殖技术，构建以贝类为主的浅海生态牧场。

（二）典型受损生境修复与综合调控

开展全面的环境调查，明确黄河口海岸带空间资源和生物资源分布、变化特征及其与水盐通量的关系，分析阻碍陆海连通性的关键因子及其变动规律，研究海岸带陆海生态连通性时空演变的生态效应；研究和优化生态廊道建设、食物网重构等技术，降低生境破碎化程度；研究污染物的分布及扩散、富集等过程，建立预测和评估模型，分析区域环境质量变化和生态风险；研究和优化典型生境退化诊断技术，为海岸带生境修复提供理论指导和技术支持。

（三）生物资源高效开发与综合利用

以翅碱蓬、海蓬子等耐盐碱植物为原料，开发功能食品、特膳，研究其提取物的药用效能；以鱼类、虾蟹类的加工废弃物为原料，提取生物多糖、胶原蛋白、生物钙等活性成分，研发高附加值产品；查明盐碱地、滩涂、浅海等不同环境的微生物种类，研究其代谢产物，筛选具有潜在利用价值的种类构建特色种质库，开发相关药物、菌剂和饲料添加剂等产品；利用黄河口丰富的贝壳、柽柳、秸秆等生物资源，开展具有现代审美和实用功能的工艺品，有效提高产业边际效益。

（四）设施与装备研发及应用

研制适于湿地环境的种养殖机械设备，重点提高设备的使用寿命、通用性和多用途性；研发适于黄河口浅海底质条件、气候条件的立体增养殖设施与装备，重点针对泥沙底质、冬季流冰等条件开发可升降、可移动组合系统；研制快速、便携的现场检测仪器设备，搭建与整合多参数环境在线监测系统，结合自动化数据采集技术、无线通信技术，实现对环境的系统、全面、立体监测；合理规划浮标等检测设施设备，结合卫星遥感技术，建立灾害预报预警系统。

三、渔业相关技术

（一）滩涂生态农牧场种养殖技术

1. 柽柳-苁蓉栽培与池塘海珍品复合种养殖技术

采用池塘布局设计，塘泥肥土等措施，营造柽柳-苁蓉的适生环境；通过人工控制寄生技术，构建柽柳-苁蓉寄生苗接种、移栽技术体系，形成黄河三角洲地区苁蓉的种植模式和配套技术；集成水质调控、丝状藻类控制和水母灾害控制等技术，研发适于黄河三角洲地区水质和气候特点的海珍品养殖技术，形成"柳基参塘"养殖新模式，促进塘坝间物质和能量的高效循环利用。

2. 海水蔬菜-海珍品综合种养技术

通过生态工程设计，将海蓬子等耐盐碱植物（海水蔬菜）的无土栽培与海参等海珍品的养殖有机结合，建立适宜生境构建、环境监控、菜参配比优化、种养区域合理布局、饲料精准投喂、病虫害生态防控等技术，形成海水蔬菜与海珍品间互利共生和良性循环的生态环境，建立资源循环高效利用的"净水健参"综合生态种养殖新模式，并进行产业化示范。

3. 盐生植物-对虾复合种养殖技术

通过构建生态浮床，研发适于黄河三角洲区域的盐生植物-对虾复合生态种养殖系统的工程参数，优化基于天然饵料和人工饲料组合的高效投喂技术，集成种养区域布局、种类组成、种养密度、种养方式和环境优化等技术，构建盐生植物-对虾复合种养殖技术体系，形成生态效益、经济效益和社会效益三效统一的新模式。

（二）浅海生态牧场生境与生物资源修复技术

1. 互花米草综合防治技术及设施设备

开展互花米草种群对水淹、刈割、翻耕等防治技术及其交互作用的响应研究，比较分析不同物理法、化学法和生物法（Knott et al., 2013; Adams et al., 2016）对互花米草的控制效果、可行性和经济成本，确定滩涂互花米草防治的最优方案；研制适合互花米草规模化防治的关键设施与装备，并进行规模化防治示范。

2. 牡蛎礁/海草床生物资源修复技术

研发牡蛎高效人工育苗和幼体促附着技术，构建高效人工牡蛎礁的设计、建造和投放技术；查明牡蛎礁自然种群的繁殖规律，建立牡蛎礁生物资源的原位修复技术体系；研发适合黄河三角洲区域海草床生境特点的种子采集、保存技术，研制海草种子高效底播技术和装备；研发海草种子的高效萌发和幼苗移栽技术，建立海草生物资源修复技术体系。

3. 牡蛎礁/海草床监测与评价技术

建立传统采样和现代声呐、视频和地理信息系统等技术相结合的调查技术，监测牡蛎礁/海草床的面积、生物量和年龄组成等，评估其健康度和发展趋势；构建以水体净化功能、生境价值（维持生物多样性、提供饵料等）和碳汇潜力等为指标的生态服务价值评价体系，综合评估牡蛎礁/海草床的现存及潜在生态价值贡献。

第五节　黄河口海岸带生态农牧场模式的效益分析

一、效益分析的必要性

海岸带生态农牧场建设突出陆海联动，强调在保护整体环境的基础上实现可持续发展。"与自然共建"的属性，体现了海岸带生态农牧场的科学价值、生态价值、社会价值和经济价值。构建盐碱地生态农牧场、滩涂生态农牧场和浅海生态牧场，改变资源保护和利用方式，需要采用新设施和新工程技术，形成"三场连通"和"三产融合"的海岸带保护和利用新模式，必须对设施、技术的应用进行评估。评估的目的，一方面是根据评估结果对设施、技术进行相应的优化和完善；另一方面是根据评估结果对初步形成的海岸带生态农牧场模式中不同组成要素的范围、强度及不同联结方式进行评价，以便于对不同环境条件、发展阶段的区域进行针对性的规划。

二、生态服务价值评估

作为海陆连通交互区和人类活动高密集区，海岸带生态环境稳定性较低。受现代经济及社会发展的影响，我国海岸带陆海生态连通性受损严重，50%以上的滨海湿地已丧失，典型海岸带生态环境正在或已经遭受严重破坏，海岸带生物多样性及生态系统健康遭受巨大压力，生态服务价值和生态服务功能也不断降低，严重影响了海岸带区域传统农牧渔业的发展。

生态系统服务价值是从海岸带生态农牧场生态系统中获取的供给服务、文化服务、支持服务，是属于服务价值流，生态资源是产生生态系统服务价值的基础与前提。为更好地反映开发效果，对生态服务价值的评估一般采用生态资本评估框架，包括生物资源现存量和生态系统服务价值两部分。生物资源现存量、生态系统服务价值结合养殖容量即可形成生物养殖容量、生物现存量和生物利用量（服务价值）的评估链条，更易于为海岸带生态农牧场生态开发提供科学依据。生态系统服务价值评估主要包括供给服务、调节服务、文化服务和支持服务，量化评估方法如下。

（一）供给服务

1. 养殖生产价值估算

养殖生产的价值量应采用市场价格法进行评估。计算公式为

$$V_{\mathrm{SM}} = \sum (Q_{\mathrm{SM}i} \times P_{\mathrm{M}i}) \times 10^{-4}$$

式中，V_{SM} 为养殖生产价值，单位万元/a；$Q_{\mathrm{SM}i}$ 为第 i 类养殖产品的产量，单位 t/a；$P_{\mathrm{M}i}$ 为第 i 类养殖产品的平均市场价格，单位元/t。

养殖产品平均市场价格应采用评估区域临近的农产品批发市场的同类农产品批发价格进行计算（陈尚等，2013）。

2. 氧气生产量估算

氧气生产量采用植物通过光合作用生产氧气的数量来计算，主要包括两部分，分别是浮游植物光合作用产生的氧气和陆生植物光合作用产生的氧气。

氧气生产量计算公式为

$$Q_{\mathrm{O}_2} = Q'_{\mathrm{O}_2} \times S \times 365 \times 10^{-3} + Q''_{\mathrm{O}_2}$$

式中，Q_{O_2} 为氧气生产量，单位 t/a；Q'_{O_2} 为单位时间单位面积水域浮游植物产生的氧气量，单位 mg/（m²·d）；S 为评估海域的水域面积，单位 km²；Q''_{O_2} 为大型藻

类或陆生植物的氧气生产量，单位 t/a。

浮游植物初级生产提供氧气的计算公式为

$$Q'_{O_2} = 2.67 \times Q_{PP}$$

式中，Q'_{O_2} 为单位时间单位面积水域浮游植物产生的氧气量，单位 mg/（m²·d）；Q_{PP} 为浮游植物的初级生产力，单位 mg/（m²·d）。

浮游植物的初级生产力数据宜采用评估海域实测初级生产力数据的平均值。若评估海域内初级生产力空间变化较大，宜采用按克里金插值后获得的分区域初级生产力平均值进行分区计算，再进行加和（陈尚等，2013）。

大型藻类或陆生植物初级生产提供氧气的计算公式为

$$Q''_{O_2} = 1.19 \times Q_A$$

式中，Q''_{O_2} 为大型藻类或陆生植物的氧气生产量，单位 t/a；Q_A 为大型藻类或陆生植物的干重，单位 t/a。

（二）调节服务

气候调节服务的价值量可采用替代市场价格法进行评估。计算公式为

$$V_{CO_2} = Q_{CO_2} \times P_{CO_2} \times 10^{-4}$$

式中，V_{CO_2} 为气候调节价值，单位万元/a；Q_{CO_2} 为气候调节的物质量，单位 t/a；P_{CO_2} 为二氧化碳排放权的市场交易价格，单位元/t。

二氧化碳排放权的市场交易价格可用评估年份我国环境交易所或类似机构二氧化碳排放权的平均交易价格进行核算，也可根据评估区域实际情况进行调整。

（三）文化服务

文化服务可以采用科研服务的价值量进行估算，计算公式为

$$V_{SR} = Q_{SR} \times P_R$$

式中，V_{SR} 为文化（科研）服务的价值量，单位万元/a；Q_{SR} 为文化（科研）服务的物质量，单位篇/a；P_R 为每篇论文的科研经费投入，单位万元/篇。

每篇科研论文的经费投入数据采用评估年份农业农村部的科技投入经费总数与同年发表相关专业科技论文总数之比。

（四）支持服务

支持服务主要为物种多样性维持的价值量，可采用条件价值法进行评估。以评估区域毗邻行政区（省或市或县）的城镇人口对该区域内的保护物种及当地有重要经济或生态意义的物种的支付意愿来评估物种多样性维持的价值。

计算公式为

$$V_{\mathrm{SSD}} = \sum \mathrm{WTP}_j \times \frac{P_j}{H_j} \times \eta$$

式中，V_{SSD} 为支持服务（物种多样性维持）的价值量，单位万元/a；WTP_j 为支持服务（物种多样性维持）支付意愿，即评估海域内第 j 个沿海行政区（省或市或县）以家庭为单位的物种保护支付意愿的平均值，单位万元/（户·a）；P_j 为评估海域中第 j 个沿海行政区（省或市或县）的城镇人口数，单位万人；H_j 为评估海域中第 j 个沿海行政区（省或市或县）的城镇平均家庭人口数，单位万人/户；η 为被调查群体的意愿支付率，%。

三、效益评估

黄河口海岸带生态农牧场是典型的复合生态系统，包括社会、经济和生态三方面，其组成单元既有动态的、立体的河口生态系统，也有与海洋生态系统紧密关联的陆域生态系统及人类社会经济系统，不同单元之间存在着复杂的互作关系。在生态系统中，较高的生物多样性决定了其安全评价指标体系及生态安全预测的复杂性。海岸带作为人类经济社会活动高度密集区和海陆物质能量交互区，人类是生态系统的重要组成要素之一，人类活动较为频繁的地区在生态系统评价中占据很重要的地位。在对农牧场建成后的生态效益、经济效益和社会效益分析中，大多数国外学者往往侧重于在理论上进行探讨，以实际试验所得的数据和进行分析的报道较少，因此其计算结果与生产实际也存在较大差距。国内牧场建设效果评估主要停留在以回捕率和调查作为评价手段，对于生态效益和社会效益的定量评价仍处于起步阶段。

海洋生态系统是一个动态的、不断变化的生态系统，存在较大的缓冲空间，采用传统的手段，较难以生态系统在某一特定时期的状态来代表生态系统整体状态。黄河口海岸带生态农牧场建设效益分析宜采用 PSR 模型［Pressure（压力）-State（状态）-Response（响应）模型］对其生态效益、经济效益和社会效益进行定量分析。PSR 模型最初是由加拿大统计学家 Tony Friend 和 David Rapport 提出，用于分析环境压力及响应之间的关系。在 20 世纪 80 年代，随着环境问题研究的深入，该模型由经济合作与发展组织和联合国环境规划署共同发展起来。在模型中，P 代表人类活动产生的压力，指人类向自然界索取的各种资源和物质；S 代表自然资源现存状态；R 代表政府、企业和消费者等人类组成群体对环境状态变化的响应。PSR 模型在选取指标时使用了压力—状态—响应这一逻辑思维方式，模型构建的目的是回答发生了什么、为什么发生及如何响应这三个问题。

PSR 模型以因果关系为基础，体现人类活动与自然环境间的相互作用，即人类活动对自然资源施加一定的压力，由于这些外来的压力，自然资源改变了其原有的状态，人类又通过经济、管理等策略的改变来应对这些变化，以期达到恢复自然资源，防止生态环境退化的目的。即用压力变量描述人类活动对自然环境施加的影响，用状态变量描述由于压力的变化导致的环境问题的物理可测特征，用响应变量描述社会响应环境及自然资源变化的程度，响应变量又可以直接或者间接地影响到状态变量的变化，如此循环，构成了人类与环境资源之间的压力-状态-响应关系（杨志等，2011）。PSR 模型中压力、状态和响应三方面把各个单元相互之间的关系展示出来，同时对每个评价指标进行分级量化处理，从而形成次一级子指标系统。依据 PSR 模型建立的黄河口海岸带生态农牧场生态系统效益分析模型，可以更加注重指标之间的因果关系及其多元空间联系，从而准确地反映复合生态系统中社会-环境-自然相互作用的特点，体现出人类活动对自然生态系统的影响。

在黄河口海岸带生态农牧场效益分析 PSR 模型中，作为黄河口开发活动的主体，生产者、管理者开始并未意识到所进行的开发活动对海洋环境及生物资源的压力，随着开发活动的持续进行，环境压力逐渐增大，并且通过生物多样性的减少反映出来，这种压力的变化对社会主体形成一定的冲击，然后才有社会主体的决策反应——构建海岸带生态农牧场，发展生态农业。在效益分析评估模型中，采用德尔菲系数法和多层次分析法来确定评价指标体系，使得评价体系的构建更加客观化，以便量化分析海岸带生态农牧场对当地社会效益、经济效益、生态效益的影响程度。同时还借鉴统计分析学中肯德尔和谐系数对指标体系进行可信度分析，量化分析该模型对黄河口海岸带生态农牧场效益评估的适应性。在评价过程中采取增加重复频次、引入可信度分析及加权平均等方法减少人为评价的主观性，客观评价黄河口海岸带生态农牧场效益。

根据相关资料及模拟计算，预测黄河口海岸带生态农牧场建成后可达到陆海联动实施局部区域开发，在保护整体环境的基础上实现全局可持续发展。通过海岸带生态农牧场建设，打造以"黄河口大闸蟹"为代表的标志性地理产品，使得黄河口区域水产养殖从过去的"以量取胜"，到"质量并举"，在提高养殖产品品质的同时，进一步提升养殖产品单价，养殖生产价值提高 20%～25%。通过开展柽柳-苁蓉栽培、海草床生物资源修复、盐生植物-对虾复合种养殖技术和海水蔬菜-海珍品综合种养技术的推广应用，有效地增加了该水域浮游植物、大型藻类及陆生植物的生物量，在光照时间不变的基础上，该区域植物光合作用总量增加，植物的固碳量也相应提高，初步估算氧气生产量提高 6%～8%，气候调节价值提高 2%～3%。在黄河口区域开展一系列养殖、生产、生态等试验，初步构建黄河口海岸带生态农场，进一步促进产、学、研相结合，有效提高科研产出能力，从而使得文化（科研）服务价值提高 30%～40%。通过构建盐碱地生态农牧场、滩涂生态农牧场和浅海生态牧场，较好地维护当地的生态环境，有效改变资源保护和利用方式，使得当地物种的多样性得到恢复，进而形成"三场连通"和"三产融合"的海岸带保护及可持续利用新模式，初步估算该系统支持服务价值可提高 10%左右。

第六节　黄河口海岸带生态农牧场发展策略与途径

黄河三角洲是我国三大河口三角洲之一，土地、海域、滩涂等空间资源广阔，生物、油气、地热等自然资源丰富，具有建成经济发达地区的优越条件。随着区域内农业、畜牧业、水产业及石油工业、盐化工业的迅速发展，海岸带生态环境面临的压力逐渐增大。发展海岸带生态农牧场，在保护环境的同时提高农牧渔业乃至相关产业的效益，既要"绿水青山"，也要"金山银山"，对本区域乃至我国河口区域发展都具有重大意义。在已有研究成果（山东省科学技术委员会，1991；姜玉环和方珑杰，2009；曹俊杰等，2014；杨红生，2017a；唐迎迎等，2018）的基础上，我们提出黄河口海岸带生态农牧场的发展策略与途径。

一、发展策略

（一）陆海协同，保护环境和修复生物资源

严格遵守和执行相关法律法规及生态红线等制度，强化环境监控措施，控制黄河三角洲农业、畜牧业等产业中化肥、药物等投入物的使用量，降低石油化工、盐化工等产业各个环节的排出物的量，推行陆基水产养殖尾水集中处理，减少陆源污染输海强度和种类。严格控制围填海、港航工程的规模和数量，恢复自然岸段和湿地，划定植被自然恢复区、人工湿地建设区、滩涂和浅海生物资源养护区，构建"生物自由空间"，开展槐、芦苇、翅碱蓬、日本鳗草、近江牡蛎文蛤、毛蚶等本地种群的种苗培育、移植移栽、增殖放流，修复生物资源。

（二）陆海一体，发展资源循环型经济

坚持以资源的循环利用、可持续利用为主线的科学规划、资源配置，积极推行"上农下渔"，海水陆基养殖-人工湿地处理尾水、贝类和海草种苗陆基培育-滩涂种养-浅海增养殖、水产养殖-虾壳和贝壳等加工废弃物用作畜牧饲料添加剂等资源循环型产业模式。倡导和鼓励太阳能、风能、地热能等新型能源利用，推广能源回收再利用装置，提高单位能源的效益产出、降低能源利用对环境的影响。立足黄河口生态环境承载能力，发展加工利用、休闲旅游等产业，提高单位面积内资源的利用效率。

（三）陆海连通，发挥海岸带生态服务功能

系统评估黄河三角洲陆海生态连通现状，有针对性地疏通河道、恢复自然岸段、保护湿地和建设人工湿地；突出湿地在海岸带生态系统中生态连通性的重要节点意义，主要发挥水盐运移的连通作用，梯次建设盐碱地生态农牧场、滩涂生态农牧场和浅海生态牧场；坚持合理布局、兼养轮养，建立海岸带纵向（与海岸带垂直）相互贯通、横向（与海岸带平行）融合发展的生态农牧场，实现陆—滩—海不同区域间水、生物、地质等过程的耦合连通，有效发挥黄河口海岸带生态系统的服务功能。

（四）陆海统筹，完善海岸带生态农牧场建设支撑体系

制定和出台相关法律法规及金融财政、行政管理等政策措施，鼓励和引导各类主体、多种资本参与海岸带生态农牧场建设；完善海岸带生态农牧场的岸基路桥等设施、海上生产等装备、信息控制等系统，夯实牧场发展的基础条件；提升高效种养殖、生态增养殖及生境修复、资源养护和精深加工等技术水平，加强科技支撑能力；构建环境与资源实时监测及预警预报体系，提高生态农牧场抵御风险的能力；利用会议、讲座、培训、网络和传统媒体宣传海岸带生态农牧场的理念、意义和发展前景，形成广泛的大众认知，营造良好的社会氛围。

二、发展途径

（一）加强科技研发，完善基础理论和应用技术

黄河三角洲是我国最年轻的土地，河流淤积、海水冲刷及人为因素等导致岸线变动频繁，小浪底水库建成前后径流量变化显著，且半个世纪以来当地经济发展迅猛，海岸带环境与资源时空演变的范围和幅度较大。必须系统、全面研究并准确、及时把握区域水盐运移、生物资源分布的规律，分析水动力过程、环境要素时空分布及生物种群分布的交互作用机制，从生态系统水平上揭示陆海生态连通性影响机理、构建海岸带保护与利用理论。在此基础上，建立经济动植物种质资源保护与利用技术、高效低能耗的集约化种养殖技术、新能源和资源循环利用技术，形成适于黄河三角洲区域的海岸带生态农牧场建设技术体系。

（二）推进环境修复，有效提高陆海生态连通性

陆—滩—海之间物质和能量的顺畅流动、循环是海岸带生态农牧场持续发展的前提和基础。针对黄河三角洲区域陆海生态连通性受损的现状，采用植被自然恢复（陆地）、移植移栽（海草）、退养（塘）还滩、促淤保滩、生态护岸、增殖

放流等方式，结合天然湿地保护、人工湿地建设，基本恢复和形成自然岸滩剖面形态和生态功能，防止其生态系统消失、破碎和退化。发展生态系统食物网结构修复及过程连通技术，合理规划生态修复工程，形成水盐运移、生物转移畅通的生态廊道，提升海岸带生态服务功能，保障黄河口海岸带生态农牧场的持续发展。

（三）延伸产业链条，促进产业融合发展

　　黄河三角洲区域农业、牧业、渔业主要产业内容为种植、养殖，产业链条短，产业融合度低。发展种植业、加工业，尤其是培育耐盐植物、海洋生物、畜牧产品的精深加工产业，形成完整的产业链，可有效提高产业抵御风险的能力。有意识地推动农业、牧业、渔业交叉性布局和集团化运行，强化农业、牧业、渔业和林业等不同产业之间的物质交流、内容交叉、利益交织，促进产业融合发展，提高海岸带生态农牧场集约化和生态化水平。积极发展休闲养生、旅游观光、科普体验等新型产业形式，丰富牧场产业内容、提高经济效益水平。

（四）树立示范样板，带动海岸带综合开发利用

　　选划典型区域，分别开展盐碱地生态农牧场、滩涂生态农牧场和浅海生态牧场示范区建设，合理规划建设"三场连通"综合示范区。扩大灌溉面积，扩种耐旱、耐盐碱、节水省肥的作物，增强盐碱地总体抗灾增产能力，降低化肥等投入物的使用量；发展冬枣等经济林，杨树、槐树为主的速生丰产林，在荒地、疏草地发展柽柳、紫穗槐片林，改善总体植被覆盖率；利用撂荒地、边角地种植绿肥、饲草，封育补播，改良天然草场、建立人工草场，提高载畜能力；利用现代工程技术有机地结合工厂化、池塘、滩涂等海水养殖及光滩畜禽养殖方式，构建环境友好的滩涂生态农牧场；研发底播增殖技术、新型浅海养殖设施与工艺，有效利用水深 6m 以深浅海海域，拓展牧场发展空间。在山东黄河三角洲国家级自然保护区周边选划适宜区域，建设"三场连通"综合示范区，集成并完善集约化农林牧渔场建设、滩涂和浅海综合开发利用、高抗逆性新品种（系）选育和培育等技术，形成技术体系并推广应用。

（五）建设监控体系，保障环境和产品质量安全

　　海岸带生态农牧场的生态属性，必然要求健康的生态环境、安全的产品质量。建立从陆地到滩涂、从近海到远岸海域的环境监测和预报体系、牧场产品质量监测和评估体系，加强对农牧场区域的环境及生物质量监测，保障环境和产品质量安全。示范和应用环境容量评估技术、农牧场建设效果评估技术，为海岸带生态农牧场的全面、科学决策提供数据支撑；针对黄河三角洲陆地、滩涂、近海、远

岸海域利用水平不一的现状，将不同区域开发强度、收获时间和强度等人为影响因素均纳入监测和评估体系，形成全面、综合、协调的监测机制。

（六）强化规范管理，完善服务支撑体系

海岸带生态农牧场涵盖内容广泛、表现形式各异、建设主体多样，应发挥主管部门引导和科研机构指导的作用，实施基于生态系统的规范化管理，完善牧场建设服务支撑体系。制定技术规程和标准，规范和指导生态农牧场建设；强化企业主体地位，推动"产、学、研、用"新型合作组织密切合作；丰富拓展投融资渠道和主体，吸纳社会资本，拓展融资渠道，形成"全民参与，全民支持，全民受益"的"共享"模式；制定相关法律法规，形成比较完备的海岸带综合管理法律体系，确保海岸带生态农牧场稳定的运营环境；加大资金扶持力度，建设配套的交通、通信及信息管理网络系统。

主要参考文献

蔡学军, 田家怡. 2000. 黄河三角洲潮间带动物多样性的研究. 海洋湖沼通报, (4): 45-52.

曹俊杰. 2010. 山东省几种现代生态农业模式的特征及其功效分析. 中国软科学, (12): 107-114.

曹俊杰, 高峰, 孙智勇. 2014. 农业多功能性视域下发展生态和循环农业问题研究——以黄河三角洲为例. 生态经济, 30(6): 117-121.

陈静生, 于涛. 2004. 黄河流域氮素流失模数研究. 农业环境科学学报, 23(5): 833-838.

陈尚, 任大川, 夏涛, 等. 2013. 海洋生态资本理论框架下的生态系统服务评估. 生态学报, 33(19): 6254-6262.

陈友媛. 2006. 生物活动对黄河口底土渗流特性的影响研究. 中国海洋大学博士学位论文.

陈彰榕. 1997. 现行黄河口拦门沙的形态和演化. 青岛海洋大学学报, 27(4): 539-546.

崔毅, 陈碧鹃, 任胜民, 等. 1996. 渤海水域生物理化环境现状研究. 中国水产科学, 3(2): 1-11.

《东营市海洋与渔业志》编纂委员会. 2004. 东营市海洋与渔业志. 北京: 中华书局: 25-27.

高明秀, 吴姝璇. 2018. 资源环境约束下黄河三角洲盐碱地农业绿色发展对策. 中国人口·资源与环境, 28(7): 60-63.

郭永盛. 1980. 近代黄河三角洲海岸的变迁. 海洋科学, (1): 30-34.

何孝海. 2006. 黄河三角洲动力沉积及冲淤演变研究. 中国海洋大学硕士学位论文.

胡春宏, 曹文洪. 2003. 黄河口水沙变异与调控 I ——黄河口水沙运动与演变基本规律. 泥沙研究, (5): 9-14.

黄海军, 樊辉. 2004. 黄河三角洲潮滩潮沟近期变化遥感监测. 地理学报, 59(5): 726-730.

姜玉环, 方珑杰. 2009. 中国海岸带管理法的完善思路: 以美国为借鉴. 中国海洋法学评论, (2): 84-92.

焦玉木, 田家怡. 1999. 黄河三角洲附近海域浮游动物多样性研究. 海洋环境科学, 18(4): 33-38.

金显仕. 2001. 渤海主要渔业生物资源变动的研究. 中国水产科学, 7(4): 22-26.

李慧婷, 韩美, 路广, 等. 2017. 黄河三角洲湿地开发与保护工程建设的生态环境影响分析. 山东化工, 46(8): 166-170.

李泽刚. 2000. 黄河口附近海区水文要素基本特征. 黄渤海海洋, 18(3): 20-28.

刘东生, 等. 1964. 黄河中游黄土. 北京: 科学出版社.

刘艳霞, 严立文, 黄海军, 等. 2012. 黄河三角洲地区环境与资源. 北京: 海洋出版社.

刘兆德. 2000. 黄河三角洲农业综合开发研究. 经济地理, 20(2): 74-78.

骆永明. 2017. 黄河三角洲土壤及其环境. 北京: 科学出版社.

马传栋. 1985. 黄河口三角洲地区生态农业战略探讨. 东岳论丛, (1): 8-15.

马媛. 2006. 黄河入海径流量变化对河口及邻近海域生态环境影响研究. 中国海洋大学硕士学位论文.

庞家珍, 司书亨. 1979. 黄河河口演变 I 近代历史变迁. 海洋与湖泊, 10(3): 136-141.

钱萌. 2012. 东营市农业产业化发展问题研究. 山东大学硕士学位论文.

山东省科学技术委员会. 1991. 山东省海岸带和海涂资源综合调查报告集-黄河口调查区综合调查报告. 北京: 中国科学技术出版社: 268-278.

史大磊. 2017. 东营市现代渔业建设发展的思考. 南方农机, 48(8): 151-152.

侍茂崇, 赵进平. 1985. 黄河三角洲半日潮无潮区位置及水文特征分析. 山东海洋学院学报, 15(1): 127-136.

苏征, 张龙军, 王晓亮. 2005. 黄河河流水体二氧化碳分压及其影响因素分析. 海洋科学, 29(4): 41-44.

孙效功, 杨作升, 陈彰榕. 1993. 现行黄河口海域泥沙冲淤的定量计算及其规律探讨. 海洋学报, 15(1): 129-136.

唐迎迎, 高瑜, 毋瑾超, 等. 2018. 海岸带生境破坏影响因素及整治修复策略研究. 海洋开发与管理, 35(9): 57-61.

田家怡. 2000. 黄河三角洲附近海域浮游植物多样性. 海洋环境科学, 19(2): 38-42.

田静, 李甲亮, 田家怡. 2017. 黄河三角洲高效生态经济区自然保护区生态评价与优化调整. 滨州学院学报, 33(2): 92-96.

王厚杰, 杨作升, 毕乃双. 2006. 黄河口泥沙输运三维数值模拟 I——黄河口切变锋. 泥沙研究, 4(2): 1-9.

王集宁, 蒙永辉, 张丽霞. 2016. 近 42 年黄河口海岸线遥感监测与变迁分析. 国土资源遥感, 28(3): 188-193.

王立红. 2000. 黄河断流对下游生态环境的影响研究. 山东师范大学学报(自然科学版), (4): 418-421.

王楠. 2014. 现代黄河口沉积动力过程与地形演化. 中国海洋大学博士学位论文.

王三, 侯杰娟. 2002. 基于遥感技术的黄河三角洲河口土地变迁研究. 西南农业大学学报, 24(1): 86-88.

吴秀杰, 田素珍, 王丽娜. 1989. 黄河口五号桩海域海浪的基本特征. 黄渤海海洋, 7(3): 37-47.

许学工. 1995. 黄河三角洲的环境资源系统结构. 自然资源学报, 10(1): 51-58.

杨红生. 2017a. 海岸带生态农牧场新模式构建设想与途径——以黄河三角洲为例. 中国科学院院刊, 32(10): 1111-1117.

杨红生. 2017b. 海洋牧场构建原理与实践. 北京: 科学出版社.

杨志, 赵冬至, 林元烧. 2011. 基于 PSR 模型的河口生态安全评价指标体系研究. 海洋环境科学, 30(1): 139-142.

余欣, 王万战, 李岩, 等. 2016. 小浪底水库运行以来黄河口演变分析. 泥沙研究, 12(6): 8-11.

张丽娟, 巨晓棠, 刘辰琛, 等. 2010. 北方设施蔬菜种植区地下水硝酸盐来源分析——以山东省惠民县为例. 中国农业科学, 43(21): 4427-4436.

张志南, 图立红, 于子山. 1990. 黄河口及其邻近海域大型底栖动物的初步研究: (一)生物量. 青岛海洋大学学报, 20(1): 37-45.

郑珊, 王开荣, 吴保生, 等. 2018. 黄河口冲淤演变及治理研究综述. 人民黄河, 40(10): 6-11.

中国海湾志编纂委员会. 1991. 中国海湾志 第三分册(山东半岛北部和东部海湾). 北京: 海洋出版社: 4-29.

朱鑫华, 缪锋, 刘栋, 等. 2001. 黄河口及邻近海域鱼类群落时空格局与优势种特征研究. 海洋科学集刊, (43): 141-151.

Adams J, Wyk E V, Riddin T. 2016. First record of *Spartina alterniflora* in southern Africa indicates adaptive potential of this saline grass. Biological Invasions, 18(8): 2153-2158.

Bertness M D, Shumway S W. 1992. Consumer driven pollen limitation of seed production in marsh grasses. American Journal of Botany, 79(3): 288-293.

Chen D G, Shen W Q, Liu Q, et al. 2000. The geographical characteristics and fish species diversity in the Laizhou Bay and Yellow River estuary. Journal of Fishery Sciences of China, 7(3): 46-52.

Chung C H. 2006. Forty years of ecological engineering with *Spartina plantations* in China. Ecological Engineering, 27(1): 49-57.

El-Asmar H M, Hereher M E. 2011. Change detection of the coastal zone east of the Nile Delta using remote sensing. Environmental Earth Sciences, 62(4): 769-777.

Hu C H, Ji Z W, Wang T. 1998. Dynamic characteristics of sea currents and sediment dispersion in the Yellow River Estuary. International Journal of Sediment Research, 13(2): 16-26.

Knott C A, Webster E P, Nabukalu P. 2013. Control of smooth cordgrass (*Spartina alterniflora*) seedlings with four herbicides. Journal of Aquatic Plant Management, 51: 132-135.

Milliman J D, Meade R H. 1983. World-wide delivery of river sediments to the oceans. Journal of Geology, 91(1): 1-21.

Rodríguez J F, Saco P M, Sandi S, et al. 2017. Potential increase in coastal wetland vulnerability to sea-level rise suggested by considering hydrodynamic attenuation effects. Nature Communications, 8: 16094.

Simberloff D, Martin J L, Genovesi P, et al. 2013. Impacts of biological invasions: what's what and the way forward. Trends in Ecology & Evolution, 28(1): 58-66.

Simenstad C A, Thom R M. 1995. *Spartina alterniflora* (smooth cordgrass) as an invasive halophyte in Pacific northwest estuaries. Hortus Northwest, 6: 9-12, 38-40.

Yu L S. 2002. The Huanghe (Yellow) River: a review of its development, characteristics, and future management issues. Continental Shelf Research, 22(3): 389-403.

Zuo P, Zhao S H, Liu C A, et al. 2012. Distribution of *Spartina* spp. along China's coast. Ecological Engineering, 40: 160-166.

第八章 苏北海岸带生态农牧场模式预测与效益分析

摘 要：随着对海岸带滩涂浅海区开发热潮的逐渐升温，加之种养殖结构不合理，直接导致我国海岸带滩涂生态环境受到严重破坏，并表现出了退化现象，海岸带生态环境失调已严重影响到沿海地区农业、经济和环境的可持续发展。苏北海岸带滩涂总面积占江苏耕地总面积的1/7，占全国滩涂总面积的1/4。苏北海岸带生态环境的破坏与退化，除自然因素外，人类的过度开发和种养殖结构失调也是重要的原因。滩涂埋栖性贝类等滩涂动物赖以生存繁衍的栖息地遭到破坏，埋栖性贝类资源衰退、滩涂湿地大量减少，严重破坏了滩涂的生态平衡，导致滩涂生境生态系统严重失衡。轻农业、重海水养殖业的滩涂开发格局，虽然短期内获得了一定的经济效益，但最终结果还是导致了滩涂开发的高投入、低效益。海水农业是人类直接利用海水的全新尝试，耐盐经济植物的选育和海水蔬菜的培植成功，开辟了海水利用的崭新途径。将海水农业和海水养殖相结合，构建海岸带滩涂合理的种养殖复合生态系统，建设海岸带生态农牧场，是缓解近海海洋污染和确保滩涂经济持续发展的重大举措，是未来海岸带滩涂健康发展的一个方向。因此，苏北海岸带生态农牧场建设应在6个方面进行突破：①以耐盐性强、高效、优质为主要性状的抗逆高效植物滨海盐土轻简化栽培为特征的滩涂盐土农业种植制度的创建；②泥质高滩贝类高位健康养殖技术体系的集成；③泥质低滩紫菜高效养殖技术及标准化生产规程的创建；④滩涂种养复合清洁生产结构的建立与完善；⑤苏北沿海新型产业链构建与产业群培育；⑥在上述基础上预测海岸带生态农牧场建设模式，并利用生态系统服务功能价值评估方法评估苏北滩涂农牧化模式的经济效益、社会效益与生态效益。

关键词：苏北海岸带，滩涂，生态农牧化模式

第一节 苏北海岸带资源与环境概况

一、概况

（一）地理位置

苏北海岸带北起苏鲁交界的锈针河口，南至江苏南通启东寅阳镇连兴港村，总面积约 6853.74km²。根据地理位置的不同，苏北海岸带滩涂以海安分界划为中部—北段滩涂与南段滩涂两大部分。

（二）地貌与母质

900 余千米的苏北海岸带，除东北角苏鲁交界处的几十千米为沙质平原岸、连云港附近为基岩港湾海岸外，其余皆为粉砂淤泥质平原海岸。连云港以南至长江口，地势低洼，地形开阔平坦，地貌单调。除黄河故道，淮河下游水系、人工灌溉总渠、沿岸的残留砂坝及贝壳堤外，大部分为农田。废黄河口以北部分地区为盐田。岸线平直，滩涂比较发育，宽度随岸而异。弶港岸外发育着巨大的辐射状砂脊群。岸滩冲淤变化明显。这些均突出地反映了淤泥质平原的特点。江苏海岸带可分为 6 个地貌区，各区的地貌特征和母质类型分述如下。

1. 海州湾北部剥蚀海积平原

位于兴庄河口以北，地势西北高、东南低，由鲁东南的花岗岩丘陵逐渐过渡到海滨平原，高程 5～20m。北部地表以残积物为主，风化层较厚，沿海有一狭窄的海相沉积带；南部以冲积、海积为主。平原东部有三列北北东至南南西方向的古沿岸沙堤，呈扫帚状，在拓汪东林子一带收敛，向南逐渐散开。沙堤之间常有潟湖相沉积。

2. 海州湾淤泥质海积平原

位于兴庄河以南、灌河以北云台山周围，高程 2.5～4m。海州湾顶部地表 30m 以下为古近纪和新近纪红土层，上覆晚更新世陆相沉积和全新世海相淤泥层，质地偏黏。平原西北部（宋庄—罗阳）也有数列古沿岸沙堤。最外道沙堤以东的陆地成陆时间很晚（17～18 世纪），主要与黄河在苏北入海期间带来的大量泥沙沉积和附近的沂沭河泛滥有关。

3. 云台山变质岩山地

云台山由锦屏、前云台、中云台和后云台等低山丘陵组成，一般高程 400～

600m，最高峰玉女峰海拔 625.2m（黄海零点）。它们均由中度变质的片麻岩层构成，岩层坚硬、层状、少有风化层。地形上为北陡南缓的单面山。后云台山为一上升断块，北云台与东西连岛之间的海峡则为一地堑。云台山周围为山前堆积台地，高程 4～40m，为洪积相沉积。外围为海积平原，地面组成物质为灰黄色轻壤质的现代河流沉积和灰黑色黏壤质夹贝壳碎屑的海相沉积。

4. 废黄河三角洲平原

位于灌河与射阳河之间，是 1128 年黄河夺淮后不断淤长而成的三角洲。自1855 年黄河北归后，泥沙来源断绝，岸线侵蚀后退，河口附近后退约 20km。灌河、中山河为区内主要入海河流，因上游有骆马湖、洪泽湖调节，入海泥沙甚少，所以地面组成物质多为中壤土—重壤土。沿岸地势平坦，地面高程为 1.3～3.0m，陆上有大面积的盐田。废黄河两侧是一条高于附近地面 2～4m 的老河床高滩地，宽 3～5km，由黄河淤积、人工筑堤而成。组成物质以轻壤土—中壤土为主，并有由河床向两侧逐渐变细的趋势。

5. 江苏中部海积平原

位于射阳河以南、北凌河以北，岸外有辐射沙洲掩护，是近千年来不断淤长形成的滨海平原。该区地势南高北低，斗北地面高程约 2m，斗南高程在 3m 以上。弶港附近高程达到 4.5m 左右。地表组成物质南粗北细，琼港附近为含粉砂很高的紧砂土，向北黏质成分增加。本区西部接里下河洼地。里下河地区主要排水河道、射阳河、新洋港、黄沙港和斗龙港等由斗北岸段入海。斗南为高亢平原，水资源贫乏。在本岸段入海的河道有川东港、东台河、梁垛河。除梁垛河闸外，其余的河闸下淤积严重，斗南地区又排水困难。

6. 长江三角洲平原

位于北凌河与长江口之间，为近代河口沙洲逐渐淤高、并陆而成的三角洲地貌，成陆年代距今 100～400 年。组成物质属三角洲相，以壤性土为主，由西北向东南变细。地面高程 2.0～3.5m，由西北向东南降低。本区濒临长江，有通吕运河、九圩港等大河，水资源丰富。

二、滩涂生态特征与分布

（一）草滩

生长有多年盐生草甸植物的滩地叫草滩。草滩是淤进型滩涂生态发育的最高阶段。原来的盐蒿滩处于月潮淹没带，随着滩面淤高、潮浸频率减低，月潮淹没带的生态环境演变为年潮淹没带，植物群落也随之发生演替。其演替的顺序是：

大穗结缕草—獐毛—白茅。土壤含盐量由 0.8%降到 0.6%以下。土壤有机质由 0.5%增到 1.0%以上。草滩地形平坦，潮水沟少，土壤含盐量低，土质肥沃，是可围垦的主要滩涂。草滩的分布规律：淤进型海岸草滩的面积较大，如盐城的东台、大丰区、射阳县等地的堤外，草滩宽 2～4km；大喇叭口以北为蚀退型海岸，草滩分布零星。近期新围的海堤外草滩很少（如大丰区的海丰农场），被围在堤内的草滩若不及时采取土壤改良措施，原来的草滩就可能退化为盐蒿滩或光滩。弶港附近属内冲外淤的岸段，潮水沟密度大且冲淤多变，潮间带的生态环境不稳定，故草滩与盐蒿滩、光滩相间分布，草滩的植被以大穗结缕草和獐毛为主。

（二）芦苇滩

芦苇滩位于月潮淹没带，一般分布在咸淡水交汇的河口。苏北海岸带芦苇滩主要集中分布在射阳河口和新洋河口，其次是斗龙港口。这些河流上游承接里下河水系，淡水资源较丰富。因河口地势低洼，河道迂回曲折，形成洼地沼泽的生态环境，适宜于沼生植物芦苇的生长。江苏沿海天然芦苇的滩面有逐渐淤高、沼泽生态有逐渐向草甸生态演替的趋势。

（三）盐蒿滩

盐蒿滩在苏北沿岸普遍存在。淤进型滩涂草滩之外即为盐蒿滩，往下向光滩过渡；蚀退型海岸大部分堤外就是盐蒿滩，其外缘是贝壳沙滩。盐蒿滩最宽可达 3～4km，窄的不超过 1km。盐蒿滩通常是由单种植物组成，由内向外地势由高到低，盐蒿由密变稀，逐渐绝迹。盐蒿的密度与长势随年份而有变化，这是由于盐蒿为一年生植物，其种子传播和发芽与当时当地的生态条件有关。因此，盐蒿滩与光滩的界限并不十分严格，也随年份有所变动。盐蒿滩蟹类很多，主要有锯脚泥蟹和绒毛近方蟹等。地面蟹穴发育，对疏松土壤、接纳降水淋盐有一定作用。盐蒿滩土壤质地较黏，一般为轻壤土—中壤土。干旱时，表土失水收缩，滩面龟裂，盐蒿的种子常沿龟裂纹发芽生长。每次涨潮时，混浊的潮水上滩，首先进入裂缝，对增加土壤中黏粒成分有利，同时龟裂也是滩涂土壤自然结构形成的方式。盐蒿滩地面平坦，虽潮水沟比草滩多，但密度并不大，并处于逐步衰亡阶段。盐蒿滩有条件成为围垦的土地资源。

（四）光滩

光滩在盐蒿滩的下缘，同属月潮淹没带。因潮浸频率高，土壤不断接受海水盐分供给，地面裸露蒸发量大，故光滩是滩涂土壤的强烈积盐地带，土壤全盐含量在 1.0%以上。旱季返盐地表有白色盐霜，植物不能生长。淤泥质光滩，地面有龟裂发育。光滩在全岸线都有分布，宽度由数百米至 3km 不等。光滩一般是近期可围垦土地资源的下限。

（五）贝壳沙滩

贝壳沙滩由贝壳碎屑经波浪作用抛向岸边堆积而成，有时含有一定量的粗砂。在海州湾的兴庄河口以北，沿海岸线堆积成自然堤状，堤高约 3m，当地群众叫沙垄，而射阳河口以南未见贝壳沙滩分布。

（六）浮泥滩

只有淤进型海岸才有浮泥滩发育。在海州湾的兴庄河口—西墅和荆阳河口—梁垛闸之间的日潮淹没上带有较大面积的浮泥滩，宽度在 3~5km。部分浮泥滩的上缘有 0.5~1.0km 宽的人工栽植大米草带，其余无任何天然植被（左平和刘长安，2008；Chung，2006）。浮泥滩是尚未脱水固结的滩地，沉积物呈悬浮泥浆状，承压力低，行人陷脚 20~60cm，深者可陷到 1m 以上。潮水沟密度大，且曲流发育。沉积物的质地为中壤土，向外缘下层为不陷脚的紧砂土，越向外缘浮泥层越薄，逐渐过渡到板沙滩。浮泥滩是沉积速度最快的滩面，涨潮流水带来的悬移质泥沙主要在此堆积。当堆积到一定高度，沉积物便会逐渐絮凝固结，浮泥滩就会向光滩发育，因此浮泥滩应是促淤造陆的主要地带。

（七）板沙滩

板沙滩分布在所有岸线的日潮淹没下带，滩面坡度较大，为 0.2%~0.3%。因地势低，潮浸频率高，滩面出露的时间较短，波浪作用较强，沉积物质地较粗，故滩面板结不下陷。地面具有不同形态，浅而宽，无植物生长。主要动物有文蛤、四角蛤蜊、青蛤等。滩涂是一个不稳定场，各种生态因素十分活跃，生态平衡是相对的，生态系统经常处于调整和变化之中。江苏海岸海洋动力因素十分活跃，滩涂冲淤多变。随着滩涂的淤长或蚀退，非生物因素的变化干扰了原来的平衡，引起生物因素的演替，使生态类型改变。因此，滩涂生态系统可分为淤进型海岸和蚀退型海岸两种类型，演替序列各不相同。

三、潮滩沉积物的化学环境特征

（一）苏北海岸带滩涂土壤盐分性质

土体中高含量的易溶性盐类是滩涂土壤的特有性质，它是抑制土壤肥力发展和发挥的首要因素。在海岸带，土壤、地下水（指潜水，下同）和海水三者的盐分性质是互相联系、相互影响的动态平衡关系。苏北海岸带土壤盐分含量高，盐分在剖面中分布比较均匀。除占滩涂面积较小的草甸滨海盐土之外，大部分的土壤全盐含量均在 0.6%以上，并且土壤含盐量越高的土壤，上下层盐分含量差别越小，这是由于在潮间带的环境下，高含盐量的海水对土壤深刻的影响，土壤中的盐分是因"盐随水来"而引起的。随着滩面淤高和土壤的发育，土壤盐分剖面开始发生分异，当土壤全盐含量低于 0.6%时，剖面中盐分的分布规律是：表土＜心土＜底土，说明土壤盐分的降低是由于自上而下的脱盐作用所致。土壤长期演变的趋势是向着脱盐方向发展，但土壤盐分有季节性的动态变化。土壤与潜水的盐分变化同步进行，但潜水的淡化落后于土壤的脱盐，滨海盐土土壤全盐含量随潜水矿化度的增加而升高。一般潜水矿化度总是高于其土壤全盐量，即潜水的淡化落后于土壤的脱盐。这一规律揭示了在改良滨海盐土的过程中，在降低土壤含盐量的同时，必须采取降低地下水矿化度的措施（该措施是改良盐土的治本措施）。在潮间带内，滩涂土壤经历着 3 个盐分变化过程，即土壤与海水盐分平衡过程、土壤积盐过程和土壤脱盐过程。滨海盐土的脱盐过程中，土壤 pH 有升高的趋势，但 pH 很少超过 8.5，在苏北自然条件下，滨海盐土经围垦利用后向潮土方向发展，虽在脱盐过程中伴随有 pH 升高的趋势，但土壤不至于向碱化过程发展。

（二）苏北海岸带滩涂土壤的养分

在滩涂土壤发育的初期阶段，养分的生物循环和积累很微弱，土壤中的养分主要是来自母质中的本底养分。随着滩涂土壤的发育、物质的生物循环加强，养分便在土壤上层积蓄起来，土壤肥力也逐渐提高。因此，滩涂土壤养分的形成，开始是遵循物质的地质大循环的规律，而后转为生物小循环的规律，二者是逐渐过渡的。

1. 有机质含量

苏北海岸带滩涂土壤有机质主要来源于滩地生物的残体和母质中的有机质，又不断地被微生物分解消耗。土壤有机质的含量由二者的动态平衡所决定。滩地生物残体输入土壤中的数量与滩涂土壤的生态类型有密切关系。南通的潮间带土壤（实际上是海水养殖区域）有机质大多小于 1%。而盐城大多是围垦已久的熟化土壤，有机质含量也不足 2%。河口土壤因长期处于淹水状态，有机质有所积累，略高于熟化的围垦土壤。

2. 氮素含量

苏北海岸带滩涂土壤含氮量的变化规律与有机质完全一致，即与土壤类型、生态环境、土壤质地和土壤含盐量有密切关系。大丰区的草甸滨海盐土和沼泽滨海盐土全氮含量较高，均值大于 0.3%；而如东县、启东等海水养殖区域，氮素水平很低，多在 0.1%～0.2%。总体上来看，缺乏有机质和氮素是滨海盐土主要的特征之一。

3. 磷素状况

苏北海岸带滩涂土壤的磷素有无机态和有机态两种。在有机质含量低的土壤中，无机态磷是全磷中最主要的部分，又分为钙磷、铁磷和铝磷等。在石灰性土壤中，以钙磷为主。苏北滩涂土壤有机质含量不高，都是石灰反应，因而土壤磷素主要以钙磷的形态存在。根据分析，全磷（P_2O_5）在土壤剖面中的分布及在不同土壤类型之间含量变化不大，说明滩涂土壤中的磷素主要是来源于土壤母质。有效磷含量（$NaHCO_3$ 法）在百万分之五左右，属缺磷的范围。调查结果表明，除南通少数样点缺磷外，其他已围垦土壤均属于富磷土壤。

4. 钾素状况

苏北海岸带滩涂土壤中的钾主要呈无机状态存在，按存在的状态和植物利用的难易程度可分为 3 种：①难溶性钾，主要是原生矿物的结构钾，如长石、白云母中的钾；②缓效性钾，是非交换性钾，包括层状黏土矿物所固定的钾（主要在水云母系中），以及一部分黑云母中的钾；③速效性钾，包括代换性钾和水溶性钾。难溶性钾通过矿物风化可形成缓效性钾或速效性钾。缓效性钾、代换性钾和水溶性钾三者呈动态平衡关系。

5. 金属离子含量

土壤中的金属元素含量不高，一般含量范围在几 mg/kg 至数十 mg/kg，其中，有些是生物生命活动所必需的，如铜、锌、钴等。当这些元素供应不足时，作物生长不良，动物有时也会出现病症；当供应过多时，植物或动物就会出现中毒症状。有些元素对人体有害，土壤中含量过多，就造成环境污染问题。除河口边滩外，南通养殖区和盐城垦区滩涂土壤基本没有受到重金属污染，这是由于目前苏北沿海重金属污染源的数量不多，有的地方即使有少量含重金属的废水通过沿海河口排入海区也被海水稀释，并在海水化学的环境中净化，故尚未污染堤外滩涂的土壤。作为重金属元素，在石灰性滩涂土壤中，铜、锌、铅、铬的溶解度很低，并且作物因选择吸收作用而对这些元素的吸收量少，尚不至于造成食物中含量超过卫生标准而影响人体健康。

四、灾害性天气

（一）苏北海岸带台风和暴雨

台风是沿海频繁发生和危害性最大的灾害性天气，台风与天文大潮相遇可导致海堤溃决。从台风路径轨迹看，南通岸段不仅台风总次数最多，而且中等以上强台风次数也最多，是全省受灾最多的岸段，盐城和连云港岸段次之。全年以 7 月中旬至 9 月中旬为台风袭击时期，8 月上旬至 9 月中旬为袭击盛期。

暴雨是造成沿海低洼地区洪涝灾害的原因之一。在海岸带内有一条多暴雨带，主要出现在盐城的射阳县与东台之间，北部沿海的连云港有一较小的暴雨分布区，而南通暴雨分布的次数较少。暴雨分布情况与台风正好相反，也可以认为暴雨对台风的相对分布位置向北推移了。

（二）苏北海岸带寒潮

寒潮多出现在冬末春初和深秋初冬季节。以 2~4 月和 11~12 月最频繁。就平均分布而言，寒潮次数北部分布多于南部，陆面多于海上，前者显示冬季大陆性季风气候的影响，后者显示海洋气候的调节作用。寒潮前锋，往往有 6~8 级大风，阵风可达 9~10 级，多为偏北风向，对农业、渔业生产和海堤有一定威胁。寒潮是越冬作物的灾害性天气，尤其是早春寒潮（即所谓倒春寒），可使三麦和冬绿肥受冻减产。

五、资源基础（空间资源、生物资源等）

滩涂处于海洋与陆地交接区域，是人类最早成功开发和利用的海洋地域，其生态系统不断演变。苏北海岸带滩涂水质肥沃，饵料充足，适宜鱼、虾、蟹、贝的生存和繁衍。被称为"软体黄金"的鳗鱼苗产量居全国第一。贝类是滩涂生物群落组成的优势种类，蕴藏量达 10 万 t 左右，其中产量在万吨以上的有青蛤、文蛤、四角蛤蜊、泥螺等，目前已开展人工养殖和人工育苗的种类有泥蚶、缢蛏、泥螺、文蛤、青蛤、西施舌、菲律宾蛤仔、彩虹明樱蛤等。渔业自然资源种类繁多，主要经济鱼类有小黄鱼、大黄鱼、黄姑、带鱼、黄鲫等。另外，江苏滩涂的虾、蟹类资源十分丰富，近年来生物量有所增加，主要品种有中国对虾、三疣梭子蟹、脊尾白虾、青蟹等（王资生等，2001）。浮游植物和底栖动物是海滨滩涂湿地生态系统的重要组成部分。合理开发和利用海洋滩涂资源对国民经济和社会的可持续发展具有非常重要的意义。浮游植物是营浮游生活的一个类群，是主要的初级生产者，其数量多寡反映了生物量的多少，与渔业生产、候鸟保护均有密切的关系。水体中的藻类，特别是硅藻门、金藻门、隐藻门和甲藻门中的许多种类是滤食性鱼类（如鲢、鳙等）、虾、螺、蚬等的重要食料，又是不少水生经济动物（鱼、虾、蟹）的食料，同时也是一些浮游生物（如枝角类，桡足类，轮虫等浮游动物中一些种类，水蚯蚓、摇蚊幼虫等底栖动物中一些种类）的主要食物。所以在水体中藻类是许多经济动物直接或间接的天然食物，在水生生态系统的食物链中起着关键的作用。浮游植物个体较小，无运动能力，其种类组成和数量极易受水域环境、水流和波浪的影响。保护区滩涂中的各种水体及近海海域的浮游植物资源丰富，在水体生态系统中起重要作用。底栖动物在湿地生态系统中起着有机物分解、营养物质转化、污染物代谢、能量流转和加速自净等作用（胡知渊等，2009），在食物链中起着承上启下的作用。它们取食浮游生物、底栖藻类和有机碎屑等，同时被鸟类和鱼类等取食（龚志军等，2001；朱晓军和陆健健，2003）。底栖动物本身的群落特征及空间分布往往能够反映出该湿地的许多特征，如土壤理化性质、水文条件、植被情况、气候条件等。所以，研究底栖动物对了解湿地概况，甚至对滩涂、海洋、湖泊的环境评价和开发利用及农业水产养殖都有重要的意义（胡知渊等，2009）。

第二节　苏北海岸带滩涂农牧化现状与发展需求

随着江苏土地资源的日趋紧张与环境容量的限制，沿海滩涂盐土农牧化发展越来越受到重视，成为江苏沿海地区农业结构调整的重要内容。

一、滩涂农牧化建设的崛起

江苏沿海滩涂农业发展在我国具有很大影响，南京农业大学、江苏省农业科学院、江苏沿海地区农业科学研究所等单位的研究团队从 1985 年开始，按照滨海盐土发育规律，采用试验—集成—推广交叉复式的技术路线，围绕滨海盐土高效利用与快速改良、建立新型盐土农业技术体系与种养制度这个总目标，在"八五""九五""十五""十一五"期间，雨水资源高效利用、耐盐经济植物引进与筛选、农田尺度上咸水与微咸水灌溉技术三个方向研究的基础上，重点攻克雨水与咸水高效经济利用、耐盐经济植物选育与盐土种植、盐土水盐调控等关键技术，进一步集成生物-工程-水利三位一体的、以控盐-脱盐-培肥等为多重目标的滨海高效盐农业模式；进一步调整模式内部结构、不断提升模式整体技术水平，强化不同层面上的技术集成；制定了一系列的滨海盐土农业规程及相关标准，创新了滨海盐土农业技术体系的推广模式，推动了滨海盐土农业清洁高效的产业发展。

（一）以滨海盐土高效利用与快速改良为特征的现代滩涂农牧化

我国滨海盐土的传统改良从根本上讲还是首先从水利改良着手，引进淡水改良滨海盐土仍为滨海盐土改良的主要途径之一，在这方面我国取得了许多重要的成就（徐向红，2004），但因其投资巨大而受到一些限制，致使我国淤进型海岸带滨海滩涂农业开发利用滞后于本区域国民经济的发展，形成与较发达的沿海经济区很不适应的脆弱农业生态区域。

在滨海盐土上发展农业最主要的障碍因子是盐分过高。这些盐土区域（尤其是沿海前的重盐土）淡水无法引进或引水系统不全，改良过程缓慢。南京农业大学、江苏省农业科学院、江苏沿海地区农业科学研究所等单位在总结群众经验的基础上，遵循滨海盐土成土过程和水盐运动的客观规律，按照高产稳产农田基本建设的要求，集生物、水利及农艺改良措施于一体，设计并实施了一套滨海强度—中度盐渍化土"时效并举、前后衔接、有序过渡"的农牧化高效持续利用与快速改良模式。

（1）强度盐渍化土大面积围堤蓄淡养青、养鱼模式。我国大部分海岸带降水丰富且大部分集中在夏季，过去雨水大部分以地表径流方式流入大海，雨水资源浪费严重。大部分滨海强度盐渍化土由于盐分过重，仅生长十分稀疏的杂草，产干草 $1.5 \times 10^4 \sim 2.25 \times 10^4 kg/km^2$，光能利用率极低（徐向红，2004）。为合理地利用资源，从 1988 年开始，进行大面积平滩围堤蓄淡养青放鱼改土试验，在充分利用各种滩涂资源的同时，强化了脱盐过程，减缓了积盐强度，使土壤的盐分迅速下降（刘兆普等，1992）。大面积围堤对土壤养分的提高效果十分明显，尤其是对有机碳和全氮的增加十分明显，这对沿海盐土的改良产生十分重要的影响。

（2）江苏滨海中强度盐渍化土的田菁水植养鱼改土农牧化模式。在特定的环境条件下，大面积围堤蓄淡养鱼（青）改土前期脱盐较快，至 3～5 年后土壤含盐量降至 0.5% 左右时，该利用方式脱盐速率减缓，且土壤的物理结构较差。为此，南京农业大学课题组在对一些高耐盐植物生物学特征研究的基础上，筛选田菁等耐涝植物品种，进行鱼、田菁混种养的快速改良模式。该模式将大面积围堤蓄淡养鱼改土的效果与种植田菁改土的效果叠加起来（刘兆普等，1999），对田菁本身的生长产生积极影响。由于土壤水分含量较高，田菁苗期耐盐能力大大提高，田菁根及根瘤生长量明显增加。

（3）江苏滨海中度盐渍化土的渔农复合利用模式。从 20 世纪 80 年代中期开始，南京农业大学、江苏省农业科学院等单位创建了牧渔、农渔复合生态利用模式。该生态试验工程设计为：在大面积围堤蓄淡养鱼改土模式的基础上，中间加堤埂，变成约 $0.067 km^2$ 一框，三面开沟，一面为机械进入滩面作业的通道，堤、沟、滩面的比例为 15∶20∶65。当年 10 月至翌年 3 月，在三周沟中放养适量的鱼种。牧渔套作就是在滩面种植冬季牧草，其他同麦鱼套作。麦鱼或牧鱼复合生态系统形成了滨海盐土第二次脱盐高峰，这主要是江苏滨海气候特点决定的。3～5 月降雨量小，蒸发量大，是滨海滩涂强积盐阶段。在这一时间段，单纯蓄淡养鱼模式往往采用提取回笼水漫滩以防止滩面积盐；麦鱼复合模式中由于滩面大麦的生物覆盖度很高（80% 左右），有效防止了滩面积盐。

相对农业耕地来讲，海岸带仍保留了比较完整的自然生态系统组合。在滨海资源利用与保护中，正确定位集约化生产程度，实施仿自然生态种养殖模式，以保持滩涂资源利用的可持续发展，是值得研究的重要领域之一。在高级的生态系统中，盐城大丰区实施种养结合的生态单元，即以万亩甚至更大面积的滩涂为一生态单元，在不改变原有生态结构特征的情况下，合理种植、养殖，让植物与动物处于半自然的共生生态环境下，协调生存。在自然状态的沟渠河塘中放养鳝、鱼、蟹，当农田水稻生长到一定的规格后，鱼、蟹可在更大的范围内寻找自己最适的生存空间，达到水稻、鱼、蟹在接近自然生态环境的状态下共存，克服高度集约化生产的种种弊端。在较低级的生态子系统单元中，人们也正在探索仿自然生态的养殖模式，如鱼虾混养、虾贝混养，甚至鱼虾贝混养，发挥了其有利的共生互存关系，减少了病虫危害，尤其是在近年长期集约化生产致使对虾病害严重的情况下，通过仿自然生态的复合养殖，明显抑制了虾病流行，为健康养虾闯出了一条新路，表现出良好的社会效益与经济效益。

滨海盐土复合种植业的发展十分迅猛。实践证明，复合种植业在滨海盐土是一种切实可行的种植制度。所谓复合种植是种植业发展到一定阶段的产物，是自然资源与人口增长及消费需求的矛盾加剧而引起的一种创新，是生产者对自然过程思索与模仿的结果。它是在一定的生产周期内，在同一土地经营单元上，将多种植物和动物依一定的时间序列、空间位置、营养关系合理组合的农田种养殖生产技术体系。它既包括多种植物、动物的静态配置（间作、混作种植），又包括动态配置（套作、复合、轮作种养殖），是以农田复合生物群落的整体为基础的种养殖生产过程。

（二）滩涂农牧化中资源高效循环利用的清洁生产实践

（1）创建滨海盐土多种水资源高效循环农业利用新模式，突破了滩涂农业生产受水资源制约的技术瓶颈。构建了旱季抽提地下咸水养殖与灌溉、雨季利用雨水入渗与技术回补、淡化地下水为核心的"五水"高效循环利用模式，配置了以雨水高效利用为中心、咸水（养殖废水）安全灌溉为关键、滨海盐土高效利用与快速改良为目标的种养复合的技术体系（刘兆普等，2003a；王学勤等，2006），突破了用咸水大面积灌溉和土壤肥力可持续发展的关键技术瓶颈（刘玲等，2008；刘兆普等，2005；唐奇志等，2005），攻克了高效耐盐植物的海水安全灌溉技术。

（2）滨海盐土生物改良已成为滨海盐土高效利用的趋势。随着现代育种技术的发展，选育耐盐特质高效植物在盐土栽培已成为滨海盐土高效利用的重要途径。南京农业大学、南京大学、中国科学院南京土壤研究所、江苏沿海地区农业科学研究所等单位在江苏滩涂率先进行了耐盐植物的引进、选育和遗传改良的研究。南京农业大学确立了选育耐盐高效植物的研究目标，即选育高耐盐、高光合效率、高市场调适性及低肥水需求、低管理成本的高效植物；选育了滨海盐土适生耐盐高效植物新品种（品系），为高效盐土农业提供了一批具有广阔应用前景的品种资源。经十多年的新材料收集或引进、筛选培育、遗传改良的系统研究，创立了耐盐菊芋与油菜高产新品种选育的株型模型（隆小华和刘兆普，2010），育成了高耐盐且高产的能源植物'南芋 1 号'新品种与在含盐量为 0.4%盐土上产油菜籽 $5.085×10^5kg/km^2$ 的南盐油 1 号油菜新品系，培育了耐 50%海水的'南盐 1 号'芦荟，利用分子育种技术育成了高耐盐的速成杨新品系（Jiang et al.，2011），筛选出生物耐盐力大于 0.3%的牧草品种，集成了滨海盐土油葵、菊芋、耐盐经济植物轻简化栽培技术体系（迟金和等，2009；王景艳等，2008；Long et al.，2010），建立了滨海盐土生物抑盐脱盐的农业种植制度。

（3）重要耐盐功能基因的筛选、克隆已成研究热点。在耐盐基因研究方面，南京农业大学、大连理工大学通过同源基因克隆的方法，分别从两种耐盐植物菊芋、獐毛中成功克隆了 Na^+/H^+逆向转运蛋白基因，菊芋的液泡膜 Na^+/H^+ 逆向转运蛋白基因 *HtNHX*，江苏省农业科学院发明了"一种真盐生植物细胞质膜水通道蛋白基因及其所编码的蛋白质"的专利技术（专利号：200610085327.9），即海蓬子细胞质膜水通道蛋白基因 *SbPIP1* cDNA 序列 SEQ ID NO.1 及其编码的氨基酸序列 SEQ ID NO.2。这些耐盐相关基因的获得，为耐盐高效植物的分子育种提供了基础。

二、开发存在的问题

20 世纪 80 年代以来，随着沿海地区对滩涂浅海区开发热潮的逐渐升温，加之种养殖结构不合理，导致我国部分沿海地区的海岸带生态环境受到严重破坏，许多滩涂的生态环境表现出退化现象。海岸带生态环境失调已严重影响到我国沿海地区农业、经济和环境的可持续发展。

苏北海岸带生态环境的破坏与退化，除自然因素外，人类的过度开发和高密度养殖造成的种养殖结构失调是重要的原因。据《2019 中国渔业统计年鉴》[①]的统计资料，我国当前的海水养殖面积达 204.3 万 hm^2，海水陆基养殖面积达 90.3 万 hm^2，海水养殖年产量已达 2031.22 万 t。据联合国粮食及农业组织统计，目前每生产 1t 水产品，平均需饲料 2t；据纪文秀等（2011）研究报道，每生产 1kg 鱼消耗的饲料，向外排放氮 108g、磷 24g。由此推算，水产养殖对环境的影响是相当惊人的。

在沿海滩涂环境中除养殖水体的自身污染外，由于滩涂资源的不合理开发利用，使得滩涂埋栖性贝类等滩涂动物赖以生存和繁衍的栖息地遭到破坏，滩涂湿地大量减少，严重破坏了滩涂的生态平衡。滩涂开发的轻农业、重海水养殖业格

---

① 该年鉴全国统计数据均未包括港澳台数据。

局，虽然短期内获得了一定的经济效益，但最终还是导致了滩涂开发的高投入、低效益。海水农业是人类直接利用海水的全新尝试，经济性耐盐植物的选育和海水蔬菜的培植成功，开辟了海水利用的崭新途径。将海水农业和海水养殖相结合，构建合理的滩涂种养殖复合生态系统，是缓解近海海洋污染和确保滩涂经济持续发展的重大举措，是未来海岸带滩涂健康发展的一个方向。

三、产业发展需求

苏北沿海地区南接长三角、北承渤海湾、西连中西部、东临东北亚，沿海高速公路和沿海铁路纵贯其中，具有得天独厚的区位优势和不可替代的战略地位，是目前我国东部最具潜力的地区之一。然而，其淤进型海岸带经济发展相对滞后，成为我国沿海经济相对欠发达的地区。因此高效持续利用苏北滩涂资源，大力发展以生物技术、信息智能技术与现代工业装备技术为核心的现代盐土农业，稳定粮食生产，做强滩涂特色优势农业，提高现代滩涂综合生产能力，加快建设沿海滩涂盐土高效农业基地，是落实江苏沿海经济发展规划的首要任务。加快苏北沿海地区发展，在统筹城市与农村、陆地与海洋、经济与社会发展的基础上，着力建设重要的土地后备资源开发区和生态环境优美、人民生活富足的宜居区，是将江苏淤进型海岸地区建设成为我国东部地区重要的经济增长极的战略性举措。

（一）江苏能源与粮食安全的需求

江苏人多地少，耕地面积近年来递减速度加大，而人们需要充足的食物，加之人们对优质蛋白的需求也不断增加，粮食安全保障形势严峻。同时，能源短缺也是制约江苏可持续发展的另外一个瓶颈。因此，利用江苏非耕地资源滩涂种植耐海水高密度能源植物菊芋等作为粮食替代原料及相应的燃料乙醇生产技术，保证江苏燃料乙醇这一新能源产业的健康发展，是江苏当前产业发展急需解决的问题。而现阶段江苏生物质能源产业发展的瓶颈关键在于原料紧缺，因此生物能源原料的发展必须"不与农争地争水、不与人争粮争油"（周应华，2006）。加快江苏沿海滩涂资源开发、发展滩涂耐盐高效经济植物产业、开发耐盐经济产品对于促进沿海经济发展、保证江苏粮食安全和能源安全、缓解日益突出的人地矛盾具有重要的战略意义。

（二）发展江苏新型现代海洋农业的迫切需求

目前，江苏人均耕地、水资源人均占有量、农业用水等均面临严峻的形势。江苏海岸线全长954km，占全国海岸线的1/18，沿海滩涂总面积占全省耕地总面积的1/7，占全国滩涂总面积的1/4。2009年国务院通过了《江苏省沿海开发总体规划》，江苏沿海地区开发上升为国家战略。滩涂耐盐高效植物是低水分与低养分需求、高光合效率、高经济生物量且宜于精简栽培的新型植物。因此，以发展耐盐高效植物产业为突破口。充分发挥滩涂盐土优势，对于抢抓国家沿海开发战略机遇，加快沿海高效盐土农业发展步伐具有十分重要的意义。

（三）发展盐土农业低碳经济，促进农田节能减排的必由之路

苏北滨海盐碱荒地种植耐盐高效植物大大加快了滩涂盐渍土的脱盐培肥过程。经过滩涂盐渍土连续 6 年的菊芋种植试验发现，0～20cm 土层放线菌及真菌增加了 32.33%，脲酶增加了 35%，土壤有机碳增加了 33.33%，土壤全氮增加了 23.53%，土壤物理性状得到明显改善（迟金和等，2009），大大缩短了滨海盐渍土壤的改良周期，加快了滨海盐土的培肥过程，促进了高产农田的建设。盐土农业的生物固碳效应也十分明显。据初步估算，仅江苏盐城、南通两市各沿海乡镇，1997～2006 年的 10 年间，盐土农业累计生物固碳达 15×10^{11}kg。

（四）促进苏北滩涂耐盐植物产业链与培育特色产业群的需求

苏北滩涂是不可多得的土地后备资源。同时，海岸带地处我国经济最发达的地区，保护和开发好这块土地资源，对国民经济的作用十分显著（钦佩等，2002）。海陆过渡地带渗透压变幅大的特殊环境培育了一些特殊的动植物与微生物，这些特殊生物既有陆相淡水生存特征，又有海相咸水生存能力，形成一群主动适应较大渗透压变幅生物习性的生物群体，在盐土、浅海开发利用的过程中，数以万计的这些生物已经或者正可能成为食物、燃料、饲料、纤维及其他产品。对人类的生活与社会可持续发展具有重大意义（相建海和董波，2003；Joshi and Khot，2004）。

苏北拥有大量闲置滩涂、海水及盐生（耐盐）植物，更应特别重视海水灌溉农业的研究。海水灌溉农业是以沿海滩涂非耕地盐土资源、盐生植物资源和海水资源为对象的新型农业，是现代农业中具有活力与生命力的新的分支。海水灌溉农业资源的多元化决定着海水灌溉农业不可替代的特殊优势。海水灌溉农业首先高效利用了滩涂的非耕地盐土资源，促进了滩涂盐土肥力的提高，把风沙肆虐的不毛海滩变成绿洲；其次利用闲置的巨量海水替代了宝贵的淡水，尤其是海水灌溉农业为人类提供了独特的产品，促进了我国农产品消费结构的变革，从而产生巨大的社会效益、生态效益与经济效益。

四、滩涂开发的技术需求

（1）根据苏北海岸带滩涂实际情况，种植品种主要放在经济植物上（Assaf，2001）。由于滩涂规模大，适宜规模化经营，因此考虑生态植物需求的同时，重点

解决高耐海水的能源植物、珍稀药用植物、速生用材树、保健蔬菜等高附加值的经济植物新品种需求，为沿海滩涂清洁能源产业、制药产业、绿色食品产业及木材加工业的发展提供资源技术平台（钦佩等，2002）。目前重点选育特色抗逆植物，以及发展其清洁化生产。

高耐海水的能源植物 主要是指能用高浓度海水灌溉并适合滩涂生长的糖基类植物与油脂类植物，前者如菊芋，后者如海滨锦葵、工业油菜、油葵等。它们能够替代粮食作物生产燃料酒精，替代油料作物生产生物柴油，是解决我国生物能源生产原料问题的切实可行的战略选择之一（刘兆普等，2008；王为等，2010）。

珍稀药用植物 生长于海陆过渡地带，大变幅渗透压的特殊环境诱导其形成特殊的代谢过程，产生常规生物所不具有的特殊次生代谢产物，如抗氧化酶（如超氧化物歧化酶）、渗透调节物质（小肽、氨基酸）、生物碱及有机态的矿物质，而这些酶类、次生代谢产物对人类生活与健康具有重大意义，它们的开发与研究将为人类健康提供新的途径（郭巧生和苏筱娟，1999；刘玲等，2006，2008；Liu et al.，2006；宋姗姗等，2010；胡凡波等，2011）。

速生用材树 我国是世界上用材林紧缺的国家之一，粮、林矛盾十分尖锐。选育耐盐、耐海水的速生树种，不仅可以改变沿海地区的生态环境，缓解台风等自然灾害带来的损失，更重要的是利用非耕地生产木材，缓解粮林争地的矛盾。

海水蔬菜 是用海水浇灌的蔬菜，是世界公认天然绿色保健有机食品，富含蛋白质，维生素，以及铁、硒、锌等人体必需的微量元素（Joshi and Khot，2004）。目前正在研究和开发的海水蔬菜主要有北美海蓬子、碱蓬、耐盐芹菜、菊苣、蒲公英、甘蓝等。在欧洲，海蓬子为治疗肥胖症的传统草药（吕忠进等，2001；Wu and Abbott，2003；An et al.，2008）。碱蓬在食用、医疗保健、饲用、水土保持等方面有很重要的经济利用价值（钦佩等，2002）。碱蓬属植物广泛分布于我国沿海滩涂，常形成单优群落，资源量很大，开发利用前景非常广阔。

（2）苏北海岸带滩涂有着独特的地形地貌和生物群落，对发展滩涂经济贝类增养殖具有得天独厚的条件。江苏海岸的潮间带及辐射沙洲的海水温度、盐度适中，水质优良，浮游饵料生物丰富，是经济底栖贝类优良的栖息繁育场所。经济底栖贝类的养殖生产已成为江苏淤进型滩涂渔业经济的重要支柱之一，在江苏已开发的近 10 万 hm^2 海水养殖面积中，贝类养殖面积和养殖产量分别占海水养殖总面积和总产量的 76.4% 和 91.4%。贝类养殖产业成为拉动全省海洋渔业经济快速发展的重要因子。因此，优质贝类品种的选育及其绿色生产成为江苏急需解决的关键技术之一。

（3）紫菜是苏北淤进型滩涂重要的海洋产业，经历约半个世纪的发展，产业规模达到栽培面积 4 万 hm^2，使用海域约 30 万 hm^2，年生产干品紫菜 7 万 t，总产值约 40 亿元。紫菜从业人员约 30 万人，在以紫菜生产为经济支柱的沿海区域，相关产业对当地经济、社会影响重大，因此，紫菜浅海与泥滩的现代高效生产技术及其集成成为江苏滩涂开发至关重要的技术支撑。

（4）滩涂农牧化的生态高值农业生产模式是苏北滩涂可持续发展的强大引擎。江苏淤进型滩涂抗逆高效植物轻简栽培及贝藻泥滩养殖技术的研究、集成与示范将为促进淤进型滩涂农业产业结构调整、推动江苏沿海经济高速持续发展提供技术支撑，并为其他沿海地区滩涂高效持续开发提供借鉴与示范。长期以来，江苏淤进型海岸带沿海经济发展相对落后，滩涂农业生产结构单一，主要为棉花与饲用大麦，它们曾为江苏沿海农业经济发展作出巨大贡献，但一方面种植业中品种单调，耐盐能力较低，附加值不高，另一方面种植业与养殖业品种结构不合理，种、养各自相对封闭，环境问题越来越突出，效益越来越低下，已严重制约了江苏沿海经济的高效持续发展。因此，将现代生物技术和常规育种技术相结合，创制有国际竞争力的、有自主知识产权的新型高效植物新品种，调整海洋养殖品种结构与方式；创建江苏淤进型滩涂种养复合的新型生态经济模式，集成配套的滩涂高效持续生产技术体系，建立规模化高效植物、经济贝类与紫菜共生互利生产示范基地，研发完善江苏淤进型滩涂新型种植、养殖制度与规范；培育现代种业、现代海产业及农产品深加工三大门类的产业群，创建江苏滩涂产品品牌，增加国内外市场的竞争力，提高经济效益，以促进我国东部沿海最具活力的增长极的快速形成。结合高效植物、经济海藻及滩涂特种水产的种植与养殖技术、病虫害生态防控技术，建立适合于不同生态区域、不同品种的低成本、高效率的生产关键技术。

五、生态农牧化发展的必要性

（一）苏北滩涂生态农牧化是现代低碳可持续农业的重大创新与实践

我国沿海滩涂面积 200 万～300 万 hm^2，苏北沿海地区滩涂面积 1031 万亩，是十分宝贵的自然资源；滩涂又是生态系统比较脆弱、对海陆两大生态系统均产生重要影响的地带。相对于陆地资源，滩涂资源开发利用程度较低，因此在广袤的滩涂发展农牧化，进行多种资源循环利用、创建生物多样性平衡系统的研究与示范，是高效、持续社会经济发展的迫切需要，它将对海洋环境与陆地生态系统产生重要作用。有利于实现社会经济活动"低消耗、高效益、低排放"理论和技术的集成及重组，是可持续发展理论与低碳农业生产体系的一种实践模式，与《国家中长期科学和技术发展规划纲要（2006—2020 年）》中现代农业重点领域的农林生物质综合开发利用等优先主题紧密结合，是落实沿海开发的重大行动，将成为苏北淤进型滩涂开发标志性的重大成果，要实现这一目标，必须进行沿海滩涂抗逆高效植物轻简栽培、贝藻健康养殖及综合利用技术研究，加速其技术体系的集成与示范。

（二）苏北滩涂农牧化是将滩涂资源优势转化为现实生产力的重大举措

　　苏北沿海滩涂高效持续利用立足淤进型滩涂资源的优势，结合近海泥质滩涂特点，实施多元化的农牧业新型结构战略，对沿海滩涂资源进行优化规划，合理布局，进行高起点、规模化的现代滩涂盐土农业技术的原始创新、集成及引进再创新等不同层次的创新研究，促进苏北滩涂高效滨海盐土农业的可持续发展。江苏滩涂资源十分丰富，并且具有鲜明特色：盐渍土资源广袤，水资源充沛，拥有规模化发展前景的抗逆高效植物（如菊芋等高糖植物、工业油菜等油料植物资源）。因此，将丰富的盐土资源、充沛的水资源与多样化的抗逆高效植物资源、贝藻资源合理整合、协调发展是核心与关键。

（三）苏北滩涂农牧化是促进淤进型滩涂农业产业结构调整的重要支撑

　　长期以来，苏北淤进型滩涂农业生产结构单一，苏北沿海经济发展相对落后，因此创建淤进型滩涂种养复合的新型生态经济模式，集成配套的滩涂高效持续生产技术体系，研发并应用抗逆高效植物轻简栽培及贝藻泥滩养殖技术，建立完善的苏北淤进型滩涂新型种植、养殖制度与规范，培育现代种业、现代海产业及农产品深加工三大门类的产业群，促进苏北淤进型滩涂农业产业结构调整，创建苏北滩涂产品品牌，增加国内外市场的竞争力，提高经济效益，以促进苏北沿海经济增长极的快速形成，并为其他沿海地区滩涂高效持续开发提供借鉴与示范。

第三节　苏北海岸带生态农牧场发展模式预测

一、需要解决的问题

　　苏北海岸带农牧化需要解决的问题：一是滩涂植物修复与盐土简约高产栽培技术的有机结合，增强技术体系的可操作性，将沿海盐土的生物修复与培育滨海盐土农业产业群结合起来，实现沿海盐土的高效利用与快速修复双重目标；二是强化苏北滩涂健康高效贝藻养殖技术的研究与集成，形成便于推广应用的贝藻健康养殖技术体系；三是利用上述两项研究成果构建苏北滩涂种养原位与异位复合的新型生产体系，创建江苏滩涂高效利用与快速修复的新模式。急需解决的关键技术与技术难点：一是适于苏北滩涂高效生产与快速盐土修复的耐盐高效植物的培植与新型盐土种植技术；二是苏北高滩与低滩贝藻持续高效养殖技术；三是沿海泥质滩涂种养复合新型生态生产系统内品种配置、种养技术无缝对接、田间工程布设、生产管理系统配置等相关关键技术。

二、农牧化发展思路

江苏作为滩涂第一大省，滩涂资源非常丰富，必须走可持续发展的道路。因此，江苏滩涂农业发展总目标为：通过江苏广阔的淤进型与稳定型海岸带滩涂资源高效利用这个研发平台，实现 4 个方面的重要突破，即以耐盐性强、高效、优质为主要性状的抗逆高效植物新品种培育；以分子生物学、数字信息学、材料学为支撑的滩涂农业新技术研发与新设施研制；以滩涂资源循环利用、陆海环境友好、滨海盐土轻简化栽培为特征的滩涂农牧化高效利用新模式、新模型的构建；以滩涂高效利用技术集成与总装为任务的现代海岸带农牧化盐土农业示范基地建设，培育一个高效盐土海岸带农牧化产、学、研战略联盟。

将筛选、培育适宜苏北滩涂推广种植的盐土修复功能显著、光合效率高、肥水需求低且高值化利用前景广阔的抗逆高效植物新品种（品系），重点选育具有较高盐土修复能力的高耐盐能源植物、粮经作物、功能蔬菜、盐土绿化草本植物等高附加值的高效植物新品种。在此基础上，进行盐土综合修复与轻简栽培技术集成研究和示范，通过盐土新型种植模式和种植制度创新，提高植物盐土生物修复能力，增加盐土生物产量与经济产量，建立滩涂水、土、生物资源高效循环利用的良性盐土农牧化生态体系，构建滩涂开发利用下盐土修复评估与保障技术，实现滩涂盐土农牧化高效利用的安全性与有序化。为沿海滩涂盐土的快速修复，非耕地清洁能源产业、耐盐高效植物种子产业、绿色食品产业的发展提供低成本的资源和配套的技术平台，保障江苏沿海滩涂资源的高效化、持续性利用（图 8-1）。

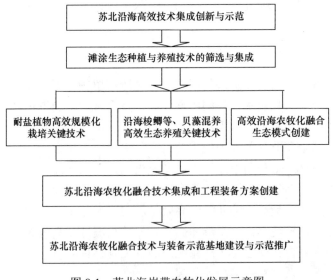

图 8-1　苏北海岸带农牧化发展示意图

三、发展模式预测

要重点解决苏北海岸带滩涂耐盐植物节本增效栽培技术体系的创建,沿海梭、鲫、克氏螯虾、泥鳅混养高效生态养殖技术的创建,基于沿海滩涂水、土、植物、水产优化配置技术研发的沿海农渔融合种养技术的创建与应用。

(一)苏北滩涂盐土高效耐盐植物新品种选育

针对苏北沿海滩涂盐土面积广、土壤盐分重而降雨量大的特点,考虑滩涂生产的环境压力,重点选育具有广阔市场前景、高光合效率、低肥水需求、强盐土修复能力的新型耐盐能源植物、蔬菜、粮经作物及盐土绿化草本植物,育成一批适于苏北滩涂盐土推广种植的抗盐、盐土修复能力强的高效植物新品种(品系)。

加强高效耐盐菊芋新品种选育综合利用的研究。菊芋的广泛适应性使其被普遍栽培,致使品种之间产生了强烈分化,形成了大量生态习性不同的品种资源。因此应选育出适宜于我国现有非耕地特点的高产菊芋品种,并实现规模化可持续种植。已有的研究表明,菊芋的抗逆性与果聚糖积累有关,但调控这一现象的生物学机制尚不清楚,因而应该从研究二者形成的遗传调控网络入手,获得关键酶基因,并建立相关的遗传标记和基因芯片检测方法,对收集到的菊芋品种,通过同质种植,检查其适应性和抗逆性的差异,利用分子标记检查品种分化的遗传基础,进而剖析菊芋的多倍体起源、繁育特征和遗传转化特点,为多倍体、杂交育种和转基因分子育种技术体系的建立提供科学基础。

集中目标选育适合沿海滩涂种植的大宗农作物新品种。苏北沿海滩涂面积广袤,利用沿海滩涂种植粮棉油及蔬菜类大宗农作物成当务之急。因此,要集中力量选育高耐盐的水稻、大麦、棉花、蔬菜、林木及草坪新品种,为滩涂生态农业建设提供丰富的品种资源。选育高抗、高产优质的海洋藻类新品种进行高产养殖技术及其相应设施的研究,形成苏北滩涂的海洋微藻与大藻的产业体系,主要抓好条斑紫菜、螺旋藻及高产能微藻的新品种选育、复壮及其低成本养殖技术与收集加工技术,提高其附加值。

(二)加快集成浅海滩涂开发信息管理技术体系

信息化是提高决策和管理水平的重要保证。世界各国都十分重视海洋信息系统的建设。美国一直在研究海洋生物的编码体系,建立了海洋生物数据库,为渔业的开发和管理提供了科学依据。英国、日本、葡萄牙等也开发成功了渔业管理信息系统,指导渔船生产,防止滥捕,有效地保护了渔业资源。在海岸带资源管理方面,美国、加拿大等分别建立了一些国家级或区域性地理信息系统,用来掌握海岸带变迁、植被和其他资源分布状况和变异，而且已经开始利用地理信息系统来掌握海洋环境变化对生物资源的影响（Ward et al., 2008）。我国在滩涂开发信息系统建设方面比较滞后，为做到科学规划、合理布局、及时掌握各种动向（如新品种、新技术、市场变化、环境变化、资源变化等），为滩涂开发单位做好服务，有必要建设浅海滩涂开发的信息系统。

（三）构建滩涂资源高效、安全、循环农业利用技术体系

利用现代农业科学技术，根据滨海盐土的发育规律，将盐土资源、盐生（耐盐）植物资源、多种水资源、光、热等进行时空的合理配置，物、能的多级循环利用，发展以资源循环利用、陆海环境友好、盐土轻简化生产为特征的滩涂高效利用新模式、新模型，创制种养原位与异位复合模式，构建仿自然生态的经济效益与生态效益相互协调的高效现代农业。培育抗逆高效植物新品种是推进高效滨海盐土农业发展的关键核心技术，以低水分与低养分需求、高光合效率、高经济生物量、显著的土壤修复功能且宜于精简栽培的新型抗逆植物为目的（马永超，2010；Brown et al., 1999；Vymazal，2009），以新糖源、新蛋白、新油脂及新颖次生代谢产物为开发新目标，建立滩涂农渔复合新型模式和产业链，实现滩涂光、能、物质的多级循环利用与高效自净化和高效清洁生产的终极目标。

第四节 苏北海岸带生态农牧场模式的效益分析

一、苏北海岸带生态农牧场模式发展展望

苏北海岸带发展宜以滩涂原位与异位种养复合可持续发展模式为主线，在耐盐植物选育的基础上，根据滩涂水土资源分布特点，重视养殖废水周转时间与耐盐植物需水规律之间的耦合关系，耐盐植物、水产品种与滩涂盐分带状分布之间的配置关系。

关注不同类型滩涂种养复合关键技术集成，将滩涂种植、养殖技术在结构层面上进行耦合配置。进行滩涂盐土耐盐高效植物秋播、春播与夏播复种的盐土修复的种植制度创制，集成盐土越冬植物、春播植物与夏播植物复种的技术体系；构建沿海泥质滩涂种养复合新型生态生产系统，进行品种配置、种养技术无缝对接、田间工程布设、生产管理系统配制等相关关键技术集成（表8-1）。突出陆海统筹开发，在保护整体环境的基础上实现全局可持续发展，实现海岸带生态农牧场的科学价值、生态价值、社会价值和经济价值的耦合增效。

表 8-1　苏北滩涂强度—中度盐渍化土壤农牧化高效利用与快速改良模式

盐土特征	高效利用快速改良复合生态模式	资源与时空利用	经济效益	培肥改土情况	社会效益
盐度＞6‰（强度以上盐渍化土）	大面积围田蓄淡水养鱼改土（每块面积 0.67～1.33km²）	有效地利用雨水资源 [1.05×10⁹～1.5×10⁹kg/(km²·a)]；利用太阳能 [单位水体光合产物×10⁵～7.5×10⁵kg/（km²·a）]	产出 4.5×10⁶～6×10⁶ 元/（km²·a），人均产值 10 万元/（km²·a）左右	脱盐周期缩短 2/3，有机质每年增加 2 个千分点	加快盐土脱盐，产鱼类约 4.5×10⁵kg/km²
4‰＜盐度≤6‰（强度盐渍化土）	田菁水植养鱼培肥改土（每块面积 0.13～0.27km²）	有效地利用雨水资源 [1.05×10⁹～1.5×10⁹kg/(km²·a)]；利用太阳能 [单位水体光合产物×10⁵～7.5×10⁵kg/（km²·a）]；利用田菁明显的固氮作用	产出 4.5×10⁶～6×10⁶ 元/（km²·a），人均产值 10 万元/（km²·a）左右	脱盐剖面下移，土壤有机质及氮素增加迅速	产田菁籽 1.5×10⁵kg/km²、鱼类 3.75×10⁵kg/km²
2‰＜盐度≤4‰（中度盐渍化土）	麦鱼套作改土（每块面积 0.07km²）	有效地利用雨水资源 [1.05×10⁹～1.5×10⁹kg/(km²·a)]；利用太阳能 [单位水体光合产物×10⁵～7.5×10⁵kg/（km²·a）]；充分利用冬季的土地空间及光能	可自行解决水产养殖饵料的一半	抑制和缓解了沿海 3～5 月的积盐过程，土壤容量下降，孔隙度增加	产大麦 4.5×10⁵kg/km²（解决鱼饲料的 1/2）、鱼类 4.5×10⁵kg/km²

二、苏北海岸带生态农牧场模式经济效益分析

（一）苏北海岸带土地利用总经济效益时间变化

苏北海岸带土地利用总经济效益由 1985 年的 35.16 亿元，增长到 2006 年的 509.98 亿元。1985～2006 年，连云港总经济效益增长倍数最大，由 1985 年的 6.04 亿元增长到 2006 年的 96.26 亿元，增长了 14.94 倍；其次是南通，由 1985 年的 11.61 亿元增长到 2006 年的 168.06 亿元，增长了 13.48 倍；盐城最低，由 1985 年的 17.51 亿元增长到 2006 年的 245.66 亿元，增长了 13.03 倍。苏北海岸带各县（市、区）中，东台一直处于领先状态，20 余年间增长了 10 倍以上，连云区处于最低状态，但增长势头很好，近 20 年间增长了 8 倍以上（图 8-2）。

（二）苏北海岸带种植业经济效益时间变化

1985～2006 年，苏北海岸带各县（市、区）种植业经济效益总体呈增长状态（图 8-3）。其中，大丰区的种植业经济效益一直处于领先状态，1985 年为 2.09 亿元，2006 年增加到 24.40 亿元，20 余年间增长了 10.67 倍；连云区种植业经济效益虽然在 1995～2006 年的 10 余年间增长了 11.44 倍，但是由于其经济效益基数太小，因此一直处于最低状态。

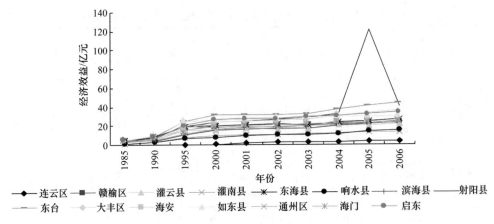

图 8-2　苏北海岸带土地利用总经济效益时间变化（王建，2012）（彩图请扫封底二维码）

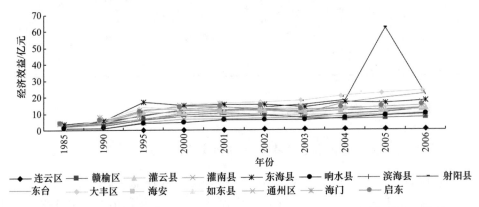

图 8-3　苏北海岸带种植业经济效益时间变化（王建，2012）（彩图请扫封底二维码）

（三）苏北海岸带林业经济效益时间变化

1985～2006 年，苏北海岸带各县（市、区）林业经济效益总体较小并呈增长状态（图 8-4）。其中，东台的林业经济效益一直处于领先状态，1985 年为 0.04 亿元，2006 年增加到 1.01 亿元，20 余年间增长了 24.25 倍；连云区林业经济效益一直处于最低状态，直到 2006 年仅 0.08 亿元。林业经济效益最稳定的是赣榆区，20 余年间仅增长了 4 倍。

（四）苏北海岸带牧业经济效益时间变化

1985～2006 年，苏北海岸带各县（市、区）牧业经济效益总体呈缓慢增长状态（图 8-5）。其中，东台的牧业经济效益一直处于领先状态，1985 年 1.30 亿元，2006 年增加到 14.74 亿元，20 年间增长了 10.34 倍；增长较快的是射阳县和灌云县，增长了 15 倍以上；赣榆区、东海县、如东县、海门、启东的增长倍数较低，增长不到6倍。

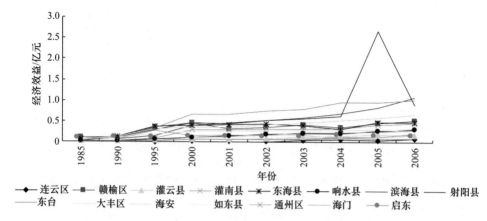

图8-4 苏北海岸带林业经济效益时间变化（王建，2012）（彩图请扫封底二维码）

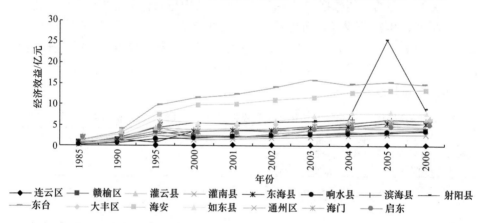

图8-5 苏北海岸带牧业经济效益时间变化（王建，2012）（彩图请扫封底二维码）

（五）苏北海岸带水产养殖经济效益时间变化

1985~2006年，苏北海岸带各县（市、区）水产养殖经济效益总体呈快速增长状态，增长倍数在16~75倍（图8-6）。其中，启东的水产养殖经济效益一直处于领先状态，从1985年的0.51亿元，增加到2006年的17.91亿元，20年间增长了34.12倍；增长最快的是射阳县，增长了73.62倍；连云区的增长倍数最低，为6.61倍，而且其经济效益值也一直处于最低状态。

三、苏北海岸带生态农牧场模式可持续性分析

应用 Howard T. Odum、Mark T. Brown、Tim R. McClanahan 的方法与原

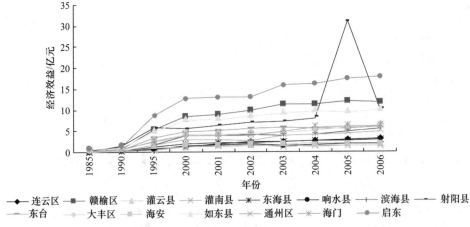

图 8-6　苏北海岸带水产养殖经济效益时间变化（王建，2012）（彩图请扫封底二维码）

理计算主要能源的原始数据，对滩涂单一生产结构与农牧化复合利用模式的能值进行分析见表 8-2。从表 8-2 可以看出，无论在能值产出率、净经济效益，还是在系统贮存能值方面，种养复合模式均表现出明显的优势。能值产出率、净经济效益反映了种养复合模式经济效益较单一养殖模式为高，系统贮存能值反映了种养复合模式在可持续性方面明显优于单一养殖模式（表 8-2）。

表 8-2　苏北海岸带强度—中度盐渍化土壤农牧化高效利用模式能值分析（刘兆普等，2003b）

模式	可更新资源流入/(sej/a)	不可更新资源消耗/(sej/a)	经济反馈投入/(sej/a)	经济收入/(sej/a)	非交换性能值产出/(sej/a)	总能值产出/(sej/a)	能值产出率	净经济效益/(sej/a)	系统贮存能值/(sej/a)
单一养殖模式	1.10×10^{15}	3.65×10^{15}	1.34×10^{16}	1.97×10^{16}	1.95×10^{16}	3.92×10^{16}	2.93	0.63×10^{16}	1.59×10^{16}
种养复合模式	1.12×10^{15}	3.65×10^{15}	1.40×10^{16}	2.25×10^{16}	3.08×10^{16}	5.33×10^{16}	3.81	0.85×10^{16}	2.72×10^{16}

注：sej 为太阳能焦耳。能值产出率=总能值产出/经济反馈投入；净经济效益=经济收入-经济反馈投入；系统贮存能值变化=非交换能值产出-不可更新资源消耗。

第五节　苏北海岸带生态农牧场发展策略与途径

一、苏北海岸带农牧化发展理论研究进展

（一）苏北海岸带滩涂多种水资源高效循环利用理论

从 1985 年起，南京农业大学与江苏省农业科学院相关研究团队进行滩涂大面积高位筑堤框围蓄雨养殖，利用水生生物提高光能转化效率，滩涂雨水的洗、泡、

淋、抑盐作用相互叠加（张振华等，1994）；1998 年开始，又对海水养殖废水的再利用及种养复合生态体系的创建作了基础性的研究。2002~2004 年，江苏省海洋水产研究所与南京农业大学海涂工程技术中心对江苏省启东吕泗港口开放性海区紫菜栽培生态修复作用进行了连续两年的跟踪研究，发现紫菜对氨态氮的去除率为 79.59%，对亚硝态氮的去除率为 67.60%，海区水质由劣 V 类达到 I~II 类。2004~2006 年，利用海带、江蓠养殖对象山港网箱养殖区进行生态修复，发现修复区比对照区氨氮平均下降 42.5%，硝态氮平均下降 27.0%，亚硝态氮平均下降 57.4%，活性磷平均下降 55.0%。但基于水-土-耐盐植物沿海养殖水体修复技术及其海水种养殖复合生态模式方面未见专利申请。

（二）效益创造、容量提升、系统再生、和谐运转等农业生态过程有机融合理论

南京农业大学等研究团队于20世纪80年代初首创了盐土高位蓄雨,实施鱼、麦（田菁）混套作农渔复合高值生态模式，能值产出率为 3.81、净经济效益达 $8.5×10^{15}$sej/a、系统贮存能值 $2.72×10^{16}$sej/a，分别是单一利用模式的 1.30 倍、1.35 倍和 1.71 倍，盐土中有机碳增幅为 22.11%~70.02%，有效磷提高 29.33%，全氮增幅提高 3~5 倍；建立了鱼和麦（田菁）种养复合模式相生互利的最佳品种组合、最适共生时间与方式等；并创制了种、养兼容的田间农业工程。

（三）科技链、产业链与价值链深度融合

江苏大丰盐土大地农业科技有限公司拥有 10 万亩滩涂,建立了滩涂盐土农业多行业产业群与多层次产品产业链，形成盐土农渔复合高值生态农业、滩涂旅游观光、农业科技超市等多行业横向联合的产业群。江苏碧青园海洋生物科技有限公司以菊芋为主线，建立了从盐土种植、高值化利用到市场开发纵向衔接的产业链，2015 年开发菊芋系列新资源食品产品 9 个。江苏盐城国家农业科技园区与大丰海洋生物产业园（国家科技兴海产业示范基地）两个国家级产业转化平台获批建立。

二、苏北海岸带建设布局

首先根据江苏沿海发展战略与现状对江苏海岸带用海进行了总体规划，制定了渔业用海与造地用海的范围，并以法律的形式予以确定。截至 2008 年，江苏尚未围垦的滩涂面积为 4689.87km^2（表 8-3）。按照过去江苏滩涂淤涨速率或者泥沙供应的测算来分析，今后 50 年江苏新增海岸滩涂或土地面积在 810~2100km^2，适中估计为 1430km^2（表 8-4），今后 50 年江苏可以开发利用的海岸滩涂或土地面积为 1070~4073km^2，适中估计为 2425km^2。

表 8-3　江苏尚未围垦的滩涂面积

地点	测算方法	测算面积/km²	江苏海岸潮间带未围垦的滩涂面积/km²
海岸潮间带	根据遥感影像上提取的低潮水边线至海岸线之间的范围	3115.65	
岸外辐射沙脊群滩涂	局地地形测量及遥感水深反演获得水下地形图 0m 等深线以上的范围	2017.05	4689.87（＝3115.65 −442.83＋2017.05）
沿岸潮间带滩涂测算范围和岸外辐射沙脊测算范围重叠区	条子泥部分重叠、腰沙完全重叠、冷家沙部分重叠的重叠面积	442.83	

注：资料来源于 2012 年王建主编的《江苏省海岸滩涂及其利用潜力》。

表 8-4　江苏未来 50 年新增海岸滩涂或者可以开发利用的滩涂面积预测

预测	江苏新增海岸滩涂或土地面积/km²	根据近 30 年的滩涂围垦速率推算今后 50 年江苏可以开发利用的海岸滩涂或土地面积/km²
保守估计	810	1070
乐观估计	2100	4073
适中估计	1430	2425

注：资料来源于 2012 年王建主编的《江苏省海岸滩涂及其利用潜力》。

根据苏北海岸带物候特点，分别建立高滩高效耐盐植物双减栽培生态模式示范基地、高滩文蛤与鱼类等贝鱼混养健康高产生态养殖模式基地，低滩紫菜等优质高产栽培模式示范区，在苏北辐射沙洲紫菜生产区域研究建立生态监控示范区，由浮标传感器定时或实时传输重点生态环境数据，实现远程数据采集和观察。通过关键生态环境参数监控和采集分析研究，筛选出 2～3 个环境因子并建立预测模型，对示范区紫菜栽培的布局、生态容量、生长、收获及病害等进行检测分析和预报防控。

三、苏北海岸带滩涂农业主要研发与建设任务

苏北在滩涂耐盐植物育种、栽培和加工利用等领域取得了巨大的成绩，但是未来几年内滩涂农业的发展应注重以下几个方面。

（一）苏北海岸带滩涂农牧化的主要任务

1. 保护滩涂野生耐盐植物种质资源

长期以来，我国滩涂资源的开发利用基本上是沿着"围垦—养殖—种植"的单一路子进行，对盐生和耐盐植物不合理的开发利用及围垦养殖等对植被的人为破坏，造成盐生和耐盐植物种质资源的不断减少，其中耐盐林木的损失尤为严重，甚至濒临灭绝，如绒毛白蜡、苦楝等树种资源损失率超过 60%（李淑娟，2009；

林文棣，1986）。目前有关部门已经着手相关工作，开始针对现有的耐盐和盐生种质资源进行系统发掘、保护和评价。

2. 开发更多高效耐盐植物优良品种

自20世纪80年代中期我国开展滩涂盐生植物选育研究以来，高校和科研院所等单位已经选育了一些耐盐高产植物，为我国开辟海水利用、盐土利用的崭新途径提供了充要条件（赵可夫和冯立田，2001），但是与先进国家相比，我国相关研究起步晚、投入少，且不够系统和深入，选育的品种还不能满足迅速发展的盐土高效农业的需要。例如，关于菊芋的研究，在俄罗斯、法国、美国、加拿大、匈牙利、乌克兰、澳大利亚均建立了相当规模的种质资源库，并从遗传学基础、育种改良、栽培标准化、综合利用（生物能源、保健食品、绿色饲料方面）等领域开展了深入的研究（Boeckner et al.，2001；Joshi and Khot，2004；Kays and Nottingham，2007），尤其在菊芋遗传改良方面，美国等取得了令人瞩目的前瞻性的成就，目前正在准备构建菊芋的基因图谱，以深化其分子生物学研究。我国这方面的工作刚刚开始，与国外有一定差距。

3. 构建环境友好型滩涂农业生产体系

对于江苏这样经济发达而土地面积不足的沿海省份而言，滩涂是最为有效的潜在土地资源。我国由于单一的生产结构，导致水产养殖对环境造成严重的影响：滩涂养殖排放总氮达 $8.271\ 846\times10^{11}kg$，总磷达 $2.757\ 28\times10^{10}kg$。滩涂生产目前还是重养轻农，尤其在新成陆的滩涂，绝大多数被用于养殖，虽然短期内获得了一定的经济效益，但由于养殖废水任意排放，致使我国近海赤潮、绿潮等频发，形成滩涂养殖"高投入、低效益"的恶性循环。将海水农业和海水养殖相结合，构建滩涂合理的种养殖复合生态系统，可缓解近海海洋污染，确保滩涂经济持续发展。

4. 促进耐盐植物生物质加工利用产业化

除黄麻、海水蔬菜、耐盐林木等少数几种耐盐植物形成稳定的功能产品外，苏北大多没有形成完整的产业链，且缺乏滩涂耐盐植物栽培的市场动力。未来几年内，战略产品的研发力度势必应得到加强，培育并逐渐形成耐盐植物生物质产业群。

5. 重视苏北滩涂农牧化的基础建设与装备配置

目前，淡土农业仍是我国农业发展的核心与基础，但随着淡土农业发展的限制越来越突出，发展盐土农业是我国农业持续发展的一条重要途径。盐土农业的盐土修复功能、固碳增汇、海陆过渡带清洁生产、提供新型能源植物资源的强大功能日益显现。苏北滩涂作为非耕地，大多数还没有得到开发，相对于淡土农业耕地，基础建设处于空白状态，要进行盐土农业生产，就需要解决滩涂交通、生活设施建设，尤其是加强盐渍土地的机耕道路、农田水利等基础设施。

（二）苏北海岸带滩涂农牧化主要解决的关键技术

1. 苏北滩涂盐土高效耐盐植物、贝类、甲壳类等新品种选育及清洁生产技术

针对江苏沿海滩涂盐土面积广、土壤盐分重而降雨量大的特点，根据国家重大需求，选育具有广阔市场前景、高光合效率、低肥水需求、强盐土修复能力的新型耐盐能源植物、保健蔬菜、粮经作物及盐土绿化草本植物，育成一批适于江苏滩涂盐土推广种植的抗盐、盐土修复能力强的高效植物新品种（品系）。根据苏北泥质滩涂特点，解决经济贝类、大型海藻及水产新品种选育技术；研究滩涂农收轻简化、清洁生产技术等。例如，滩涂盐土耐盐高效植物秋播、春播与夏播复种的盐土修复种植制度，盐土越冬植物、春播植物与夏播植物复种的技术体系；沿海泥质滩涂种养复合新型生态生产系统，品种配置、种养技术无缝对接、田间工程布设、生产管理系统配置等相关关键技术体系等。构建滩涂资源循环利用、环境友好、盐土轻简化生产为特征的新模式、新模型技术体系，建立滩涂农渔复合新型产业链和产业集群。

2. 集成浅海滩涂开发信息管理技术体系

目前，国际上十分重视海洋信息系统的建设，包括建设海洋生物数据库、渔业管理信息系统、国家级或区域性地理信息系统等，利用大数据分析海洋环境变化对生物资源的影响。我国非常重视海洋资源的可持续开发利用，也正在建立海洋生物资源信息系统。在生物资源调查的基础上，汇集有关海洋生物资源的历史和自然资料，建立包括生物种类、数量、分布、生物量、生态学特征、资源变化等内容的海洋生物资源数据库，并利用地理信息系统动态反映生物资源的分布情况和变化规律，以便为海洋生物资源管理服务（高兴国和刘焱雄，2008）。我国浅海滩涂分布广泛、类型多样，社会和生态环境复杂，目前又面临诸多问题，急需集成构建浅海滩涂开发信息管理技术体系，支撑滩涂科学规划、合理布局。

（三）工程与示范

遵循苏北海岸带滨海盐土成土过程和水盐运动的客观规律，在滩涂高潮滩按照高产稳产农田基本建设的要求，集生物、水利及农艺改良措施于一体，设计并实施了一套滨海强度—中度盐渍化土"时效并举、前后衔接、有序过渡"的农业高效持续利用与快速改良模式（表8-5）及示范基地。对苏北海岸带滩涂高潮滩农牧化生态高值化农业高效利用模式的工程设计如图8-7所示。在中潮滩泥质滩涂进行高滩围田的高位贝类（文蛤等）养殖与耐盐特异植物栽培示范，建立和优化文蛤等滩涂贝类高效生态养殖关键技术，建立滩涂文蛤养殖示范基地低滩养殖紫

菜的关键技术及相应的技术体系示范工程，建立紫菜健康栽培示范区，在苏北辐射沙洲紫菜生产区域研究建立生态监控示范区。

表 8-5 苏北海岸带滩涂高潮滩农牧化生态高值化农业高效利用模式

盐土特征	高效利用与快速改良复合生态模式	资源与时空利用的合理性	经济效益	社会效益	
				培肥改土	社会发展
盐度>4‰上（强度及强度以上盐渍化土）	大面积围田蓄淡水养鱼改土（面积为1000～2000亩一筐）	①有效地利用雨水资源（每亩700～1000t/a）；②有效地利用太阳能（每亩水体光合产物400～500kg/a）	每亩产出1000～2000元/a，人均产值10万元/a左右	脱盐周期缩短2/3，有机质每年增加2个千分点	加快盐土脱盐，亩产出鱼类300kg左右
2‰<盐度≤4‰（中度盐渍化土）	田菁水植养鱼培肥改土（200～400亩一筐）	同上①、②项外，利用田菁明显的固氮作用	同上	脱盐剖面下移，土壤有机质及氮素增加迅速	亩产田菁籽100kg、鱼类250kg
1‰<盐度≤2‰（轻度盐渍化土）	麦鱼套作改土（100亩一筐）	同上①、②项外，充分利用冬季的土地空间及光能	可自行解决水产养殖饵料的一半	抑制和缓解了沿海3～5月的积盐过程，土壤容重下降，孔隙度增加	亩产大麦300kg（解决鱼饲料的一半）、鱼类300kg

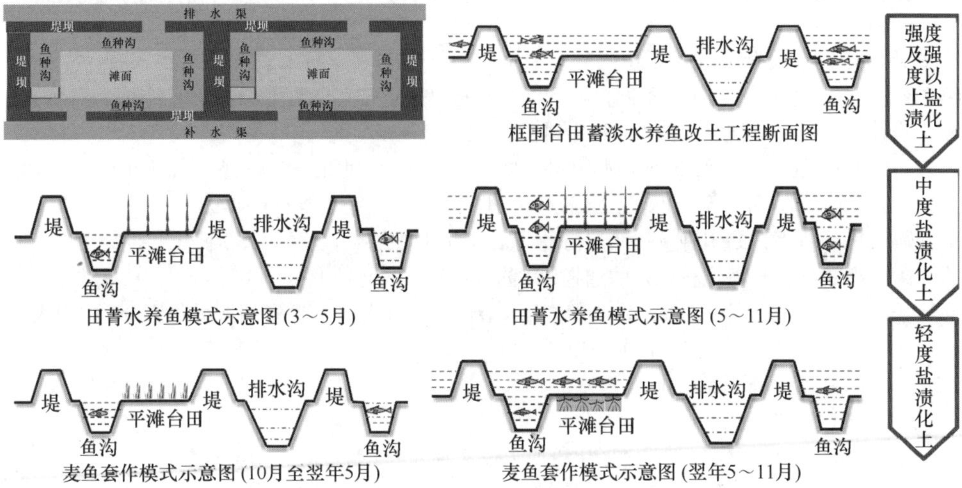

图 8-7 苏北海岸带滩涂高潮滩农牧化生态高值化农业高效利用模式的工程设计及过渡模式

主要参考文献

陈宏友, 徐国华. 2004. 江苏滩涂围垦开发对环境的影响问题. 水利规划与设计, (1): 18-21.

陈家宽. 2003. 上海九段沙湿地自然保护区科学考察集. 北京: 科学出版社.

陈小兵, 杨劲松, 姚荣江, 等. 2010. 基于大农业框架下的江苏海岸滩涂资源持续利用研究. 土壤通报, 41(4): 860-866.

陈兴龙, 安树青, 李国旗, 等. 1999. 中国海岸带耐盐经济植物资源. 南京林业大学学报, 23(4):

81-84.

迟金和, 郑青松, 隆小华, 等. 2009. 莱州湾菊芋(*Helianthus tuberosus* L.)连作对其生长及种植地土壤生物活性影响的研究. 自然资源学报, 24(6): 1014-1021.

戴亚南, 彭检贵. 2009. 江苏海岸带生态环境脆弱性及其评价体系构建. 海洋学研究, 27(1): 78-82.

董必慧, 张银飞, 王慧. 2010. 江苏海岸带耐盐植物资源及其开发利用. 江苏农业科学, (1): 318-321.

冯立田, 段建军, 汪智军, . 2008. 盐生植物与生物质能. 科学中国人, (1): 117-119.

高兴国, 刘焱雄. 2008. 海岸带的科学化与信息化管理. 海岸工程, 27(2): 72-78.

龚志军, 谢平, 阎云君. 2001. 底栖动物次级生产力研究的理论与方法. 湖泊科学, 13(1): 79-88.

巩江, 张晶, 倪士峰, 等. 2009. 国产乌蔹莓属植物药学研究. 安徽农业科学, 37(7): 3031-3032.

关洪斌, 王晓兰, 杨岚. 2009. 盐生植物单叶蔓荆对盐碱地的修复效应研究. 资源开发与市场, 25(11): 965-968.

郭巧生, 苏筱娟. 1999. 江苏省沿海滩涂野生药用植物生物多样性及其保护. 中国野生植物资源, 18(3): 28-30.

胡凡波, 刘玲, 隆小华, 等. 2011. 外源NO对NaCl胁迫下长春花幼苗光叶绿素荧光特性的影响. 生态学杂志, 30(8): 1620-1626.

胡知渊, 鲍毅新, 程宏毅. 2009. 中国自然湿地底栖动物生态学研究进展. 生态学杂志, 28(5): 959-968.

黄文丁, 章熙谷, 唐荣南. 1993. 中国复合农业. 南京: 江苏科学技术出版社.

纪文秀, 王岩, 厉珀余. 2011. 不同投喂频率对网箱养殖点带石斑鱼生长、食物利用及氮磷排放的影响. 浙江大学学报(农业与生命科学版), 37(4): 432-438.

江聂, 姜卫兵, 翁忙玲, 等. 2008. 枫香的园林特性及其开发利用. 江西农业学报, 20(12): 46-49.

焦坤, 陈佩东, 和颖颖, 等. 2008. 白茅根研究概况. 江苏中医药, 40(1): 91-93.

李淑娟. 2009. 绒毛白蜡引种及白蜡属内种间杂交育种研究. 东北林业大学博士学位论文.

林文棣. 1986. 江苏沿海造林树种的选择. 江苏林业科技, 13(3): 1-3.

刘玲, 刘兆普, 侯杰, 等. 2006. 海水胁迫对长春花幼苗生长及一些代谢产物的影响. 中山大学学报(自然科学版), (增2): 189-194.

刘玲, 刘兆普, 金赞敏, 等. 2008. 海水灌溉对南盐1号芦荟生长发育及产量结构的影响. 土壤学报, 45(4): 672-677.

刘仁林, 王玉如, 廖为民. 2009. 白栎淀粉加工技术研究. 江西科学, 27(6): 845-847.

刘兆普, 邓力群, 刘玲, 等. 2005. 莱州海涂海水灌溉下菊芋生理生态特性研究. 植物生态学报, 29(3): 474-478.

刘兆普, 邓力群, 刘友兆, 等. 2003b. 海涂人工湿地不同利用方式能值特征与生态效应. 南京农业大学学报, 26(4): 51-55.

刘兆普, 邓力群, 沈其荣, 等. 1996. 田菁水植养鱼对滨海盐土养分的影响. 南京农业大学学报, 19(4): 113-116.

刘兆普, 刘玲, 陈铭达, 等. 2003a. 利用海水资源直接农业灌溉的研究. 自然资源学报, 18(4): 423-429.

刘兆普, 隆小华, 刘玲, 等. 2008. 海岸带滨海盐土资源发展能源植物资源的研究. 自然资源学报, 23(1): 9-14.

刘兆普, 沈其荣, 邓力群, 等. 1997a. 麦鱼套作改良滨海盐土的研究. 土壤学报, 34(3): 315-322.

刘兆普, 沈其荣, 邓力群, 等. 1998a. 麦鱼套作对滨海盐土改良的影响. 土壤通报, 29(2): 49-51.

刘兆普, 沈其荣, 邓力群, 等. 1999. 滨海盐土水、旱生境下 田菁生长及其对盐土肥力的影响. 土壤学报, 36(2): 267-275.

刘兆普, 沈其荣, 茆泽圣, 等. 1991. 围田蓄淡养鱼改良滨海盐土效果初报. 土壤通报, 22(4): 157-159.

刘兆普, 沈其荣, 茆泽圣, 等. 1994. 不同发育阶段滨海盐土综合开发利用模式及技术体系学研究. 资源环境与农业持续发展. 北京: 中国农业科技出版社.

刘兆普, 沈其荣, 茆泽圣, 等. 1997b. 江苏滩涂盐土利用与保护的复合生态模式//中国农学会. 中国农业可持续发展研究. 北京: 中国农业科技出版社: 10.

刘兆普, 沈其荣, 孙怀顺, 等. 1992. 围田蓄淡养鱼改良江苏滨海强度盐渍化土壤的探讨. 南京农业大学学报, 15(3): 57-62.

刘兆普, 沈其荣, 尹金来. 1998b. 滨海盐土农业. 北京: 中国农业科技出版社.

刘志龙, 虞木奎, 唐罗忠, 等. 2009. 麻栎资源研究进展及开发利用对策. 中国林副特产, (6): 93-96.

隆小华, 刘兆普. 2010. 菊芋株型在高产育种中的作用. 中国农学通报, 26(9): 263-266.

吕忠进, Glenn E P, Hodges R M, 等. 2001. 全海水灌溉的作物——北美海蓬子(下). 世界农业, (3): 19-20.

马成亮. 2003. 籽粒苋栽培与利用的研究. 潍坊学院学报, 3(4): 1-2.

马永超. 2010. 让滨海盐土绽放农业之花——访高效滨海盐土农业课题组. 科学中国人, (8A): 96-97.

孟尔君, 唐伯平. 2010. 江苏省沿海滩涂及其发展战略. 南京: 东南大学出版社: 1-3, 32-35.

孟姝. 2011. 茵陈蒿汤的药理作用研究. 临床合理用药, 4(5B): 152-153.

欧维新, 杨桂山, 于兴修, 等. 2004. 盐城海岸带土地利用变化的生态环境效应研究. 资源科学, 26(3): 76-83.

钦佩, 周春霖, 安树青, 等. 2002. 海滨盐土农业生态工程. 北京: 化学工业出版社: 37-67, 58-60.

任美锷. 1986. 江苏省海岸带和海涂资源综合调查报告. 北京: 海洋出版社: 267-274.

沈继红, 张爱军. 2005. 芦笋的综合加工利用. 中国资源综合利用, (11): 27-29.

宋姗姗, 刘玲, 隆小华, 等. 2010. 氯化钾对长春花盛花期盐胁迫效应和生物碱含量的影响. 西北植物学报, 30(7): 1415-1419.

唐奇志, 刘兆普, 刘玲, 等. 2005. 海侵地区海水灌溉对油葵 G101 生长及离子分布的影响. 植物生态学报, 29(6): 1000-1006.

王海军. 2006. 江苏海盐产区海水蔬菜产业化发展前景. 苏盐科技, (3): 19-20.

王加连, 刘忠权. 2005. 盐城滩涂生物多样性保护及其可持续利用. 生态学杂志, 24(9): 1090-1094.

王建. 2012. 江苏省海岸滩涂及其利用潜力. 北京: 海洋出版社.

王景艳, 邓力群, 隆小华, 等. 2008. 滨海盐渍化土壤引种油葵的试验研究. 土壤, 40(1): 121-124.

王为, 王长彪, 潘宗瑾, 等. 2010. 利用江苏沿海滩涂种植耐盐生物质能源作物. 江苏农业科学, (5): 484-485.

王学勤, 刘兆普, 赵耕毛, 等. 2006. 沿海半干旱地区劣质水农业综合利用模式构想——以山东莱州、河北沧州为例. 南京农业大学学报, 29(3): 98-102.

王艳荣, 王鸿升, 张海棠, 等. 2011. 优质饲用植物——籽粒苋的研究进展. 饲料研究, (1): 19-20.

王云静, 刘茂松, 徐惠强, 等. 2002. 江苏自然湿地的生物多样性特点. 南京大学学报(自然科学),

38(2): 173-181.

王资生, 阮成江, 郑怀平. 2001. 盐城滩涂资源特征及可持续利用对策. 海洋通报, 20(4): 64-69.

相建海, 董波. 2003. 海水养殖业的生物保安. 高技术通讯, 13(9): 94-98.

徐向红. 2004. 江苏沿海滩涂开发利用与可持续发展. 北京: 海洋出版社.

张锡洲, 李廷轩, 王昌全. 2005. 富钾植物籽粒苋研究进展. 中国农学通报, 21(4): 230-235.

张振华, 严少华, 常志州. 1994. 沿海框围养鱼生态系统能量转换率的分析. 农村生态环境, 10(3): 80-82.

赵可夫, 冯立田. 2001. 中国盐生植物资源. 北京: 科学出版社: 47-197.

周应华. 2006. 我国发展生物质能的思路与政策. 中国热带农业, (5): 7-8.

朱晓军, 陆健健. 2003. 长江口九段沙潮间带底栖动物的功能群. 动物学研究, 24(5): 355-361.

左平, 刘长安. 2008. 中国海岸带外来植物物种影响分析——以大米草与互花米草为例. 海洋开发与管理, 25(12): 107-112.

An R B, Sohn D H, Jeong G S, et al. 2008. In vitro hepatoprotective compounds from *Suaeda glauca*. Archives of Pharmacal Research, 31(5): 594-597.

Assaf S A. 2001. Existing and the future planned desalination facilities in the Gaza Strip of Palestine and their socio-economic and environmental impact. Desalination, 138(1-3): 17-28.

Boeckner L S, Schnepf M I, Tungland B C. 2001. Inulin: a review of nutritional and health implications. Advances in Food and Nutrition Research, 43: 1-63.

Brown J J, Glenn E P, Fitzsimmons K M, et al. 1999. Halophytes for the treatment of saline aquaculture effluent. Aquaculture, 175(3-4): 252-268.

Chung C H. 2006. Forty years of ecological engineering with *Spartina plantations* in China. Ecological Engineering, 7(1): 49-57.

Jiang C Q, Zheng Q S, Liu Z P, et al. 2011. Seawater-irrigation effects on growth, ion concentration, and photosynthesis of transgenic poplar overexpressing the Na^+/H^+ antiporter AtNHX1. Journal of Plant Nutrition and Soil Science, 174(2): 301-310.

Joshi A J, Khot S S. 2004. Edible succulent halophytes as good source of proteins for restoration of salt-affected soils. Bulletin of the National Institute of Ecology, 14: 25-32.

Kays S J, Nottingham S F. 2007. Biology and chemistry of Jerusalem artichoke: *Helianthus tuberosus* L. New York: CRC Press.

Liu Z P, Zhao G M, Liu L, et al. 2006. Nitrogen metabolism of aloe vera under long-term diluted seawater irrigation. Journal of Applied Horticulture, 8(1): 33-36.

Long X H, Huang Z R, Zhang Z H, et al. 2010. Seawater stress differentially affects germination, growth, photosynthesis and ion content of Jerusalem artichoke (*Helianthus tuberosus* L.). Journal of Plant Growth Regulation, 29(2): 223-231.

Vymazal J. 2009. The use constructed wetlands with horizontal sub-surface flow for various types of wastewater. Ecological Engineering, 35(1): 1-17.

Ward L G, Zaprowski B J, Trainer K D, et al. 2008. Stratigraphy, pollen history and geochronology of tidal marshes in a Gulf of Maine estuarine system: climatic and relative sea level impacts. Marine Geology, 256(1-4): 1-17.

Wu Y V, Abbott T P. 2003. Protein enrichment of defatted salicornia meal by air classification. Journal of the American Oil Chemists' Society, 80(2): 167-169.

第九章　海岸带生态农牧场发展建议与政策保障

摘　要：全球气候变化及人类活动加剧等背景下，全球超过一半的海滩遭受侵蚀而后退。日益饱和与拥挤的生活生产空间，使我国海岸带区域发展遭到显著影响，生态脆弱性异常突出。面对日益恶化的海岸带环境，实施海岸带综合管理已成为协调海岸带自然资源保护与经济开发活动的重要政策选择。同时，我国海岸带生态农牧场的发展需求不断增加，却因海岸带区域盐碱地农业、滩涂养殖和海洋牧场等相对独立产业的现状而得不到满足。因此，当前阶段我国亟须构建海岸带保护与利用理论和技术体系、建设海岸带生态农牧场标准规范和产业体系、创新海岸带生态农牧场经营管理体系，指导海岸带生态农牧场的长远发展，服务国家海洋生态文明建设。

关键词：海岸带，生态农牧场，政策建议

第一节　构建海岸带保护与利用理论和技术体系

一、完善海岸带综合管理，推动海岸带可持续发展

海岸带系统的可持续发展是人类与地球环境协调共生的一种解决途径。海岸带综合管理起源、发展于美国，我国对海岸带综合管理和研究始于 20 世纪 90 年代，盛于 2010 年前后。综合国内外研究进展，对海岸带实施系统、多层次、以生态系统为基础的综合管理已成为共识，各种理论的原则与方法日益融合。我国海岸带综合管理当前仍处在理论研究和试点实践的起步阶段，主要集中在国家层面建立海岸带综合管理模式的立法与体制研究，以及沿海地区或某一海湾试点区域的案例、对策分析这两个领域。要真正实现海岸带综合管理，我们还有很长的路要走，应该从体制与政策等方面入手，加快政府职能转变，提高管理和服务质量，按照海岸带保护与利用相协调、陆域功能与海域功能相统筹、生活岸线与生产岸线相匹配、宜居与宜业相促进的要求，以人为本，因地制宜，建立区域特色海岸带综合管理体系。

第一，海岸带综合管理急需立法。需要在法律框架下附以相关方法和政策，

要依法管理并行之有效。不断完善海岸带保护相关法律法规制度建设，从根本上限制海岸带资源的无序开发，同时注重相关法规政策横向、纵向之间的协调合作，鼓励政府、公众、社会利益集团等的广泛参与，明确国家、区域及地方的权利和责任。

第二，海岸区划是海岸带管理的重要工具，是进行环境评估、了解区域分异的基础。鼓励沿海各省（自治区、直辖市）制定所属海岸带科学发展规划，为海洋生物资源的综合规划、保护及管理提供帮助和支持，指导一定时期内海岸带资源的开发与利用。同时，加强特异性区域的管理规划。

第三，应加强各主管部门协作管理，统筹协调海陆之间、区域之间、城镇之间等的衔接。海岸带综合管理需要国家部委、地方政府、国际相关组织、社会公众等共同参与并相互合作。通过实施海岸带管理的一系列行动计划、共享有关信息和研究成果等，实现既定目标（叶云，2016）。鼓励不同层级的互相协调与合作。

第四，公众和社会群体广泛、积极地参与是海岸带综合管理的必要条件。国家或区域海岸带管理计划应及时告知公众和地方政府，使他们有机会参与决策管理。此外，加大海岸带保护宣传，提高各级政府与社会大众的海岸带保护意识。

第五，开展国际合作计划，引入国际海岸带管理先进理论，加快区域一体化进程，促进互利共赢。

二、加强海岸带监测、保护，促进海岸带管理体系的建立和完善

海岸带管理的重要内容是保护和改善环境，重要手段是海岸带环境评估，包含了监测—研究—评价的整个过程（许学工和许诺安，2010）。稳定及长期的海岸带监测对于沿海地区的经济开发与海域的使用和管理具有十分重要的意义。长期的监测数据不仅能够展示海岸带轮廓的变化，还可以给决策者提供海域治理和海岸带地区经济可持续发展的依据。充分利用丰富的基础地理信息资源，卫星遥感、无人机等测绘高技术，建立具有区域特色的代表性动态监测指标体系，获取海岸带动态监测报告，综合运用生态环境评价、生态风险评价和可持续发展评价等领域的理论知识，对区域海岸带生态健康及承载力进行评估，以满足海岸带可持续发展的基本需求。

近十余年来，国内已经具备了一定的海岸带监测评估的研究基础，但总的来看，选取的指标较为单一且不成体系，在生态环境特征及影响生态安全突出问题上不能明显反映出来。未来，我们应根据我国国情建立相适宜的评估体系，选取科学的评价指标体系和标准，且指标体系应极具代表性和可行性，做到便于获取数据和进行评价。通过科学评估，揭示海岸带生态安全机制与城市化进程的耦合关系，建立海岸带生态安全后备预警机制。

三、坚持陆海统筹，遵循科学规律，做好海岸带开发利用

海岸带资源的开发与利用是沿海地区经济发展的重要保障。科学保护和利用海岸带资源，提升生态资源环境价值，对于促进区域经济社会可持续发展具有重要意义。

首先，要提高认识，转变观念，这是海岸带资源综合开发的思想基础。尽快组织进行海岸带资源调查与评价，全面掌握资源的分布与数量，及时了解资源在自然与人为影响下的变化，制定海岸带功能区划，保证海岸带资源综合利用。

其次，努力实现海岸带资源资产化管理，强化海岸带资源的有偿使用，科学确定开发重点、开发布局与秩序。优化资源开发管理技术，完善海洋经济发展体制，提高开发效益。同时，抓紧制定海岸带综合开发相关规划，全面落实《全国海洋经济发展"十三五"规划》，加强统筹规划和管理。

最后，要继续坚持生态优先、陆海联动、融合发展与工程示范的基本原则，尊重自然，科学前瞻，大力发展和推广海岸带生态农牧场新模式，集成农业、牧业及渔业领域的高新技术成果，强化基础研究的原创驱动作用，强化第一、第二、第三产业的合理布局和结构优化，强化盐碱地、滩涂与浅海农牧场的生态功能相互支撑。同时，构建海岸带保护与利用理论和技术体系，完善海岸带生态农牧场建设标准规范体系，形成产业链完整的海岸带生态农牧场产业体系，创新海岸带生态农牧场经营管理体系，支撑海岸带生态农牧场可持续发展与海岸带科学利用。

第二节 建设海岸带生态农牧场标准规范和产业体系

一、实施标准化管理

我国生态农牧场经历多年发展取得了一些成果，但仍尚未建立现代生态牧场管理技术体系，行业仍缺乏标准化、信息化、制度化、集约化的最佳控制技术（于宜法，2004），难以满足我国未来工农业现代化发展和城镇化管理的需求。因此，我国急需建立一套完整生态牧场工程集成示范体系，用以解决我国生态牧场的管理问题，而标准化技术的建立和产业体系的整合管理是两个关键。

海岸带生态农牧场建设，标准化是关键。2017年，山东省地方标准《海洋牧场建设规范》正式颁布。该规范由山东省海洋与渔业厅提出，由国内多家海洋科学研究机构和高校共同承担规范的制定工作。此次颁布实施的《海洋牧场建设规范》系列标准，以游钓型、投礁型、底播型、装备型与田园型等多种特色牧场建设为主体对象，包括《海洋牧场建设规范 第1部分：术语和分类》（DB37/T 2982.1—2017）、《海洋牧场建设规范 第2部分：调查与选址》（DB37/T 2982.2—2017）、《海洋牧场

建设规范 第 3 部分:布局与布放》(DB37/T 2982.3—2017)、《海洋牧场建设规范 第 4 部分：监测与评价》(DB37/T 2982.4—2017)、《海洋牧场建设规范 第 5 部分：养护与管理》(DB37/T 2982.5—2017)。这是我国第一部海洋牧场建设地方标准，为山东省海洋牧场乃至全国海洋生态牧场的建设提供了相关技术保障。

标准化是制定、执行和不断完善标准的过程，是通过不断提高质量和管理，提升经济效益的过程，即产业持续发展的过程。一个行业或者企业、组织用标准化进行管理是逐步改变传统管理模式的起点，是管理上的重大转变，是实现管理现代化的必经之路。标准化要求各部门的工作及全体职工都要按生产过程标准办事，真正使办事有标准，人人有专责，工作有检查，效果有奖惩，从而彻底扭转行业和组织管理和技术落后、互相推诿、效率低下的局面。开展标准化活动的主要内容是建立、完善和实施标准体系，并对标准体系的实施进行监督、合格评价、分析并改进。

质量追溯体系建设是伴随着标准化后又一个保障产品质量安全的重要手段。当前追溯系统几乎都无法同时适用于多种海岸带产品，如生态安全、水产品安全、生物精细加工品的质量安全等，其主要研究仍停留在系统构建与实现技术层面，这也对质量安全体系的建设造成较大影响。对于生态系统的建设来说，新型海岸带生态农牧场的追溯系统应当在追溯信息适用范围、建立指标模型、动态扩展多品种、提升追溯精度、多方式混合识别、追溯成本等方面加以考虑和解决。

建立和设定适应海岸带生态农牧场的危害分析与关键控制点（hazard analysis and critical control point，HACCP）质量体系和生产工艺流程，对农牧场的规划、选址、布局、设计建设、监测预警应当通过危害性分析获得关键控制点，同时结合安全因素分析，得出牧场建设的质量检测指标。应综合分析研究 HACCP 分析、质量检测、追溯单元等三项指标内容，搭配运用专家评估法和层次分析法科学筛选出适用于生态系统产品质量追溯信息的指标，为优化追溯系统技术研究提供有效的数据支撑。研究追溯系统须遵循动态多品种扩展技术，分析信息追溯指标模型的数据结构特征，对比动态扩展数据模型的优劣，开发可视化的软件功能以解决追溯系统多品种适应的问题，提升追溯系统的性能和适用范围。还可以通过分析产品溯源信息的特点，针对溯源信息中的发源地环境信息，分析各类环境数据特征及来源，制订与数据匹配对应的最小空间单元和实现方法，并结合政府监管部门的环境监测数据构建发源地环境基础数据库。针对产品溯源码标准不一、实用性低的问题，可以结合现代物流技术，研究溯源码多方式混合识别技术，通过分析溯源码在产品附加和识别中存在的问题，结合不同生产周期和包装方式下的企业应用场景，设计溯源码多方式混合识别方法。通过二维码标识农产品，整合生态牧场建设日期、生态环境变化周期等信息，设计多方式混合识别技术，开发不同应用场景下副产品溯源码的附加、扫描和识别软件功能。通过应用各项系统优化技术，优化追溯系统框架结构、追溯流程、软件功能，集成追溯系统，从而实现高效、快速、智能的生态系统及其副产品的追溯流程。

生态农牧场标准的国际化也是重要的职能保障之一。目前我国在海岸带生态农牧场的建立方面处于起步阶段，标准化体系还不完善并缺乏统一规划，与国际同行业接轨的少，无重点针对性，致使海岸带生态农牧场的副产品（如渔业产品的出口）屡屡碰壁，造成很大损失。国家之间标准的对接在国际水产品贸易中发挥着重要的作用，我国渔业产品由于国外苛刻的技术标准而不能进入国际市场的例子很多，如日本对我国鳗鱼的禁令对我国海洋渔业产业造成的损失达上亿元之多。未来新制定的滩涂生态农牧场、盐碱地生态农牧场和浅海生态牧场的融合发展技术标准应当采用国际标准或者高于国际标准。根据相关信息报道，目前国家标准化管理委员会在全国建设了 1100 多个示范项目用以大力开展农业标准化示范区建设，并将中国农产品主要出口国的农产品标准编成数据库，供农产品出口企业查询。我国农业标准化与国际接轨的相关工作已经提上日程。而海洋渔业产业是海岸带地区生态牧场的重要产业，也是我国农业的重要支柱，如欲打造成国际化生态牧场产业集团，那么必须实施标准化的农业工程，在技术和管理方面也要达到国际水平。否则，构建世界级现代生态海洋牧场的目标将很难实现。而实现生态型农牧场的标准化与国际接轨的途径，引进高标准的科技人才是基础，资金的多渠道保障是提高科技创新水平的关键，增强国内国际技术标准信息的收集和推广是重要的信息保障。

二、推进技术体系建设

海岸带生态农牧场建设标准体系是一个整体构建模式，具有陆海生态连通性，是"三场连通"和"三产融合"的海岸带保护和开发利用的新模式。海岸带生态农牧场技术体系建设需要考虑多方面因素。

（1）海岸带生境监测核心装备与关键技术。研发快速、灵敏、高选择性的海岸带典型污染物新型传感器技术，研制具有自主知识产权的新型污染物现场、快速监测设施，集成创制陆地和海洋环境多参数在线监测系统。

（2）典型海岸带受损生态环境修复与综合修复调节手段。首先，要陆海统筹研究海岸带污染物的分布通量、源汇过程及预测模型，评估海岸带环境质量变化和生态风险；其次，要系统化研究我国沿海典型生态系统陆海生态连通性阻隔因子的时空分布特征，研究海岸带陆海生态连通性时空演变的生态效应；再次，建立海岸带典型生境退化诊断方法，发展以生境调整与适应、生态网络构建与优化为核心的海岸带生境修复和功能提升技术，构建典型海岸带蓝碳评估与增汇技术。

（3）构建海岸带动植物种养殖与生态农牧场综合建设技术。研发推广大规模耐盐经济植物机械化高产栽培技术，突破盐碱地池塘水质调控技术，构建具有海岸带特色的盐碱地生态农牧场；通过常规育种、分子辅助育种等方法获得具有抗逆性和生长迅速等的优势品种，选育具有较高生态价值和经济价值的海岸带动植物物种；在改善滩涂生态环境的基础上，建设以贝藻复合增殖为特色的滩涂型海洋牧场；评估海草床、海藻场和牡蛎礁的生态系统服务功能，研发鱼、参、贝等生态多元化增殖技术，构建浅海生态牧场。

（4）研究海岸带生物资源高效互利开发技术。研究从藻类中提取藻胆蛋白、功能多糖、膳食纤维等活性成分的方法与技术，筛选具有特殊功能的保健食品和适合特殊人群的食物资源；利用菊芋、碱蓬等耐盐经济植物开发营养特膳、菊粉-阿胶与菊糖-壳寡糖等多元化功能产品；利用鱼虾蟹贝的加工废弃物，进行胶原蛋白、动物多糖、脂类、生物钙等活性成分的再利用，深度开发功能食品、化妆品、涂料等相关产品；针对海岸带盐碱地、潮间带、近海、养殖区等典型环境中的微生物资源及其代谢产物，构建海岸带特色菌种库，筛选具有抗癌、抗菌活性的药用先导化合物，开发固氮、杀菌、杀虫及促生长的农用菌剂或功能肥料，研制污染物降解菌、酶制剂等功能产品。

要构建完整的海岸带保护体系，必须建立和完善海岸带生态农牧场建设标准体系，通过适宜的条件、合理的选址、明确的功能定位及规范有序的管理工作，能够有效解决海岸带生态荒漠化、生物资源与生态环境的衰退问题，使周边的海洋及盐碱地带生态恢复与生态休闲合理融合。这就要求：构建海岸带保护与利用理论和工程体系，用以揭示陆海生态连通性影响机理，评估海岸带各种生物和环境资源承载力；发展海岸带农林牧副渔结合新模式，提高环境与农作物结合水平，提升耐盐植物种植、畜禽水产养殖、贝藻复合增殖、生境修复和资源养护、精深加工技术水平；构建资源与环境实时监测装备平台和气象预警预报平台，推进海岸带生态农牧场的全过程管理与创新发展；构建海岸带生态农牧场发展新模式。要不断完善海岸带生态农牧场建设标准规范体系，推动海岸带生态农牧场向科学化、规范化、集成化方向发展。

三、促进产业体系完善

不断推进形成全产业链海岸带生态农牧场产业体系，推进"政策、产业、高校、科研"一体化，实施基于生态系统的海岸带管理，通过政策的引导、资金的支持、技术的孵化，发挥政府引导和扶持作用；通过科研机构的强强联合和资源的整合配套，打破科研机构行业壁垒，强化企业技术创新的主体地位；通过优惠的政策，引入风险资本的投入；通过建立高效的海岸带生态农牧场的示范产业，促进和提升农（渔）民参与度。推动形成产学研相结合，高校和科研单位与企业、农（渔）民密切合作的产业技术创新联盟，促进标准科研成果及相关产业体系的转化应用和管理方式的转变。

要建立具有地方特色的海岸带生态农牧场的建设规划，推动特优区生态牧场的建设与国家现代农业示范区、渔业可持续发展试验示范区、现代农业产业园、现代渔业示范区、现代渔业产业园、水产品质量安全示范区、农业科技园区、特色村镇等建设相结合，统筹空间布局，集聚要素资源，激发市场新活力，培育发展新动能，实现特色产业与其他园区建设有机融合。开展龙头企业扶持，推进牧场特色产业的规模化。可以按照建设现代牧场产业体系的要求，进一步加大对养殖、加工、流通、出口等各类环境友好型水产、生态观光等龙头企业的扶持力度，在用地、税收、项目、资金等方面给予支持；对达到相应标准的企业，相关单位可在自主创新、知识产权、中小企业政策方面给予大力扶持。扶持专业合作组织建设，充分发挥好其作用。加大招商引资力度，引进国内外经济实力强、辐射带动面广的大型龙头企业，发挥其辐射带动能力强、销售半径宽的作用，做大做强生态牧场的产业规模，推进其产业化发展。拓宽附加产品的流通渠道，推进品牌认证申报，推动名牌名标应用，推广附加文化烙印的产品文化节。通过丰富多彩的活动和形式延伸产业体系链条。

第三节　创新海岸带生态农牧场经营管理体系

一、政府管理职能转变

2018年3月17日，第十三届全国人民代表大会第一次会议通过了关于国务院机构改革方案的决定，这是中国改革开放以来进一步转变政府职能的举措。政府职能转变，是指根据国家和社会发展的需要，国家行政机关在一定时期内对其应担负的职责和功能，作用的内容、范围、方式的转移与变化。政府职能转变是由影响政府职能的诸多因素所决定的，包括管理职权、职责的改变，管理角色的转换，管理手段、方法及其模式的转变等。转变政府职能是一种主动作为。

转变政府职能，就是要真正让市场在资源配置中起决定性作用，更好地发挥政府的作用。转变政府职能，就是要深入推进简政放权，完善市场监管和执法体制，改革自然资源和生态环境管理体制。转变政府职能，就是要合理配置宏观管理部门职能，推动高质量发展，建设现代化经济体系。转变政府职能，就是要完善公共服务管理体制，强化事中事后监管，提高行政效率，全面提高政府效能。

转变政府职能，就是要从管理型政府转变成服务型政府。通过相关法律法规的制定、资金引进和人才引进等优惠政策的出台，提供有力的政策保障。为保证海岸带生态农牧场建设规划的顺利实施，地方政府的海域管委会要切实负起职责，领导、督促建设和运行工作，协调好农牧场示范区与各部门各地区的关系，处理好保护与开发的关系。要建立建设领导小组，明确责任分工，切实指导、协调、监督各级生态海洋牧场的建设维护和开发管理。协同做好牧场建设经营管理和休闲渔业的监管工作。人大系统从法律上及建设和管理上对相关的工作进行指导和监督。政协系统为海洋牧场建设和管理出谋划策。政法系统加强对建设领导小组的指导，牵头协调公安、城管、渔政、边防、司法、信访等部门相互配合，加强执法人员配备、执法能力建设和执法成本投入，组织开展多部门联合执法管理，确保生态牧场的建设和管理工作执法安全和社会稳定。法制部门应当牵头组织相关部门开展对生态牧场建设的立法调研，进行立法或国家和省级政策法规修改等的可行性论证，为后续的开发利用提供法制保障。

二、积极拓展投融资渠道

一般来说，一个大型海岸带生态农牧场的建设需要大量的资金，资金来源的主要渠道是国家投资、地方财政支持。但依据目前形势来看，经济下行压力增大，政府直接投资基础设施建设这种单一渠道引起的风险会逐渐显露出来，会造成政府较高的负债风险。政府投融资平台应改变单一融资模式，通过引入各种融资新工具，形成多元化的融资模式组合，提高地方融资平台的融资质量与规模。地方融资平台公司应努力拓展新的融资渠道，打破过度依赖银行信贷的模式，通过引入各种融资新工具，形成多元化的融资模式组合，提高地方融资平台的融资规模与质量。必须引进大量不同的社会资金投入，通过不同的融资手段来募集缺口资金，才可以保证建好后在后续的开发利用方面达到可持续发展。

常用典型的融资模式包括以下几种。①公私合作模式（PPP 模式，Public-Private-Partnership），是公共基础设施的一种项目融资模式。在该模式下，鼓励政府通过交钥匙的方法与私营企业进行合作，让私营企业参与公共基础设施的建设。合作各方参与某个项目时，双方首先通过签署相关协议的方式明确需要共同承担的风险和责任，其次明确双方在项目运行过程中各个流程环节的义务和权利，最大限度的发挥双方优势。公私合作关系资金模式是由在项目的不同阶段对拥有和维持资产负债的合作伙伴决定。其运作模式主要包括 bot（建造、运营、移交）、boot（建造、拥有、运营、移交）、bto（建造、移交、运营）、boo（建造、拥有、运营）等类型，融资平台公司可以根据自身的情况，选择合适的 PPP 模式。通过这种合作方式的改变和管理模式优化，可以在不排除民营资本投资营利的同时，为社会更有效率地提供公共服务和公共产品，使有限的自然资源和资本资源发挥更大的作用。②私募股权投资基金，指通过私募形式对非上市公司进行权益性投资，通过控制或管理使所投公司获得价值增值，最终再以上市、并购或管理层回购等方式出售持股获利。融资平台通过引入股权投资基金的融资模式，有利于拓展现有融资渠道，增加投资主体多元化，降低平台的资产负债率，降低债务风险，同时也有利于规范企业动作方式，尽早建立现代企业制度，增强市场竞争力。③融资租赁业务是目前较为流行的企业筹集资金的新型方法，在国际上较为通用，首先由承租人将其名下的租赁标的物无须通过实物转移的前提下出售给租赁方，同时将拥有的收益权重新作质押，进而取得销售收入，再通过分期支付租金的方式回购原始资产的一种融资方式。从租赁开始至租赁结束期间，该设备或者装备设施所有权是属于出租人的。当租赁期结束，其所有权可能最终转移给承租人，也可能不转移。该融资租赁项目可以增加固定资产的流动性，提高了资产的使用效率。一方面可以有效地利用现有资产，盘活固定资产，加速资金再循环，产生资本扩张效应；另一方面可以解决公司项目资本金不足的问题。该业务所获资金用途灵活，既可以作为项目资本金有效撬动大型项目贷款，又可以作为营运资金解决燃眉之急。

强化海岸带生态农牧场建设投入资金的管理，必须建立和完善资金管理制度，在财务部门严格登记入账，随时接受上级部门的审查。财政投入的资金要提交用款详细计划，经审查批准才予拨款，实行专项控制、独立核算、专款专用，绝不允许出现挤占挪用、改变投向或挥霍浪费。项目费用必须定期报账，有关领导和财务会计要严格把关，杜绝不合理的开支随便报销。引入风险投资后，财务主体除政府外，还包括各种风投公司，因此投入的资金使用情况要经常接受公开独立的审计部门的监督、检查、审计，不合格的要停止拨款并接受检查，以保证各项资金足额到位和合理使用，确保项目达到质量标准并按期完成。此外，发行短期融资券也是一种常用的方法。

三、形成生态农牧场工程示范

目前，我国沿海省（自治区、直辖市）和城市正在积极加快整合社会资源，形成合力，集成工程示范效应带动沿海地区的生态渔业、生态牧业、生态农业的建设。例如，广东是最早开展海洋生态鱼礁建设试点和增殖放流试验的省份之一，1981～1987 年，广东在惠阳、南澳、深圳、电白、湛江等地开展试点工作，设计了包括船型在内的鱼礁 10 多种，共投放礁体 4654 个、18 227 空方。后续研究表明，鱼礁效果显著，改善了鱼类和其他生物的生存环境，增加了渔场面积，人工鱼礁区单位水体生物量高于非礁区 50% 以上，部分实现了海洋渔业的量产，改变了历来依靠捕捞天然资源的掠夺性生产方式。2001 年，广东通过了《广东省人民代表大会常务委员会关于建设人工鱼礁保护海洋资源环境的决议》，2002～2011 年的 10 年里，省财政投入 5 亿元，地级以上市、县（县级市、市辖区）财政投入 3 亿元，在近岸海域建设了 50 座生态和准生态型人工鱼礁。2007～2016 年，中央财政下达给广东海洋牧场示范区项目经费共 7170 万元，计划进行 141 580m³ 的钢筋混凝土人工鱼礁礁体建造，鱼虾贝放流 6230 万尾（粒），海藻吊养种植 109.2hm²，以及示范区管理和效果跟踪监测评估等海洋牧场相关建设。截至 2016 年，共完成人工鱼礁建造 113 500 万空方，藻类种植 127hm²，以及鱼苗、虾苗增殖 16 340 万尾（粒），贝苗底播 70t 等海洋牧场相关建设。渔业资源恢复速度加快，生态牧场的建设效益初步显现，海洋生态修复效果显著，对加强海洋资源环境保护、促进海洋强省建设产生了积极作用。

2015 年，广东通过投入省级财政资金 1.5 亿元作为杠杆，撬动社会资金投入，启动了首批"大型生态鱼礁示范区建设项目"，通过评审确定惠州东山海、珠海庙湾岛和茂名放鸡岛海域作为建设海域，建造和投放礁体 35 万 m³，推动建设成为融合生态海洋、绿色海产、休闲娱乐服务功能为一体，特色鲜明的高端休闲生态牧场示范区；同时，广东还投入 300 万元进行后续 10 年的全省沿海建设规划。2016 年，中央财政资金下达给广东 6500 万元用于建立珠海万山和汕尾城区龟龄岛东两个国家级海洋牧场示范区，将两个示范区建设成为集现代海洋生物栖息地构建技术、海洋高效增殖技术、现代海洋信息技术、现代海洋管理理念于一体的现代化新型海洋牧场示范区。

经过几十年的发展与实践，广东通过海岸带生态系统建设已有效改善海洋生态环境，治理了水域荒漠化；通过海区形成的上升流和背涡流，将营养丰富的底层海水带上表层，提高了光合作用效率，提升了初级生产力，促进了海洋浮游动植物增殖，为鱼类等水生生物提供了大量饵料，海水水质和沉积物质量得到有效改善，海洋生态显著改良。

主要参考文献

蔡月祥. 2010. 沿海滩涂开发风险预警及生态保护研究——以江苏沿海滩涂开发为例. 经济视角, (12): 16-18.

陈洪全, 张华兵. 2011. 江苏盐城沿海滩涂湿地资源开发中生态补偿问题研究. 国土与自然资源研究, (6): 36-37.

陈志惠, 陈彦彦. 2012. 如何实现我国农业标准化与国际接轨——以黑龙江垦区为例. 中国经贸导刊, (14): 4-6.

狄乾斌, 韩增林, 刘锴. 2004. 海域承载力研究的若干问题. 地理与地理信息科学, 20(5): 50-53.

冯伍法, 潘时祥, 张朝阳, 等. 2006. 中国海岸带分布规律及其海部要素变化检测. 测绘科学技术学报, 23(5): 370-373, 377.

高吉喜. 2002. 可持续发展理论探索: 生态承载力理论、方法与应用. 北京: 中国环境科学出版社.

何书金, 王仰麟, 罗明. 2005. 中国典型地区海岸滩涂资源开发. 北京: 科学出版社.

黄康宁, 黄硕琳. 2010. 我国海岸带综合管理法律问题探讨. 广东农业科学, 37(4): 350-354.

黄小平, 黄良民, 李颖虹, 等. 2006. 华南沿海主要海草床及其生境威胁. 科学通报, (S3): 114-119.

蓝文陆. 2011. 近20年广西钦州湾有机污染状况变化特征及生态影响. 生态学报, 31(20): 5970-5976.

刘康, 霍军. 2008. 海岸带承载力影响因素与评估指标体系初探. 中国海洋大学学报(社会科学版), (4): 8-11.

陆荣华. 2010. 围填海工程对厦门湾水动力环境的累积影响研究. 国家海洋局第三海洋研究所博士学位论文.

陆挺潮. 1999. 第三代港口——未来物流业的平台. 中国港口, (4): 34-35.

罗成德. 1994. 旅游地貌资源的综合模糊评价. 地理学与国土资源研究, 10(3): 45-49.

孟昭彬. 2008. 环渤海地区海洋资源环境对经济发展的承载能力研究. 辽宁师范大学硕士学位论文.

牛文元. 1994. 中国式可持续发展战略的初步构想//牛文元, 于沪宁. 二十一世纪中国的环境与发展研讨会论文选集: 127-135.

欧阳志云, 王效科, 苗鸿. 2000. 中国生态环境敏感性及其区域差异规律研究. 生态学报, 20(1): 9-12.

潘怀福. 2005. 发展休闲渔业、促进渔民增收——关于青岛开发区休闲渔业发展的思考. 中国水产, (7): 76-77.

沈瑞生, 冯砚青, 牛佳. 2005. 中国海岸带环境问题及其可持续发展对策. 地域研究与开发, 24(3): 124-128.

史洁, 魏皓. 2009. 半封闭高密度筏式养殖海域水动力场的数值模拟. 中国海洋大学学报(自然科学版), 39(6): 1181-1187.

孙鸿烈. 2000. 中国资源科学百科全书. 东营: 石油大学出版社; 北京: 中国大百科全书出版社.

王笛, 余世勇, 吴锡平, 等. 2012. 重庆市北碚区渔业产业化发展现状与对策. 河北渔业, (6): 49-55.

王芳, 陈松, 钱永忠. 2009. 发达国家食品安全风险分析制度建立及特点分析. 中国畜牧业, (1): 44-47.

王良健. 2006. 现行休闲旅游资源评价体系的改进与方法创新. 旅游学刊, 21(2): 11-12.

王赞红. 2001. 实施环境成本内在化与森林旅游持续发展. 生态经济, (7): 10-12.

温伟, 赵书轩, 王春晓, 等. 2013. 海南海岸带动态监测指标体系的研究. 测绘与空间地理信息, 36(7): 177-179.

吴静. 2003. 天津市滨海新区生态承载力综合评价. 天津师范大学硕士学位论文.

徐绍斌. 1987. 海洋牧场及其开发展望. 河北渔业, (2): 14-20.

许学工, 许诺安. 2010. 美国海岸带管理和环境评估的框架及启示. 环境科学与技术, 33(1): 201-204.

杨红生. 2016. 我国海洋牧场建设回顾与展望. 水产学报, 40(7): 1133-1140.

杨红生. 2017. 海岸带生态农牧场新模式构建设想与途径——以黄河三角洲为例. 中国科学院院刊, 32(10): 1111-1117.

杨红生, 霍达, 许强. 2016. 现代海洋牧场建设之我见. 海洋与湖沼, 47(6): 1069-1074.

杨玲, 张梦飞, 郭征, 等. 2018. 推进农产品质量安全追溯体系建设的思考. 农产品质量与安全, (2): 45-48.

姚佳, 王敏, 黄沈发, 等. 2014. 海岸带生态安全评估技术研究进展. 环境污染与防治, 36(2):

81-87.

叶云. 2016. 农产品质量追溯系统优化技术研究. 华南农业大学博士学位论文.

于宜法. 2004. 海岸带资源的综合利用分析. 中国海洋大学学报(社会科学版), (3): 23-25.

曾晓霞, 刘云国, 黄磊. 2015. 基于能值定理的生态足迹模型修正研究——以长沙市为例. 中国
　　环境科学, 35(1): 312-320.

张健, 濮励杰, 陕永杰. 2012. 海岸带土地开发及生态环境效应研究简述. 长江流域资源与环境,
　　21(1): 36-43.

朱琳, 聂红涛, 陶建华. 2007. 渤海湾天津近岸海域水环境空间变异分析. 海洋学报(中文版),
　　29(6): 134-140.

后　记

　　民以食为天，海岸带生态农牧场是现代农业转型升级和新旧动能转换的新模式，对保障国家粮食安全具有重要意义。党的十九大提出，要确保国家粮食安全，把中国人的饭碗牢牢端在自己手中。习近平总书记强调，"粮食安全要靠自己""中国人的饭碗任何时候都要牢牢端在自己手上。我们的饭碗应该主要装中国粮"，为海岸带生态农牧场建设提出了战略需求，也指明了新方向。由此可见，海岸带生态农牧场建设理论与途径亟待创新和发展。

　　海岸带生态农牧场建设必须坚持"生态优先、陆海统筹、三场连通、三产融合"的原则和理念，集成应用环境监测、安全保障、生境修复、资源养护、综合管理等技术，实现海岸带生态环境保护与生物资源可持续利用的协调发展。坚持服务于国家乡村振兴战略，展望未来发展，必须在以下几个方面扎实推进。第一，海岸带生态农牧场的发展有赖于健康的海岸带生态系统，加强生境恢复和修复，以陆海自然环境承载力为依托确定农业开发规模和强度是海岸带生态农牧场可持续发展的前提。第二，海岸带生态农牧场应综合考虑海陆相互作用，系统揭示海岸带生态连通性丧失的原因和机制，统筹管理陆地与海洋，优化海岸带空间开发与保护格局，坚持陆海统筹的空间规划方式，实现人类社会系统、陆地系统、海洋系统协调发展和可持续发展。第三，强化基础研究的原创驱动作用，阐明海岸带水盐运移的时空演变与近岸水动力变化的关系，揭示近岸营养盐的来源通量及迁移规律；增加生境斑块之间的生态连通性，改善重要生物类群的栖息环境，构建"盐碱地—滩涂—浅海"三场连通的生态农牧场。第四，未来应打通第一、第二、第三产业，使海岸带生态农牧场成为经济社会系统和生态系统的一部分，发挥其对上下游产业、周边产业和当地社会的拉动作用，系统构建海岸带绿色田园综合体。

　　北上黑土，西行厚地。长河东去奔流溢。风流古国数中华，仓廪殷实天下觊。细作沙洲，三场接力。藏粮于技仗利器。寰宇放眼获新智，凝神聚气共舟济。作为海洋牧场建设的升级版，海岸带生态农牧场建设是一项宏大复杂的系统工程，需要不断强化战略思维和系统思维，在建设海洋强国的大背景中谋篇布局、统筹推进。作为海岸带生态农牧场创新发展战略的一次开端性的、阶段性的研究结果，尚需进一步深化、提升和拓展。

2020 年春月于凤凰山下